华章经管
HZBOOKS | Economics Finance Business & Management

THE ART OF READING PEOPLE
METHODS AND TOOLS IN TALENT ASSESSMENT

识人的智慧
人才评鉴方法与工具

睿正人才管理研究院 著

机械工业出版社
China Machine Press

图书在版编目（CIP）数据

识人的智慧：人才评鉴方法与工具 / 睿正人才管理研究院著 . —北京：机械工业出版社，2020.1

ISBN 978-7-111-64431-6

I. 识… II. 睿… III. 企业管理 – 人员测评　IV. F272.92

中国版本图书馆 CIP 数据核字（2019）第 278430 号

因人成大事，企业必须重视人才管理才能持续健康增长；因人挑大梁，企业必须投入人才资本才能突破发展。本书旨在解答企业在构建人才标准、设计与建立人才评鉴中心、应用人才评鉴结果中遇到的热点和难点问题，以帮助企业管理者掌握必要的人才管理知识，澄清分歧，走出误区，夯实基础，迈入正轨。

识人的智慧：人才评鉴方法与工具

出版发行：机械工业出版社（北京市西城区百万庄大街 22 号　邮政编码：100037）	
责任编辑：林晨星	责任校对：李秋荣
印　　刷：北京文昌阁彩色印刷有限责任公司	版　　次：2020 年 1 月第 1 版第 1 次印刷
开　　本：170mm×230mm　1/16	印　　张：21.25
书　　号：ISBN 978-7-111-64431-6	定　　价：79.00 元

客服电话：(010) 88361066　88379833　68326294　　投稿热线：(010) 88379007
华章网站：www.hzbook.com　　　　　　　　　　　　　读者信箱：hzjg@hzbook.com

版权所有・侵权必究
封底无防伪标均为盗版
本书法律顾问：北京大成律师事务所　韩光 / 邹晓东

前　言

作为中国具有代表性的专门"看人"的公司，我们对组织价值的衡量具备独特的视角，即通过"表内资产"和"表外资产"来衡量和预测一个企业的潜力。

表内资产通过财务报表反映企业价值。比如企业的营业收入、利润、现金流、应收账款、资产负债率和投资回报率等，这些数字通常是董事会和高管最关心的指标，也是通常意义上进行人才价值评估的业绩指标。这些指标反映了一个企业经营发展的基本面，我们称之为"硬指标"。

假设我们需要购买一只股票进行投资，一定不是仅看这些"硬指标"和基本面，而是需要关注这个企业大量的"软指标"和未来发展面，以作为判断依据，例如企业的高管团队、研发体系、经营管理理念、组织架构和企业文化等。这些"软指标"并非通过财务报表进行核算，却对企业的经营发展具有根本性的深远影响，因此我们称之为"表外资产"。

表内资产和表外资产相互影响，共同构成了完整的组织价值。站在人才管理的角度，我们就是通过科学的理念方法触碰企业发展的"人才加速键"，通过提升表外资产，促进组织价值的整体发展。

今天的商业环境与三四十年前大相径庭。在中国刚刚改革开放的时候，全民正在经历物质匮乏时代所带来的消费饥渴。在这种大的时代背景下，改革开放的政策为企业的发展提供了土壤和环境，有胆识、有头脑的创业者，只要能够解决资金和政策的问题，就能踏上掘金之路。

然而在"热钱"席卷全球的今天,资本早已不是企业发展最关键的要素,"独角兽企业"绝对不是光靠砸钱就能产生的。人才活力、技术创新这些表外资产,才是资本最在乎的发展要素。传统企业也面临同样的问题,那些脑袋长在自己肩上、腿长在自己身上的"流动资产",并没有被企业真正掌控。

睿正咨询(北京睿正人才管理咨询有限公司)有个三"才"理论,即"人材 – 人才 – 人财"。第一个"人材"是通过对"种子"与"苗子"的评鉴和预判,将其放在最适合的环境里发展,首先产生"好材料"的价值。第二个"人才"则是人尽其才、才尽其用,通过合理的人岗匹配与潜力挖掘,提高人力资本的配置效率。第三个"人财"是由人直接创造财富,无论是管理创造价值还是技术创造价值,抑或是通过各种智力资本产生的投资收益,都是这个阶段组织与人才共同成长、加速发展的双赢结果。

人才要为我所有,更要为我所用。从"人材"到"人财",是持续的人才发现和经营的过程。在这个价值创造、价值评价和价值分配的过程里,为了更好地使用人与发展人,离不开科学的人才评鉴——从管理目的出发,落地于人才管理举措,服务于业务和战略发展目标。

基于和客户长期共同的摸爬滚打与实践积累,我们编写了本书。在当前推进人才评鉴科学高效发展的关键时期,我们希望通过整理和分享实践经验与心得,增进企业管理者对人才评鉴工作的认识,强化"应知应会";帮助企业在人才评鉴实践中更好地进行制度、组织与技术建设,兼顾成本与效率,少走弯路,实现长足进步。

本书不是一部学术专著。我们希望它具有一定的理论基础,更具有从实践中来、到实践中去的扎实"地气",有教学相长的交流诚意,有关注人性的立足根基。

本书第一篇"人才评鉴的价值与地位",回顾了中国古代人才评鉴历史以及西方近代人才评鉴的发展，从工具方法之外看东西方人才评鉴实践的共性与差异；结合调研数据和企业痛点，探讨人才评鉴在人才管理工作中的地位与价值，分析国内人才评鉴的现状与发展趋势。

本书第二篇"人才评鉴评什么"，在尊重人才发展规律的基础上，基于人才聘任、激励以及人才发展的应用需求，探讨人才标准的构成要素，梳理人才标准的方法，回答"我们需要什么样的人才"的问题，并介绍特定人群的人才标准。

本书第三篇"人才评鉴怎么评"，对于人才评鉴如何设计、如何实施等进行介绍，包括制度准备、组织准备和技术准备等方面；结合企业实践案例，重点对技术准备中多种工具的设计开发方法进行介绍。

本书第四篇"评鉴结果输出与应用"，介绍如何基于人才评鉴过程的信息收集输出评鉴结果、如何将人才评鉴结果应用于人事决策和人才发展，以及如何持续跟踪与挖掘利用人才数据。

由于时间仓促，错漏在所难免，希望各位同行不吝指正。

目 录

前言

第一篇　人才评鉴的价值与地位

第一章　"理才"离不开人才评鉴　　2
　　企业的问题就是人的问题　　2
　　高效"理才"扬起"人才之帆"　　5
　　人才评鉴贯穿人才管理始终　　8

第二章　人才评鉴是企业管理者的必修课　　12
　　古为今用：中国古代人才发现的历史与启示　　12
　　洋为中用：西方近代人才评鉴的发展与借鉴　　26
　　打造人才生态的绿水青山，中国企业的探索实践　　33

第二篇　人才评鉴评什么

第三章　人才评鉴标准的演变：我们如何界定人才　　40
　　从"职业资格"到"胜任力""任职资格"　　40
　　人才画像应运而生：4K角色画像　　48

第四章　胜任力：打开绩效黑箱的美国钥匙　　53

　　胜任力模型 ABC　　53

　　模型构建是"对表"的过程　　58

　　好工具为何沦为鸡肋　　64

　　模型落地不是变戏法　　67

　　特定人才群体的胜任力模型　　70

第五章　任职资格：人才的通道与成长阶梯　　75

　　职位分类分层是任职资格构建的基础　　75

　　标杆描述：任职资格标准制定　　83

　　"跨栏制"与"积分制"：任职资格的应用　　92

第三篇　人才评鉴怎么评

第六章　人才评鉴，见证奇迹的时刻　　96

　　高期望下"奇迹"如何发生　　96

　　从"奢侈品"到"必需品"：评鉴中心在中国　　98

　　如何构建和应用评鉴中心　　102

第七章　人才评鉴的制度建设与组织建设　　106

　　良法是善治之前提，"游戏规则"很重要　　106

　　如何构建"死"的制度、"活"的文化　　110

　　搭台唱戏，如何做好人才评鉴落地　　111

　　如何打造一支训练有素的测评师队伍　　112

第八章　人才评鉴的技术建设　　119

　　标准化心理测验：科学化验与合理解读　　119

　　　　专业考试：检验知识武装　　　　　　　　　122
　　　　行为面试：过去预测未来　　　　　　　　　128
　　　　情景面试：想法预测做法　　　　　　　　　153
　　　　情景模拟：引发行为，以小见大　　　　　　170
　　　　360度评估反馈、述能会等其他人才评鉴方式　223

第九章　由点及面的人才评鉴　　　　　　　　　　230

　　　　人才评鉴的"点""线""面"　　　　　　　　230
　　　　人才招聘：以精准引才做优人才增量　　　　231
　　　　人才竞聘：以竞争上岗盘活人才存量　　　　240
　　　　人才盘点：业务发展从盘清人才家底开始　　249

第四篇　评鉴结果输出与应用

第十章　结果输出是人才评鉴的临门一脚　　　　262

　　　　如何做到言之有物、言之有据、言之有用　　263
　　　　撰写个人报告："串项链"ARTS四步法　　　264
　　　　团队报告输出：让数据价值充分显现　　　　271

第十一章　人才评鉴结果应用热点与趋势　　　　280

　　　　反馈：测评与发展对接的第一环　　　　　　280
　　　　人才报表：人才管理的晴雨表　　　　　　　295

附录　人才评鉴FAQ　　　　　　　　　　　　　304

后记　　　　　　　　　　　　　　　　　　　　325

参考文献　　　　　　　　　　　　　　　　　　328

第一篇

人才评鉴的价值与地位

第一章

"理才"离不开人才评鉴

思考

« 作为企业管理者,你花了多少时间在人才管理上?
« 哪些"人"的问题给你的工作带来了困扰?
« 规划、盘点、配置、发展,你对"理才"有怎样的认知?
« 你更信奉人才争夺的"拿来主义",还是人才经营的"自力更生"?

企业的问题就是人的问题

人才管理是什么?从定义来说,人才管理是对影响人才发挥作用的内在因素和外在因素进行计划、组织、协调和控制的一系列活动。从目标和结果上来说,人才管理是能够在合适的时间把合适的人放到合适的位置。为了实现这样健康、持续和高效的人才供给,需要的是扎实的"理才"过程,即人才规划、人才评价、人才配置和人才发展的具体工作要尊重规律循序渐进。

从人才强企到人才强国,不同行业、不同性质、不同规模的企业,认识有差异,行动有先后,感受也会有很大的不同。然而企业经营者共同的感叹是:制约企业发展的最大问题就是缺人。缺人,既有绝对数量的捉襟见肘,更有人才质量难以逾越的鸿沟,还有人才结构与业务不匹配带来的掣肘、浪费和被动。人才供需的矛盾是绝对的,人才供需的平衡是相对的。打造这种相对的平衡，就是人才管理工作的重要目标。

人才盖层与人才断层，国企改革中的现实问题

在人才强国战略的背景下，作为国家经济发展的支柱，中央管理企业（以下简称"央企"）迫切需要加强人才工作并实施"人才强企"战略。截至2019年，尽管已有48家央企入围世界500强，但在盈利能力、创新能力、体制机制等方面，其与跨国公司的差距仍然很大。面对日趋激烈的人才竞争，央企、国企普遍加大了人才管理力度。但我们也要看到，无论在人才观念，还是在人才使用和发展的体制环境方面，其与国内外优势企业相比还存在较大差距，人才素质和人才结构也不能很好地适应"做强做大"的要求。

由于历史原因，"60后"乘着改革开放的春风，担当重任，经历多岗位磨炼，快速成长并进入企业高管层，但受制于人才管理尚未形成系统体系，造成后续人才上升空间受到限制，出现人才"盖层"与"断层"并存的结构性问题。劳动、人事、分配三项制度改革仍在深水区进行，历史遗留问题与潜在矛盾、风险不易化解，企业经营机制发展滞后以及受到社会就业、再就业压力的制约，这些一方面使企业急需的战略、领军、创新型高端人才吸引不进来，需要留住的人才留不住；另一方面使企业需要淘汰的人员不能及时淘汰，致使人才队伍活力不足，造成人才短缺与人员冗余并存的结构性问题。如果不能解决这些人才发展中的重点难点问题，不仅会阻碍央企、国企的成功转型，甚至会影响国家主体经济的发展。

数量不足、质量堪忧，企业扩张中的普遍问题

与此同时，我国经济发展的另一支重要支撑力量——民营企业，作为市场经济中最富活力、最具潜力、最具创造力的重要力量，取得了举世瞩目的成绩。但随着企业规模扩大和市场化程度的提高，一些原本被快速发展所掩盖的缺陷正逐渐显现，人才管理的薄弱滞后便是其一。民企多为家族式企业，人治氛围较重，缺乏对人才管理的科学认知，甚至很多尚停留在人事管理阶段，没

有真正了解、认同人力资源对企业发展的巨大推动作用，普遍缺乏对人力资源的长期战略规划。这使得它们虽然拥有央企、国企难以具备的灵活的选人、用人机制，但缺乏稳定性、系统性、预见性，易出现因人而变、管理随意、仅凭个人好恶的问题，重外轻内、识人不足、用人不当的现象也层出不穷，人才队伍出现数量不足与质量堪忧并存的问题。

为了解决这些问题，民企更乐于模仿成功民企，故出现了民企纷纷学华为、学阿里巴巴、学腾讯的现象。但其对模仿对象的作用、机制探究不深，没有结合企业自身及所处市场的特点，往往出现生搬硬套甚至邯郸学步的现象，以致很难达到预期的"药到病除"的效果。这时，具备"闯"的精神的企业家容易因为人才管理的复杂性、长期性和回报的不确定性失去耐心，使得规范的人才管理刚刚起步却半途而废。如果不能有效改善和规范人才管理，将会严重制约民企的进一步发展壮大。

人才冗余与缺口并存，企业转型中的结构问题

人类的工作真的会被人工智能（AI）逐渐替代吗？牛津大学的研究者们得出了一个惊人的结论：英国现存的工作种类，有35%会在未来的20年内完全被机器取代。波士顿的专家们则认为这个时间会更短：在2025年之前，全世界至少要有1/4的岗位因为人工智能的发展而彻底消失。该研究同时还提到，除了那些低端体力劳动，会计、翻译、金融、摄影、法律等往常被认为是"中高端脑力劳动"的职位，一样会受到AI发展的影响。

在我们身边，银行柜员、超市收银员、邮政分拣员等职位，已经在大幅减少。其实，不同行业的从业者，都需要提升自身的职业生涯适应力，保持较高的生涯前瞻、生涯好奇、生涯控制和生涯自信，而不是被时代悄无声息地抢走饭碗。对于"船大难掉头"的企业来说，则更需要保持前瞻性，主动适应业务发展和竞争要求，动态进行人才结构规划并及时调整，不然，今天的包袱还没有彻底卸掉，明天的包袱就已经渐渐压身了。

为了以合理的成本实现合理的人才结构，有的企业大刀阔斧地裁员调整；

有的企业通过内部人才市场进行人才的分流和引流；有的企业通过人才增员的整体控制和定向发力政策，引导人才分布和人才结构的优化；有的企业通过人才加速培养，实现人才能力的水涨船高以及结构升级。总之，人才供给的调优存量和做优增量，会持续伴随企业转型发展的过程。

高效"理才"扬起"人才之帆"

十年树木，百年树人。开展人才管理，不是一蹴而就的，人才队伍建设的绿水青山需要长时间的规划和培育。

我们曾为 A 企业连续三次制定五年人才规划。该企业的战略在这三个五年里有很大调整（见图 1-1）：从最早的"一体两翼"，到"三大主业"，再到"四轮驱动"。相应地，其人才规划也有明显变化：从第一个五年强调"核心人才"战略，到第二个五年强调"过硬人才"战略，再到第三个五年强调"攻坚人才"战略。

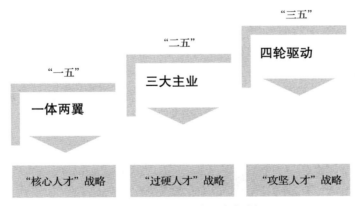

图 1-1 A 企业三个五年规划

就像建筑师盖高楼一样，人才规划既要有顶层设计，又要有路线图和施工图（见图 1-2）。顶层是人才队伍建设的战略方针，以及明确的规划目标（数量、质量和结构）；中间以体制机制和政策保障为支撑，细化为人才管理的多项专项工作；底层便是战略落地。

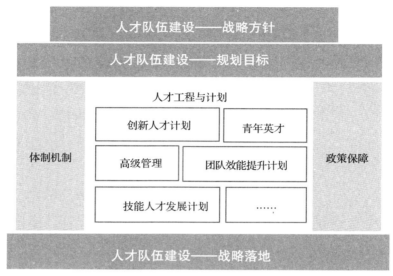

图 1-2　企业人才规划示意图

为了让各位管理者更有意识地思考制定人才战略的关键问题，我们给大家介绍一个备受好评的模型——"人才之帆"。"人才之帆"包括底舱、主帆、前帆和桅杆几个部分（见图 1-3）。

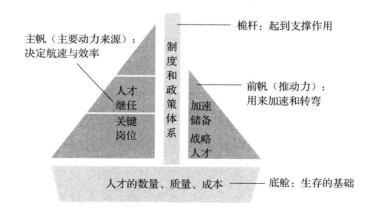

图 1-3　"人才之帆"模型

底舱：生存的基础

底舱作为船身的主体，包括人才的数量、质量和成本，既反映人才厚度，也反映包袱轻重。它的坚固性、轻便性和承载力等直接关系到这艘船的适航性，其衡量指标通常有人均单产、人均销售额和人均利润等。

人才数量和成本的历史数据比较容易统计，而未来总体规划可以根据人效标杆法和占比标杆法进行推算，并用因素分析法进行必要调整。

人才质量往往是被忽视，也是最不容易澄清的一部分。但人才质量对人才的数量和成本有着直接的影响。举个例子：财务部门的编制是10个人，但是财务部门的主管抱怨10个人的编制根本就不够，因为部门人员的质量不够好，所以即使满编也无法完成财务部的工作。但是如果人员质量足够好，也许不用满编，8个人就足以完成工作。所以，我们在做人才规划的时候，需要考虑到人才未来的质量是增长、持平还是有所下降。

主帆：主要动力来源

主帆是船只的主要动力来源，其动力性能取决于各序列之间人才分布的合理性、能力与岗位的适配性，以及各序列内部人才结构是否与组织业务相匹配。其衡量指标除了人才序列分布、序列内人才结构和员工的敬业度等指标外，还有关键岗位人才培养的覆盖率、出池率以及关键人才的主动离职率等。

主帆的动力性决定航速与效率。比如有很多生产制造企业正在转型成"＋互联网"或者"互联网＋"，所以会压缩或者砍掉一些低端的劳动岗位。在这种情况下，企业的战略要求可能就是用5年的时间，把一个传统的金字塔型人才结构转换成橄榄型人才结构，也就是用机器设备或者先进的技术和流程替代基层的劳动力，但是中间这部分的人才需要打磨得非常坚实和稳固。

前帆：推动力

前帆是用来加速和转弯的，也就是说前帆是一个很重要的引领性的人才计划。许多大型企业会做储备性的人才工作，锚定一些未来的业务提前进行人力资源准备。其衡量指标包括战略岗位人才培养的覆盖率、出池率以及战略人才的主动离职率等。这些指标关系着组织未来的续航和加速能力。

当时机到来，战略落地的时候，有匹配要求的人才可以使用，这就是前帆的作用。

桅杆：起到支撑作用

最后，我们再来看一下"人才之帆"的支柱——桅杆，它悬挂主帆和前帆，是整个人力资源的制度和政策体系。没有良好的制度环境和人才文化，人才的积极性、智慧和活力就不可能充分释放出来。其衡量指标，即人才管理制度与文化指标，包括：制度体系是否完善、透明；执行是否有力；管理者在人才管理中的参与度；员工对人才管理举措落实的满意度等。

"死"的制度、"活"的文化，这是检验人才管理水平的重要标志。人才管理制度，要具有先进性、稳定性和长期性，而不是心血来潮、朝令夕改。人才管理文化，要使"尊重人才""以人为本"深入人心，而不是"口头上重视，思想上轻视，实际上忽视"。如此，才有桅杆高耸，企业之船才能直挂云帆、乘风破浪。

人才评鉴贯穿人才管理始终

我们借用"供给侧改革"这个高频词来谈人才管理。从供给侧入手的结构性改革绝不是"就供给谈供给"，它针对的是当前我国经济领域存在的"供给跟不上需求"的突出矛盾。应该说，"供给侧改革"本质上是需求引领的供给侧结构性优化。而人才供给侧改革，则要结合企业发展目标，明确人才需求，从而有针对性地加强人才的有效供给，优化人才结构，提高人才使用效率。人才评鉴是人才供给侧改革中贯穿始终的重要内容。

瞄准需求谈供给，人才标准建设为组织制定人才标尺

以人才支撑战略，首先要回答"企业需要什么人才"。进行人才分类和梳理人才标准，是人才评鉴的基础性工作。若企业人才标准不够清晰，缺少一把能够准确衡量员工能力和贡献的标尺，则员工不能得到准确评价，无法感受到有效激励与职业发展引导。

人才标准建设，不能就能力说能力，不能僵化死板一刀切，而需满足"四性"要求：

- 针对性：体现行业、企业特色和阶段发展要求，体现序列要素差异和层级差异。
- 完整性：要有利于全面评价人才。要既回首过去，又展望未来：承认员工的历史贡献，但更关注其在未来承担更大责任、创造更大贡献的可能性。
- 可测性：具体客观，有清晰明确的测量指标和量化规则，不能笼统地人跟人比，而要促进人跟客观的标准比。
- 科学性：要素数量合理，重点突出；尊重人才成长规律，牵引人才发展。

全面扫描看供给，人才评鉴有力支撑人才管理决策

无论是进行人才增量选聘评价，还是进行人才存量家底盘点，都可以根据需要进行更为全面的扫描评鉴，为人才聘任、选拔、配置、培养、激励等管理决策提供依据。动态系统的人才评鉴数据，应以系统、全面、清晰的"人才账本"最大可能地扩展管理者对人才的可视范围，并提供多种专项分析，帮助其进行宏观整体的把握和决策。

与此同时，管理者可以结合对外部人才市场的持续关注，分析外部人才培养效率、供给关系和使用成本，从而明确组织内部人才队伍建设的重点，更好地投入资源，防范人才断档风险，打造组织的核心能力和人才优势。管理者也

可以阶段性地采取多种柔性引才的方式，使人才供给具有更大的弹性与适应性。

运筹帷幄促供给，人才评鉴推进人才有益流动

人才管理的目的，是在合适的时间将合适的人放在合适的位置上。对于人才配置和内部人才流动，需要在一定的需求分析及预测的基础上，进行规划和牵引。好比高速公路上各种车型各行其道，必要的变道有助于提高整体效率，随意变道则会导致整体效率下降。对于具体的某个特定人才需求，如果人才信息不够全面准确、更新不够及时，而相关管理者的人才可视范围又有限，则不能快速检索匹配目标人员。这样，人才空缺需要更长的等待期才能解决，而配置的成功率不高则会带来更大的机会成本。

在人才盘点数据翔实准确和及时更新的条件下，若企业出现特定的人才需求，可以快速基于关键字段查询，缩小目标人群范围，结合自荐、推荐与组织遴选等方式锁定合适人选。这样的人才数据库，使企业的人才可视范围扩大到全员，真正形成人才一盘棋——不仅可以满足一时一岗的配置，更可以高效解决人才变动的连带反应。

科学育林强供给，人才评鉴推进人才加速培养

人才培养既要关注共性，也要关注个性。共性问题的解决，需要基于准确的诊断，将人才资源有效组织，变"自由散步"为"列队跑步"，即以统一的行为改变促进能力和绩效提高。个性问题的解决，则需要因人施策，在员工获得反馈之后，需独立或与导师共同制订个人发展计划（individual development plan，IDP），并在辅导支持下执行。科学育林，各级人才身处其中，是组织人才生态的有机组成部分。

无数经验和教训告诉我们，缺乏成体系的能力要求，培养发展就会零散混乱，难以帮助员工适应未来的角色和职责；脱离实际的工作场景，员工能力的提升和应用就没有着陆点，成为割裂的片段或"锦上添花"的表面工程。人才发展是学以致用的过程，这个过程离不开持续跟踪、评鉴和反馈。

☕ 人才测评、人才评价和人才评鉴是三个类似的概念，本书使用"人才评鉴"一词。下面对三者的细微差别做简要说明。

⊙ 人才测评

人才测评，从概念上来说，是以现代心理学和行为科学为基础，通过心理测验、面试、情景模拟等科学方法对人的价值观、性格特征以及发展潜力等心理特征进行客观的测量与科学评价。

"测评"是用"尺子"去衡量人的特征，强调用科学的方法形成客观的评估结果。单纯的人才测评，有时会局限于"就人说人"，与应用场景的结合不够紧密。

⊙ 人才评价

我们通常提到的"评价"是指对某事或某人进行判断和分析后输出结论，包括对一个事件或现象的评价、对人的行为的评价、对一个价值观或观点的评价等。在人才管理的场景里，有胜任度评价、履职评价、离任评价和绩效考核评价等。

"评价"是基于一定的依据，对评价对象定性、定量地下结论。基于评价目的，该结论会产生一定的直接或间接影响。

⊙ 人才评鉴

"鉴"，本意是用镜子照，引申意为观察、审察。人才评鉴，强调在客观的观察、测评后，对人形成全面、客观的反映。

相比于"测评"，人才评鉴的内容更广泛全面，通常包含德、能、勤、绩四个方面，基于不同的应用目的，可选取不同的评鉴重点。而评鉴方式有考，有测，有评，有审。

相比于"评价"，人才评鉴更强调"照镜子"，即反映客观情况、减少主观意志影响。同时，其更关注时间效力，强调动态评鉴，而不是贴标签，甚至盖棺定论。

第二章

人才评鉴是企业管理者的必修课

思考

《 你所在的企业人才生态如何？
《 我国古代的人才管理思想对你有哪些启发？
《 如何有效使用西方人才评鉴的研究成果，而不陷入条条框框？
《 你所在的企业中，业务管理者是否承担了人力资源管理责任人的角色？

　　人才管理，从来不应该是人力资源部门的独角戏。优秀的企业家、企业管理者，一定是重视人才、尊重人才，给人才以平台并乐于与人才分享成功的。越来越多曾经一头扎进业务而"见事不见人"的管理者，开始意识到人才管理的重要性，他们痛定思痛，主动去补上人才管理这一课。

　　在具体介绍人才评鉴的方法和工具之前，本章将与各位企业管理者一起，从中国古代吏治、西方近代人才评鉴发展以及中国企业当代人才管理实践三个方面，了解中国人才评鉴的中国土壤、西方借鉴和当代实践，期望在此基础之上，帮助管理者知中外、晓古今，不断丰富对"识人"的认识，而不是直接陷入具体的技术。

古为今用：中国古代人才发现的历史与启示

　　在中国这片土地上思考管理问题，就离不开对我们这绵延了数千年的社会土壤的成分的了解，离不开对世代"耕种"其间的君臣百姓的行为的了解。

只学西方的人才评鉴技术，生搬所谓的"现代企业制度"，会出现诸多不适应症。只有了解了过去，我们才能够清晰地看到，现在的社会现象反映了什么样的相对稳定的民族基因，才能更好地"西学为用，中学为体"，在中国的组织中更好地运用西方的人才评鉴技术。

2018年11月26日，中共中央政治局召开工作会议，按照惯例，当天下午在中南海怀仁堂举行了集体学习，主题是'中国历史上的吏治'。根据通稿介绍，中共中央政治局安排集体学习"中国历史上的吏治"这个题目，"目的是了解我国历史上吏治的得失，为建设高素质干部队伍提供一些借鉴"。这次学习有四个用人的关键词，包括政治品德、专业、公正用人和担当。

中国古代的人才评鉴更多地体现在官吏选拔任用领域。本节着眼于中国古代的吏治，期望以一个大背景下的演变、两个体系间的关系、三类选材方式的配合为框架，更好地呈现制度的诞生土壤和变迁过程，为我们今天的人才评鉴、人才管理提供一些启发和借鉴。

一个大背景下的演变：生产力发展及与之配套的社会政治变迁。它能够为我们彰显政治模式如何影响身处其间的每个人，以及各项制度产生的基础。这对我们推古及今来思考人才评鉴方法制度的适应性，是有启发的。

两个体系间的关系：职官体系与教育体系相辅相成的关系。离开了人才培育的评鉴是无源之水。中国自古就有着良好的教育传统，但"学而优则仕"并不是一开始就有的机制，它也经历了很多演变，并且随着职官体系的逐步成熟而逐渐成为主流。"在发展中评估""以考促学"，对于现代企业而言依然适用。

三类选材方式的配合：科举取士、荐举察举，以及门荫承继这三条主要通路的配合。靠知识文化素养为官，靠名士、贵族、高官推荐并通过考察入仕，靠家族继承官位，三者相互配合补充。这三种体系的此强彼弱反映了在不同社会发展阶段中核心矛盾此起彼伏的变化，反映了在不同人才丰沛程度下的不同选择，反映了不同官职的用人假设与要求，反映了中国社会阶层变换的通路。社会动荡期，往往实行"论才干业绩，不论出身"的阶段性政策，如秦的"军功爵制"，又如枭雄曹操的"唯才是举"。王朝初建期，往往伴随着皇族与贵族、功臣势力的斗争，教育体系的重建和选才策略反映了强弱势力的对比。社会稳定时，教育体系稳定，人才需要寒窗苦读挣来资格，需要"乡举里选"，而获得资格的人往往还需要在"后备池"里面等待或继续学习来等候实缺。这一时期官员的任命权考核权往往更多体现着中央与地方的斗争拉锯状态。

历史之精妙在于它向我们展示了缘起、演进与结局，帮助我们在"身在此山中，云深不知处"的日常实践中，减少"不确定性"和"变量过多"带来的迷茫，从而摸到规律，抓住核心矛盾，以更好地确定人才评鉴的策略、机制以及操作注意事项。

我们认为，稚嫩而多元、充满活力的春秋战国，奔放如少年；秦汉时期的成长烙印深刻影响后世，若青年；隋唐成熟大气走向巅峰，若壮年；而后的封建王朝逐步趋于保守，失去活力。本书主要取前三个时期，寻找其吏治及官员选拔的脉络，铺陈核心要素面对这样一个宏大的主题，一方面，我们战战兢兢，如履薄冰；另一方面，我们希望能够透过自己的管窥，提出于现世有益的拙见。

> 西谚有云，"太阳底下没有新鲜事"。现在正在发生的、将来还会发生的事情，在过去就都已经发生过。

春秋战国："理想国"与"青春勃发的少年时代"，开宗明义，千年传承

春秋时期洋溢着中国人"理想国"的色彩，而战国的纷乱反而促发了变革的青春活力；逐步分裂成型的职官体系，以"官学"为代表的教育体系，乃至选人用人考核官员的机制，均对后世产生了重大影响，且其生命力极其顽强，影响力绵延至今。

职官体系及其反映的三大矛盾

彼时，随着社会生产力的逐步发展，国家体制逐步成型。这个时期、中央和地方、王族与贵族之间的矛盾斗争愈演愈烈，职业官僚制度在俸禄制、黄金货币、"公文用玺，发兵用符"的基础上逐步兴起，成为国君用来统治全境、掌握军政大权的依仗。

三大职官体系中，主管国家事务的"治事类"职官地位上升，主管宫廷事务的"事务类"职官地位下降，这代表着王的"家事"与"国事"分开。战国时期郡县制逐步替代分封制，代表着"地方政权类"官职和中央"治事类"官职分开，贵族政治向官僚政治转化。自此，中央与地方的矛盾、王族与贵族的矛盾开始成为主要问题，而"家事"与"国事"的矛盾在未来还将潜流涌动。我们看到的这一时期很多人才选拔的实践都是围绕着这些矛盾演变的。

国民教育已经形成体系

那时的社会生产力虽然相对低下，但人们已经建立了覆盖面较广的教育体系。自西周始，建立在国都王城里的太学，作为最高学府，专门为贵族子弟服务，而遍布各地的乡学则为非奴隶身份的国人子弟提供了教育场所。除此之外，每逢战乱，官学便弱，由此私学繁盛起来，其为民间家境尚可的国民提供教育，其中以孔子私学规模最大、影响最深。教育越是兴盛，就越能为国家（即天子和诸侯）提供更多的人才来源。春秋战国时期选官与教育制度的结合，让"读书"从一开始就深深地打上了"报效国家"的烙印。

世卿与人才荐举、养士

春秋时期，官员体系和贵族体系难以分开，宗族、爵位、官位纠缠在一起。自天子至诸侯、卿、大夫、士，可说他们是各自宗族（只是规模大小不等）的族长。"卿"是高级国家官吏的代表，其爵位可以世袭，而官位如果被大家族垄断，则贵族子弟世代为官，即所谓的"世卿"。很多学者认为这是春秋乱象。对此，国君必然想办法进行突破，形成忠诚于自己的职业官僚体系。

突破的路径，一在改变选官流程，二在将国民教育与官吏选拔结合起来，形成职官育成的土壤。国学由国家资助，通过国学选拔入仕的人意味着承了国恩，将来需要忠诚于国君。

从流程上，"乡举里选"意味着从基层组织中推荐贤能之人，贡献给职官体系，而教育成为荐举的蓄水池与来源之一。《周礼·地官司徒》记载周代乡大夫每三年进行"大比"，"考其德行、道艺"，将其中优秀者（"贤者、能者"）推荐给司徒，而司徒再考定更为优秀者举荐给天子与诸侯。经过认可以后，该人便能升入太学，被称为"俊士"。即使不进入中央政府，也可以在通过地方官员的考查后，取优异者担任地方政府的低级官吏。

那时的官员承载着人才推荐的责任，人才的培养和他自己的业绩同样重要。在每年正月向国君正式述职的"复事制"中，官员需要以口头加书面的方式上报治绩与属下考核情况，并推荐未能入仕的贤能之人。

除述职之外，另一个重要的官员考核制度"上计制"在春秋晋国就已经出现，至秦汉逐渐完善。它有类似于会计报告的呈送和审理方式：各级官吏需定时盘点，将当地的人员户籍、赋税等汇编成册，呈送朝廷。其中一部分重要的信息就是下属职官的表现和乡中贤能的情况，可算是古代正式的"人才盘点"。可见，那时候的"盘人才"就已经是和"盘业务""盘资金"一样重要的举措了！

同时，业绩好不好，不能光靠自证，要有专门负责考察的官员，相应的制度中，"寻访制"就是由专职的官员通过向任职者周围人做社会调查的方式，把握民情。由此可见，"走访"自古就是我们评鉴人才的方法。

另外，在战国时期，高级官员会招募具有特殊知识技能的士人，为己所用，可谓是私人的干部储备队，其逐步变成了职业官员的重要来源。"养士"制度最大的特点是打破了血缘关系，各地的人口都可以赴异国他乡为士，但不好的影响是培植了私人势力集团。大一统后"养士"制度逐步式微。

从以上历史片段我们可以看出，中国古代的国家用人机制，自少年的春秋战国时期起即体现着君权和贵族势力的矛盾斗争、中央与地方势力的矛盾斗争；体现着教育制度在教化国民之外还承载着通过学业取仕以巩固君权的作用。评估人、盘点人自古就是官吏的本职工作，为国家培育与举荐人才就是官吏的核心业务之一。世袭、举荐、学业取仕三大通路逐步成型。

秦汉：走过叛逆，迎来两汉的荣光，下启三国曹魏的激情

经过漫长而激烈璀璨的少年期酝酿，我们迎来了秦朝的一统天下。这个时期，既承接着战国"青春期末期极端叛逆"的残酷烙印，又深深地影响着后世汉朝的道路，因此秦汉往往会被大家连缀起来。

秦人军功建国，以法为教

这个时期在官员任用方面和春秋战国相比，主要的变化如下。

（1）郡县制与职官设置充分体现皇权至上。与战国时期的诸侯国不同，秦朝明确树立了郡县制的核心位置，其替代分封制，明确展现了皇权至高无上的地位，一直到清朝都是我国的基本政治体制。中央的三公九卿和地方的郡县制相互牵制，独立的御史大夫纠察百官一竿子插到底，郡设郡守（行政）、监御史（监督）、郡尉（军事）互不隶属的三个职位。

在郡守官员的出身上，适应当地的特点，呈现出"边地武将多，内地郎官（高官贵族子弟）多"的特点。三个官职中，唯有郡守可以任命本郡下级官员，这和现行的分支机构一把手具有管辖范围内的干部任命权力基本类似。监御史向御史中丞直接汇报，与今日的纪检监察制度雷同。

（2）教育制度的黑暗时期，"以法为教"。秦商君之法提倡"以法为教"，称"明主之国，无书简之文，以法为教；无先王之语，以吏为师"（出自《韩非子·五蠹》）。以法为教不仅把矛头指向了儒学，也指向了诸子百家。到了李斯在位时期，其更是把战国时期按照学术自由的原则建立起来的私学通通取缔，

中国的教育制度由此进入了短暂的黑暗时期。法制与礼制若只取其一，必定失衡。严刑峻法本来是用来控制民心、保障皇帝和国家安全的，减少知识和思想传播本是用来控制百姓的，然而终究事与愿违，不仅秦始皇多次遇刺，秦朝也快速覆亡了。

（3）选贤任能与论功赏爵是用人的两大原则。越是战火纷飞的年代，越是人才紧缺。上至国君，下至百官都需要突破常例，积极投身选贤任能活动，亲自选材。国君张贴求贤榜是当时常见的举措，意在广纳海内有才之士。我们现在也很难想象在古代信息传递与交通极不发达的情况下，当年商鞅是如何得知秦孝公的求贤令的。但我们知道自古至今，很多雄才大略的君王都有着求贤若渴的心——周有"周公吐脯，天下归心"，秦有商鞅三见秦孝公，三国有刘备三顾茅庐。越脍炙人口的故事越代表着民间的普遍认同，领导亲自招纳并辨别人才是为君主（上位之人）贤能的展现。

商鞅变法中，"军功爵位制"对贵族阶层形成了重大的打击。变法鼓励全体适龄男儿为国建功，"军功"成了百姓冲破阶级、改变命运的途径，贵族没有军功也不行。那时"斩一首爵一级"，请注意，这里的敌首数指的是扣除己方死亡人数的净剩数，可以说，在那个特殊的"创业期"，秦国选拔就是看业绩，而且是考核成本扣除后的净利润！

> 战时的商君之制到了秦国统一天下后，未曾修改方略，不仅不能起到促进作用，反而成了秦国的催命符。制度的选择必须考虑所处的时代主旋律，广开选贤用能之路，让阶层之间穿行有通路，这样才能永远保障社会活力的来源。军功建国，礼法治国，与民教化，方得天下贤才！

两汉是封建帝制第一个伟大高峰，育才化民定天下

经过了战火纷飞的年代，汉朝的统治者面对的是一个国弱民贫的破碎河山。秦朝暴政猝亡的教训历历在目，故汉朝虽然在三公九卿和地方郡县制等很多架构上沿袭了秦制，但从基本治国方略上进行了根本性的调整。

（1）三公九卿与地方郡县制得到了完善，中央与地方任命权限进一步明晰。在中央，三公九卿明确了政事、军事、法治三者的分立：丞相负责行政；御史大夫监管文武百官；太尉作为最高军事武官，却不能直接指挥军队而更像一个军事顾问。在地方，郡守（汉景帝时更名为太守）由中央直接任命和管理。郡守可以任命以本郡人士为主的郡属吏。沿袭秦制，监御史、郡尉仍然由中央直管，郡守无权管理。

这一时期，贵族也受到了较大打击。刘邦诛灭异姓王，汉武帝又通过"推恩令"这个"阳谋"，要求诸侯王把自己的封地再分给自己的子弟，诸侯国越分越小。推恩令与郡县制相互配合，分化了贵族势力，对一定级别以下的贵族进行虚封，结束了分封制。

（2）教育的复兴，"罢黜百家，独尊儒术"，兼顾育才选才。董仲舒提出"罢黜百家，独尊儒术"，其认为该理论对于育才化民、巩固统治会起到积极作用。此外，董仲舒在《举贤良对策》中向汉武帝建议，太学是最重要的培育人才基地，贤才所处，教化本源。公元前124年，汉武帝下诏在长安设太学，置博士弟子，学校教育正式成为职业官僚体系的重要来源。据说，汉顺帝年间，太学学生达到3万人，甚至还包含匈奴的留学生，这在当时的世界都是罕见的。

太学同时也是一个"考试认证机构"，鼓励自修，只要来参加太学的考试，通过了就可以给予资格和荣誉，这和现在的全日制学习与自考教育很相似。每年一次的考试，称为"岁试"，东汉改成两年一次。从彼时起，考试，这个重要的人才选拔路径随着教育体系的重建，越来越重要，逐步发展为隋唐的科举取士。

太学的考试分为"射策"（甲乙两等难度，儒家经典题目，封闭题面，考生自选抽题做答）、"策试"（固定题目50道，答得越多、答得越好，则上榜成绩越高）和口试三种，成绩为政府选官参考。是不是听起来和大家曾经参加的很多考试与人才选拔很相似？

（3）察举为核心，"举贤良方正能直言极谏者""声名取士"。汉朝察举需要根据业绩考核情况,将德才兼备的人推荐给朝廷,推荐人多是三公九卿类的高等官员,而"声名取士"意味着民间舆论非常重要。常科有孝廉、茂才,非常科有贤良方正、明经、明法、至孝、童子(早慧儿童)等,其中贤良方正重在德行,这反映了在多年战乱之后,汉朝对于前朝用人标准的修正,以配合"外儒内法"的治国方略。

在早期人才极度缺乏时,皇帝也会直接下求贤令。汉武帝征召,东方朔以一介平民之身公车上书,三千片竹简自荐求官。卫青、霍去病等改变中国西域版图的千古名将也出身卑微。皇帝会亲自出题策问,要求对方针对时事政治提出建议,糊名后自己拆阅。"皇帝策试,公府考试,太学课试,童子考试","朕将亲阅""朕将策之",考试变得越来越重要。

> 由秦而汉,从穷兵黩武走向"外儒内法"。汉朝初期,国家在君权与贵族势力的斗争中艰难地在废墟中建设。在低调隐忍的"文景之治"后,汉武帝大兴举才,不拘一格用人,改变了国家面貌,两汉荣光至此璀璨闪耀。用现在的话来说,快速发展期更利于人才脱颖而出,一把手是决定性的推动力量。"履职成绩""民间舆论"成为那时重要的取才依据。以"开放性时事政治论述题"为代表的策问是这一时期考试的特点。

魏晋:激情中动荡,承上启下,从枭雄"唯才是举"走向名存实亡的"九品中正制"

三国至魏晋,军阀混战,群雄纷争,各国期许能一统天下,更需要不拘一格降人才。凡乱世,必有创新。由于汉代后期察举不实和过分注重品德的倾向与时代主旋律不符,曹操提出著名的"唯才是举",旨在将自己从军事强人转变为国家管理者。而且,察举所依赖的"乡举里选"的稳定基层组织不复存在,因此前朝旧例必须革新,"九品中正制"逐步孕育诞生。

九品中正制在曹操时期帮助他清除汉朝死忠，并引入有能力有抱负的地方名士。这些"新人"必须与追随曹操的"老人"相融合，还要能够与仍然为他效力的有能力的汉朝遗老相融合。这像极了那些出身平平没有根基、一朝靠才学被重用的人的境遇——不仅要有能力，更要有较高的政治智慧和手段，才能在"初任时期"的"强敌环伺，敌友莫辨"的环境中生存。

九品中正制非常依赖中正官的德行操守与看人的水平，这一时期包括曹丕在内的皇族都纷纷撰写属于自己的人才标准。但曹丕与曹操不同，他开始向士族妥协，以换取更多支持。其中，关键的改动就是评估之前先对参选之人进行家世、道德、才能三方面的评定，其中对于家世的评定为重中之重，这挡住了很多寒素之人的门路。后期中正官不中正，被豪门大族控制，偏离了九品中正制的初衷。另一个重要的问题是，中正官回到故乡选人，定了乡品上报司徒，后者根据用人需求和与乡品的匹配程度确定官品，而这种选人依赖来自地方的档案和当地人的荐举信，难以避嫌。另外，中正官没有统一的用人标准，也没有统一的操作流程，这导致九品中正制难以达到预想效果。最终，不通过世袭方式所获得的官职都较低，即使那人一生勤恳工作、表现突出，也只能升到四品或五品。

> 纵观魏晋年间选官的历史，通过对比曹操及其以后推行的举措，可发现有两点差异较为突出：一是用人标准不同——以家世为重或以才能为重，二是中正官的选择与站位不同（这对于九品中正制能否达到目标非常关键）。在动荡的年代，政策坚守要有定力，一旦妥协就会逐步背离初衷，甚至反而被利用。

隋唐：盛世光华，开放、成熟、创新的吏治，难以超越的全盛高峰

彼时的长安，被称作"丝绸之路的东方圣殿"。当我们来到今天的西安城，参观相当于北京紫禁城 4.5 倍面积的"千宫之宫"的残垣断壁时，盛世光华虽历经千余年仍旧耀眼夺目。

开放包容，阳刚多元，一个自信的时代

唐朝，不仅是中国古代社会的盛世，也是同时代世界范围内的顶峰。它昂扬自信、阳刚的文化，至今还从大雁塔雄浑的造型向外散发，引得世人唏嘘不已。作为世界范围内先进文化的输出国，大唐以最开放的胸怀广纳贤才，包括"五胡乱华"以来定居塞内的各个民族，以及从波斯、日本等国仰慕大唐光华而来的世界性人才，都可以为其所用，展现着空前的开放创新的姿态。

这一时期，社会财富积累达到了新高度，君权和贵族势力仍然存在斗争，但随着中央集权进一步加强，特别在武则天之后，君权发展到了一个高峰。

完善了三省六部制，相对民主、放权制衡的强大的中央政权

隋朝继承和反思了东汉以来的变化，明确树立了五省六曹制，开创了科举考试，为盛唐吏治奠基。五省包括尚书省（总领六部，管全国政务）、内史省（类唐中书省，起草诏令）、门下省（侍奉谏议，掌审查政令及封驳）、秘书省（图书籍藏整理）、内侍省（内廷侍奉）。可以看到，不同的机构之间通过职责权限拆分实现了权力的分立。

至唐朝，其进一步演变成三省六部制。中书省、门下省、尚书省，形成了政令起草、审核监督和执行的流程，每一个环节都体现了对君权的牵制。特别是在唐太宗时期，门下省与中书省的长官形成了注重集体、共同讨论、执掌朝政的宰相"群相制"，而不能由个人尊官独掌。唐朝的宰相与三省六部制对后世影响巨大，虽然在明朝洪武年间宰相制度被废除，但在中国人的心中，对集体领导制和民主集中制已然打上了深深的印记。只有在君权强大、文化自信、心态开放的时代才能出现这种职业官吏体制。

但再好的制度随着时间推移都会出现问题。唐朝地方政权不及汉朝的架构扁平和富有生命力。至唐中后期，中央力量越来越强大，地方的能力越来越弱，这为中晚期地方军政疲敝，不得不依赖雇佣兵和异族埋下伏笔，最终导致安史之乱。

官员选任、考核、监察三者并举，科举与教育互相支撑

唐朝官吏的选任、考核与监察三者并举，制度相对完善，其中科举考试流程越来越严谨，且尚未陷入后世明清的僵死，逐步替代荐举。

唐朝的考核奖惩制度主要是考课，包括政事的结果、功过善恶，一年一小考，三年一大考。御史台发挥着相对均衡的作用，而不似后世元朝那般：出于对汉人的监督控制，御史台分量越来越重，甚至赋予他们任命官员的责任。重门第、轻选拔不行，重独立监督、轻直线行政考核也不行，平衡健全才行。

在科举考试的完善过程中，武则天起到了重大的作用，她承太宗志，继续与贵族搏斗。要实现空前的伟业，必须用空前的手段，虽有矫枉过正之处，但变革最关键的时候，这位"一把手"不惧身后骂名，敢于留下无字碑与后人，给玄宗留下了更加强大的君权基础。

据查，唐宪宗到唐懿宗时期共有宰相133人，进士出身就有98人。此时，科举开始越来越多地替代荐举，成为有世界领先意义的用人取士制度。不仅有武举，甚至还有医举。武则天要求"自糊其名，暗考以定第"，考官家属要回避。

唐玄宗纠正了武帝时期重科举考试、轻学校教育的做法，使教育与考试配合起来。其于公元753年诏令，参加科举者，需要先经过中央官学（六学二馆）和地方官学（包括府学、州学、县学）的学习。

回望隋唐吏治，我们深感"因开放而强大，因强大而愈加开放"。"心态好"才是强国的姿态，而且，不论是民众的教育、官员的选拔考评，还是监督，都需要平衡发展。

曾经有史家提出，唐太宗并没有后世官吏宣传的那么好。其在吏治方面的高峰盛名，和其对官员的民主放权有关系，后世官员称赞之，是希冀借古喻今，引导后世君王，为职业官吏争取更大的发挥空间。

高峰之后，宋元颓势渐显；至明清终章落幕，禁锢犹如手中沙

宋朝时，随着经济的发展和门阀制度的逐渐衰弱，官场向庶族地主及中小

地主知识分子广泛开放，以扩大统治阶级基础。明朝资本主义开始萌芽，但专制的色彩愈重。清朝大致改革了明朝旧制，如同北京的紫禁城一样，老房翻新一下，加上"满族部族政治"色彩后，也就"住进去"了。总的来说，专制越强，吏治、教育越趋于保守，失去活力，乏善可陈。

宋沿袭唐制度较多，内阁首辅多少具有宰相权势，至明洪武年间相权被废除，六部直接向皇帝负责，这标志着分权均衡的态势被打破，封闭专制的趋势日盛。至明朝，专制的色彩特别在锦衣卫这个独立于司法制度之外可以自设诏狱、有自己的印信、抓人不用走流程的机构身上显得格外突出，而宦官对职业官僚体系造成的冲击更是空前绝后。自唐而下，开放自信的色彩黯淡褪去。

在教育与思想领域，宋朝程朱理学系统化的哲学体系在元朝得到了官方的认可，对明清影响巨大。随着整个社会文化的逐步封闭，至清朝科举考试逐渐走入末期，八股文由四书五经取题，需以朱熹《四书章句集注》为本，限制自由发挥。再好的经，强按着头念，也给念歪了，遂有了后世"礼教吃人"的说法，实则并不是本相。

回望来时路，砥砺再前行

回顾中国这片古老土地上的吏治及其中的人才评鉴脉络，我们关注到生产力发展及与之配套的社会政治变迁背景，关注到职官体系与教育体系的关系，关注到三类选材方式的配合。这对我们今天的人才评鉴、人才管理提供了以下三个方面的启发和借鉴。

抓住当前发展阶段的主要矛盾来制定评鉴的策略

我们看到的各种历史上的人才评鉴实践，都是为了解决用人的问题，而用人问题的背后不仅有社会发展阶段的大背景，更有君权与贵族势力的斗争、君权与官僚体系的斗争、地方与中央的斗争贯穿其间。回到现实生活中，"年年岁岁花相似，岁岁年年人不同"，故事总是那么似曾相识，让人拍案："原来如此，懂了懂了！"

在今日设计人才评鉴机制的时候，认清组织当前的发展阶段，抓住主要矛盾，并围绕它来开展设计，就能"得上下人心"，特别是更易于摆好利益相关方的位置，获得关键人士的支持。我们在近期为客户设计评鉴方案时，常常拿出西方的"利益相关者分析矩阵"，要求顾问在大的企业发展阶段下，罗列各方面的利益诉求、敏感点等，特别是要好好体会领头人、一把手的想法，才能够从众多的工具箱里面选取合适的"榔头""锤子"，从而敲打出合适的章程。这并非政治，而是人心。

教育是关键，培育是核心。倡导和反对就一定奏效吗？引导的智慧是什么

知识的开放与民智的开化息息相关，古代贵族力量的强大在一定程度上与知识获取成本高，老百姓没办法获取足够的信息有关——他们是社会上少数能够接受较好教育的人。即便如此，没有春秋"理想国"式的诸子百家思想大爆炸，也就没有后世那么多可继承的精神财富，开放自由的教育必然是创造力的来源。

时至当日，知识信息的获取难度和成本极低，但知识的习得乃至运用的难度，却一点没有减少。评鉴人，一方面要和育人相结合，平衡发展；另一方面要通过评鉴选拔出那些愿意学、能学会、用得出来的人。这也是当前选人中最重要的"高潜特质"。

另外，历史上很多故事也给我们展现了"用力过猛"走向反面的例子。例如商鞅以法为教，高压下的社会反而走向了"无法无天"的乱世，皇朝猝亡；又如魏晋年间，"中正官不中正"导致的一些令人啼笑皆非的反例；再如程朱理学被不合理利用，承受了本不属于它的"礼教吃人"的骂名。需得存天理、顺人欲，不一厢情愿，不过度乐观，不强行猛灌，才能调校好教育宣传与选人用人的关系。

德与才、功与过、资与历，穿越千年，历久弥新

立体地看待吏治选官，需把教育、机构与官职的设立、任命、考核、奖励、监察进行一体化思考，就像交响乐，缺了哪个声部都不行。在现实中，好的架构、明确的用人标准和选育机制、后续的考核跟进、必要的监督核查结合在一起，才能让人才更好地发挥价值。

立体地看待用人标准，道德与才干、功劳与过失、资格与履历等，需平衡互补。若有偏向，可能是破旧立新之时的矫枉过正，也可能是斗争中不平衡关系对于合理标准的干扰。例如曹操的"唯才是举"，传了一世就回到老路，偏家世出身取仕，这一方面反映了曹丕未能拥有如曹操的威望，未能挡住贵族势力的反扑；另一方面反映了社会矛盾阶段主题变化，曹丕缺乏"天时"。在当前企业人才评鉴实践中，在某些组织的某些阶段出现了时兴的、偏失的或"领导特别喜欢的"选人标准，运用效果不佳。例如过度单一地强调能力模型招来质疑；又如过度单一地强调业绩为王不看"金窝银窝"等客观条件，不管前人栽树后人乘凉；再如过度依赖资格履历、论资排辈等，不一而足。

"以铜为鉴，可正衣冠；以古为鉴，可知兴替；以人为鉴，可明得失。"

在历史的天空中，一个个鲜活的人物，一出出精妙宏大的剧集，复盘照进今日，在清茶凉风之间，与君共勉！

洋为中用：西方近代人才评鉴的发展与借鉴

上一节，我们回顾了中国古代历史变迁下的人才评鉴。生产力发展及社会政治变迁作为宏大背景，职官体系与教育体系相辅相成，科举取士、荐举察举和门荫承继三种选才方式配合补充。人才发现、人才评鉴作为这股沧海洪流的重要组成部分，推动着历史滚滚向前。

而西方的研究，更加具体入微，更加实用。人才评鉴方法在中国古已有之，但是，人才评鉴成为一门科学，还是得从西方智力测量、个性人格测量及后续发展应用的百余年历史中寻找脉络。

西方人才评鉴的初始萌发阶段

论及西方人才评鉴的历史，最早可以追溯到 19 世纪初医学界对智力障碍和精神病人智力测量的需求，许多心理学家开始尝试测量和分析个体间的差异。这一时期的人才评鉴仅仅依附于实验心理学对个体差异的研究而存在，并且在很长一段时间内针对智力测验的研究始终没有找到有效的测量指标和技术手段，人才素质测评往往局限于对基本身体素质的测量。

19 世纪末，法国颁布《费里教育法案》，申明国民义务教育原则，明确所有 6～13 岁儿童都有受到初等义务教育的权利。在推行过程中，将智力异常儿童与一般儿童区分，便于进行特殊教育。法国心理学家比奈（A.Binet）与其助手西蒙（T.Simon）于 1905 年发表了比奈－西蒙智力量表，并于 1908 年及 1911 年完成了两次修订，这是心理学测量发展历程中里程碑式的成就。1905 年版的智力量表以区分智力异常儿童为目的，一共包含 30 个测验项目，考察儿童的记忆、理解以及语言等方面的能力，以儿童正确完成题目的数量为判断依据。1908 年的修订版经过删减和增订，使得测验项目由 30 个增加至 58 个，并提出了智力年龄（mental age，MA）的概念，完成了 3～16 岁智龄的测验量表，首次将测验项目按年龄分组，且随着代表年龄的增加将测验项目从易到难进行排序。不管被测者的实际年龄（chronological age，CA）是几岁，仅以其通过测验项目所代表的智龄作为其智力水平的判断标准。1911 年的修订版删减了部分过分依赖学校知识的项目，在增加一些测验项目后，重新对量表的难易程度进行排序，并将适用年龄调整为 3～18 岁。

1916 年美国心理学家推孟教授以比奈－西蒙智力量表为研究基础发表了斯坦福－比奈智力量表，并在其中首次提出了比率智商（IQ）的概念。比率智商的计算方法是用被测试者的智力年龄除以实际年龄，取两者的商数反映其智力水平，即：

$$IQ = \frac{MA}{CA} \times 100$$

由公式可以推出，当智龄与年龄相等时，智商为 100；当智龄高于年龄时，智商大于 100；当智龄小于年龄时，智商小于 100。这种方法突破了年龄的局限性，可以对比不同年龄人的智商。比率智商算法默认个体智商与年龄成线性正相关，实际上，智商不会随着年龄的增加而一直增长，因此用比率智商测算成年人智商的有效性较低。

西方人才评鉴的探索起步阶段

20 世纪初，心理测验的理论体系已经得到了初步的完善，不仅智力测验从深度和广度上完成了突破性的提升，并且自 20 世纪 20 年代开始，相继发展出了以罗夏墨迹测验和主题统觉测验为代表的投射实验，以及以明尼苏达多项人格测验（MMPI）、艾森克人格问卷（EPQ）、卡特尔 16 因素性格测验为代表的人格测验、职业兴趣测验以及一系列能力测验。在这一时期，心理测验的应用实践得到了空前发展，人才评鉴依托于心理测验的成熟成长起来，其应用对象由个人扩展为团体，测评客体由儿童发展为成人，表现形式由文字测验发展为图形、操作等多元化测验，功用由学术研究发展为社会服务。

第一次世界大战（以下简称"一战"）时，心理学测验首先运用于军事领域。美国加入一战时，面临着大规模招募新兵并完成官兵选拔的任务。为了能达成迅速筛查智力低下的应征者、提高军队整体战斗力的目的，美国军方邀请心理学家参与选拔。由于早期发展的心理学测验均为个体差异的检测以至于不能在大规模的军队中完成推广，为此，美国心理学家将研究方向调整为团体测验的开发。其中，最为出名的是由约翰·奥蒂斯（John Otis）和罗伯特·耶基斯（Robert Yerkes）开发编制出的纸笔测验——陆军甲种测验和陆军乙种测验。前者是文字测验，后者是非文字测验，专门为未曾受过教育或者不懂英文的新兵所设计。该测验成了近 200 万应征者的筛选工具，淘汰了约 8600 名智力低下者，最后被编制修订成了经典的军队测验。

第二次世界大战（以下简称"二战"）期间，美国再次使用心理学测验手段高效地完成了新兵选拔与任务指派。美军编制了一般分类测验（GCT），按知觉速度、推理能力、词语理解、词语流畅、空间知觉、计算和记忆七种能力对军人进行评价，提高了编制队伍的效率。1942 年，美国心理学家采用心理素质检测技术编制了一套飞行员选拔程序，并完成了对 16 万人的检测，将淘汰率从 20 年代的 65% 下降至 35%，这成为通过心理学检测完成专业人才选拔的典型案例。1943 年法国参考美军的方案进行飞行员选拔，淘汰率由 61% 下降到 36%，获得了与美军相似的结果。

西方人才评鉴的快速发展阶段

20 世纪中期，由于单一化的智力测验与性格测验等已无法满足社会对人才评鉴的现实需求，评鉴中心在军事领域首先发展起来。评鉴中心的现实运用并不局限于筛选新兵和选拔特殊兵种人才，同样适用于高级指挥人才的评价和选拔。其作为更准确全面的综合性评鉴方法很快被工商业企业所接受并进行尝试应用。

1929 年，德国心理学家为该国军事部门建立起一套用于挑选军官的多项评价程序，这套多角度选拔程序被认为是现代评鉴中心技术的起源。参与此项选拔任务的心理学家们提出了整体性、自然性（在自然、日常的环境中）的测评原则，明确了多项选拔程序的要点，即在确定军官的标准要求后，由多个测评者采用多种不同形式的测评技术完成对测评对象整体个性的、综合的评价。时至今日，这些要点仍旧是现代人才测评遵循的基本原则。

总体来说，由多个评价者通过多种评价项目来评价复杂的行为是多项评价程序的主要特点。为了对军官进行全方位整体的评价，心理学家设计了一系列的测评项目以便于从不同的角度评价被测试者。首先，被测者需要通过书面测验完成最基本的智力水平检测，并且需要完成五官功能测验、感觉运动协调测验等基本能力检测。随后，参评人需要在被测者的任务练习中完成对其精神抗压、毅力表现以及体力表现等的记录，同时在其指挥系列练习中通过观察其面部表情和讲话形式等表现对其形成相应的评价。并且，多名参评人将会与每一位被测者进行深入面谈，了解其教育情况、成长经历以及价值观等。最后，由两名军官、三名心理学家和一名内科医生共同完成人选决策,产生优秀军官人选名单。

二战期间,该方法被英国陆军部评选委员会借鉴用以选拔优秀的军官。在严格遵循测评原则和主要特征的情况下,该委员会加入了无领导小组讨论、团队任务、即兴演讲、角色扮演等新的测验项目,采用了更加复杂多样的测验手段,即将被测试者放在更加现实的环境中进行观察和评价。同一时期,美国中央情报局(CIA)借鉴该方法选拔优秀的情报人员。在CIA的测评方案中,同样尊重了基础技能测验,并且根据特殊职业需要强调了情景模拟测验。由于情报人员往往需要深入敌后进行高压工作,因此他们设计的情景模拟测验涉及这种情景压力。该套测评程序还安排参评人和被测评人在同一空间完成为时三天的共同生活任务,使两者有更多的机会进行非正式接触,以便于参评人对被测者完成更加真实的观察、评价。

开企业组织使用评鉴中心技术先河的是当时全球最大的公司——美国电话电报公司(AT&T),其研发管理部门的经理邀请后来担任美国工业组织心理协会主席的道格拉斯·布雷博士(Douglas Bray)加入公司的"管理进步研究项目"。在该项研究中,布雷博士首次将评鉴中心技术引入工业企业的人才测评当中,进行为期20年的长期跟踪研究。从1956年起,AT&T公司用长达8年的追踪研究对该方法的效度进行检验。结果表明,利用该方法选择中层管理人员的效度极高。该研究运用小组讨论技术、文件筐技术、测验和访谈等,按照25条标准对新进入公司的422名初级管理者进行了评价,随后将结果密封,并于8年后对升职经理的预测和实际结果进行对比,其中当年预测晋升的员工中有64%获得了实际晋升,而预测不会晋升的员工中,只有32%获得了实际晋升。经过8年的追踪研究,该公司正式决定使用评鉴中心技术作为确定公司中层管理人选的技术手段。

由于评鉴中心技术结合了测验、面试、情景模拟等多种手段,使得其对人才的评价更综合、更全面、效度更高。在20世纪60年代以后,这种评价方式逐渐被更多的大型企业引入,如通用电气公司、福特汽车公司、柯达公司等都采用了这项技术并建立了相应的评鉴中心机构，从对普通员工的评价开始，发展至对中高层管理人员的评价和选拔，使得该项技术在企业界获得了快速的推广和普及。

西方人才评鉴的渗透融合阶段

一战结束，曾经仅服务于军方的人才测评工具逐步民用化，特别是在政府机构以及大型企业中得到了应用。美国曾经最大的零售企业西尔斯公司（Sears）利用人格测验对上万名应征者进行筛选。除此之外，针对人的某些特质的测量工具逐步被开发出来并被应用于企业当中，例如推销领域的职位根据成功的推销人才可能具备自信的人格特质这点来选拔所需的目标人才。心理学家开始根据各个专业领域选拔人才的实际需求开发编制不同的能力倾向测验，主要包括文书、音乐、艺术、机械等方面。

二战时美国采用一般分类测验对士兵的能力进行预测，这更进一步地促进了心理学实验的标准化发展。军事领域的成功验证了心理学测验的信度和效度，直接推进了战后心理学测验在工商业的发展和应用。20世纪四五十年代，企业使用心理学测验在实践中进行评价求职者的初步尝试；20世纪60年代，人才素质测评的应用从对求职者和普通员工的评价发展至对中高级管理者的选拔；20世纪70年代初期，美国大约有1000家大型跨国企业在选拔高级管理者的过程中采用了人才素质测评技术；1971年美国联邦法院要求在工作相关领域的人才选拔中使用人才素质测评技术。自此，人才素质测评在整个工商业的人才选拔过程中得到了快速的推进和广泛的应用。

近几十年来，随着人才测评体系的成熟，现代西方社会发展出多家提供专业化人力资源素质测评服务的公司，人才测评思想和技术已经渗透到人力资源开发的各个阶段。对个人而言，在其成长历程中，无论是升学、就业，还是晋升、考核，几乎都要经历不同的测评，测评结果则成了指导行为的重要依据。对企业而言，出于对人才是企业核心竞争力理论的认知，其对人力资源管理和人才评鉴的重视程度更是逐年提升。目前，人才测评已然成为全球企业管理、公共管理的热点，与人才选拔、绩效评估有关的测评工具层出不穷，众多企业开始认可并越发依赖人才测评工具，人才测评已经发展成为了一种良性循环且收益不菲的增值产业。

西方人才评鉴的理论成熟阶段

多年来，西方针对人才评鉴的研究和实践始终没有停止，众多专家学者一直不遗余力地完善人才测评理论体系、纠正前人思想误区、开发多元化测评工具，以满足人才发展各个阶段的不同需求。

1973年，美国心理学家戴维·麦克利兰博士（David McClelland）发表了一篇名为 Testing for Company rather than Intelligence 的文章表达了滥用智力测验结果来判断个人能力的不合理性。他在文章中指出，人们长久以来认为会影响一个人工作业绩的智力、人格、价值观等方面的因素，在现实中没有展现预期的效果。因此，人们应该抛开主观假设，通过现实第一手资料分析出真正影响一个人工作绩效的个人条件和行为特征，即"胜任素质"。麦克利兰博士在帮助美国国务院进行外事情报官员的选拔时首次将他的设想投入实践。在项目过程中，他应用了胜任素质的关键性理论，例如：抛开对人才条件的主观预设，通过第一手资料分析绩优者和表现一般者具体行为特征的差别，识别出真正影响工作业绩的个人特质和行为特征。为了提炼出被测试者的行为特质，麦克利兰博士在项目中使用了他在1972年提出的行为事件访谈技术（BEI），采用开放的行为回顾式探察手段，通过分析"可以照下来"的具体的关键行为，发现其背后的能力与动机并挖掘人的潜在特性与行为倾向。同年，麦克利兰博士提出了著名的冰山理论模型。

1982年瓦格纳提出了结构化面试思想，即采用提前设计的结构模式实施面试，以提高测评准确性，凸显面试优势。其思想方法随后成为公务员选拔过程中必不可少的环节。1989年美国心理学家麦克雷和科斯塔等人提出了大五人格理论模型。1991年美国职业指导专家约翰·霍兰德（John Holland）通过总结本人的职业咨询经验及职业类型理论，编制出霍兰德职业倾向测试。与此同时，许多学者通过不懈的研究为人才测评领域的完善做出了不可磨灭的贡献。

西方近现代人才评鉴体系发展迅速，智力测评、能力测评、人格测评等丰富的人才测评技术不断涌现，由于这些工具都是在专家广泛研究的基础上开发出来的，因此具有一定的科学性和客观性，在西方社会得到了广泛应用。不论是公务员选拔、企业员工招募、员工晋升竞聘，还是个人职业生涯规划，都采纳了多样的测评技术手段，并收到了很好的效果。

近年来，人才管理领域出现追随力、事件论、黑暗人格、职业适应性、工作形塑等研究热点。随着时代发展，热点也许会一直变化，但不变的是要在变化与争鸣中不断去探索发现人的行为与绩效和职业发展的关系。

打造人才生态的绿水青山，中国企业的探索实践

企业因人而聚。人才生态的重要性，在今天被广泛认识，而在古今中外的各个国家或大小组织中，成功的领导者都将其放在十分重要的位置。

毛泽东曾经指出：领导者的责任，归结起来，主要是出主意、用干部两件事。现代企业的管理者，要做好"管事理人"，就不能"见事不见人"，一头扎进业务里。

人对了，事就对了。对于快速发展的企业而言，人才家底的厚度以及人才育成的能力，是企业经营者最需要关注和投入精力的。这就需要管理者把握人才成长规律，未雨绸缪，"先人后事"，储备人才，持续地建设人才队伍。

有一个非常经典的比喻：优秀的企业像农夫种庄稼、果农经营果园一样经营自己的人才。在自己的一亩三分地里，研发、生产、销售、职能各个条线，就像玉米、棉花、大豆、高粱或者苹果、葡萄、石榴、蜜桃一样，各有各的地块，井井有条。一茬一茬的人才，经历着"选种""育苗""施肥浇水""日晒雨淋"，源源不断地支撑业务的发展。

人才成长，需要内因基础，需要外因作用，需要与组织需要相结合，需要一定的成长周期，需要外在的成果显现和社会公认。这就是人才成长规律中的内因成长规律（advantages of internal factor）、实践成长规律（practice）、环境

成长规律（put into organization needs）、周期成长规律（long-term process）和外化显现（社会承认）规律（evidence and achievements）。我们取这五个英文短语的首字母，称之为金苹果（APPLE）人才成长规律。

第一，内因是基础（内因成长规律）。首先发现人的优势，他自己得是这块料，没有大的硬伤。只有选好苗子，人才培养才能够事半功倍。

第二，要实践（实践成长规律）。成长是在实践中发生的，必须经历关键任务。打仗练兵两不误，怎么打仗就怎么练兵，关键是要去习得经验和能力，而不是浑浑噩噩、简单重复。经历了打破与重建，才能够破茧成蝶。

第三，人才发展要与组织需要相结合（环境成长规律）。只有符合组织、社会需要的成长方向，个人才能够获得更多的资源，从而获得更多的机会绽放价值。因此，组织、个人双向互动的人才规划与职业规划很重要。

第四，人才成长需要一定的时间周期（周期成长规律）。人才育成不可能一蹴而就，过多的揠苗助长或"坐火箭"必然带来各种风险和问题。我们见到的"未来领袖计划""创想家计划""英才计划"等，都是基于业务规划的提前人才布局，可避免或减少人才断档和捉襟见肘的被动局面，打造未来优势。

第五，人才成长需要外在公认的成果展现（外化显现规律）。人才成长需要实践检验，其能力提升外化为实际的工作成果，有利于其获得更广泛的认可、更多的信任并承担更大的责任。

基于以上人才成长规律，有企业把人才识别和培养总结为三个步骤，即：建池子，选苗子（内因发现）；给位子，压担子（外因实践）；摘果子，给面子（成熟与承认）。在这个过程里，企业管理者既要关注人才产出，也要关注人才生态，人才评鉴是其中重要的环节。

某日系合资汽车制造企业，正是得益于持续多年的人才育成，有效实现了企业的逆势高速发展。该企业于2013年引入的人才评鉴工作，是其中重要的基础工作，大量的中高级业务管理者参与其中。现在，该企业对人才评鉴的理念、工具和方法的掌握已经逐渐走向成熟。

国内教育行业的某龙头企业在人才选用上不断创新实践。多年来，该企业多位高管积极参与高潜人才选拔，以业务和管理的综合视角，对参选者进行评鉴和反馈，选贤任能，传递导向，在企业内形成了品牌人才项目和口碑，也成为人才评鉴实践领域的标杆。

在外部人才引进方面，无论国企还是民企，都需要从价值观、能力和经验等方面对候选人进行深入全面地评鉴，否则难以避免水土不服、落差巨大，最终尴尬收场的局面。

通不通、愿不愿、能不能：OMQ 人才通道模型

人才生态的"绿水青山"是企业最宝贵的"金山银山"。打造人才生态，需要畅通人才通道，充分调动人才积极性，为其提供资源和平台，促进人才成长。"通不通、愿不愿、能不能"的问题框架（见图 2-1）是人才管理的全景图，可以帮助企业管理者全面地、结构化地思考人才管理的现状和关键问题。

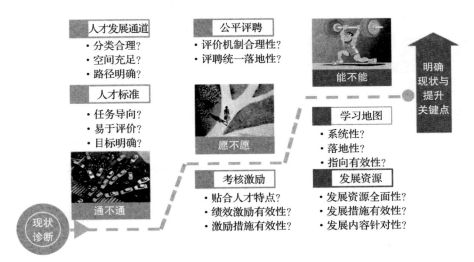

图 2-1　OMQ 人才通道模型

通不通（orientation）

是否有清晰的人才发展通道？职类、序列的划分是否明确？是否为员工提供了广阔的发展空间和明确的职业发展路径？是否有合理的人才标准？标准是

否来源于工作任务本身，并能对任务结果进行准确的评价？是否易于操作？是否与战略目标衔接并清晰明确？这些问题的答案是员工在企业长期发展的基础，为员工的职业道路指引了方向。

愿不愿（motivation）

人才评价的方式和结果是否具有科学性和合理性？评价和聘用标准是否统一并可落地？考核激励是否贴合人才特点？考核和激励措施是否对员工产生有效激励，并可获得更优的绩效结果？这些问题的答案，反映了企业能否激励员工以积极主动的状态和更高的敬业度去对待工作，也是整个组织能否获得更高绩效和更快发展的基础。

能不能（qualification）

企业的培养体系是否具有系统性、落地性和指向有效性？是否为员工提供了全面、有效、有针对性的发展资源？这些问题回答了员工是否可以在企业的培养和支持下，有能力胜任其工作，并达成其工作目标。

人才评鉴是贯穿这个模型框架的重要内容。

（1）Orientation：评鉴帮助员工找准定位，找到适合的发展通道和发展路径，从而进行职业发展规划，增强方向感和目标性。

（2）Motivation：对于员工来说，使用往往是最大的激励。科学评鉴是公平评聘的基础，也是有效激励回报的基础。公平评聘和有效激励可增强员工的确定性与获得感。

（3）Qualification：基于评鉴结果进行反馈与赋能，可大大提高发展的针对性和有效性。对于员工来说，这意味着应增强自知力、激发内驱力，以获得来自组织的更强的支持力。

人才强企在企业中的实践

打造人才生态的"绿水青山"，在很多企业被称为人才强企"一把手"工程。尤其是在很多大型央企、国企集团，其被叫作"国家有部属，集团有安排，企业有需要"。

2016年3月，中共中央印发了《关于深化人才发展体制机制改革的意见》（以下简称《意见》），文中提到要坚持聚天下英才而用之，牢固树立科学人才观，破除束缚人才发展的思想观念和体制机制障碍，解放和增强人才活力。在人才管理改革当中，要坚持党管人才、服务发展大局、突出市场导向、体现分类施策、扩大人才开放等原则，不断完善人才评价、流动和激励机制，形成与社会主义市场经济体制相适应、人人皆可成才、人人尽展其才的政策法律体系和社会环境。

《意见》中强调，要创新人才评价机制：第一，突出品德、能力和业绩评价，注重凭能力、实绩和贡献评价人才，克服唯学历、唯职称、唯论文等倾向；第二，改进人才评价考核方式，加快建立科学化、社会化和市场化的人才评价制度，应用型人才评价应根据职业特点突出能力和业绩导向；第三，改革职称制度和职业资格制度，深化职称制度改革，提高评审科学化水平。

2018年2月，中共中央办公厅、国务院办公厅印发了《关于分类推进人才评价机制改革的指导意见》，该文件从评价标准、评价方式、重点领域人才评价改革、人才评价管理服务制度等多个维度全方面给出了人才评价改革方向意见，突出强调了人才评鉴要遵循科学性、引入多元评价方式、尊重人才的成长规律，让各类人才价值得到充分尊重和体现。

在深化国有企业改革的大背景下，我国在2018年、2019年实施的"国企改革双百行动"特别强调了，要在"双百企业"中率先实现"不看身份、不看级别，只看岗位、只看贡献"的市场化氛围，真正形成"能者上、平者让、庸者下"的用人导向。人才评鉴应突破固有机制，充分、规范、有序地授权、放权和行权，让能者担大任，让人才放光彩。

结合企业发展战略，一些大型企业集团推进了人才通道建设、青年人才计划、领军人才计划、国际化人才计划等工作，不断创新探索，开展公开、公正、严谨、科学的人才评鉴与发展活动，以激发人才活力，增强企业发展动力。

第二篇

人才评鉴评什么

第三章

人才评鉴标准的演变：我们如何界定人才

思考

《你的用人标准清晰吗？你最看重的是什么？

《你是如何制定人才标准的？

《你和团队成员对人才标准的理解一致吗？

《职业资格、胜任力、任职资格、人才画像等不同人才标准的概念，让你云里雾里吗？

从"职业资格"到"胜任力""任职资格"

古往今来，不同领域、不同时代选人用人的标准因世、因时、因事、因职各异，但总的来说，无外乎德才两个方面。求实才、重实才，是以能否推动生产力的发展为根本标准。才的本质，是其先进性和稀缺性。

到了现代，先后出现了职业资格（qualification）、胜任力（competency）、任职资格（competency and qualification）等界定人才标准的概念。这些概念提出的背景如何，主要解决什么问题，今天又该如何发挥价值，我们将逐一探讨。

职业资格：职业教育的英国标尺

职业资格是在工业革命和世界大战的背景下伴随着职业教育的发展应运而

生的，是对从事某一职业所必备的知识与技能的基本要求，是劳动者从事某种职业所需要满足的最低标准。按照强制性的程度不同，职业资格又可以分为执业资格和从业资格。例如，医生等关乎生命健康、责任较大、关乎公共利益的岗位必须考取执业资格才能上岗；一般岗位如纺织工只需要满足知识、技能的起点标准，取得从业资格的认证即可。

作为第一次工业革命的发源地和最早开展职业教育的国家之一，英国的国家职业资格（National Vocational Qualification，NVQ）最具代表性。在英国的历史上，对劳动力的教育主要以学徒制的形式进行。学徒制起源于英国12世纪初的手工业行会，是行会用于培养合格从业者的唯一途径，也是行会控制内部竞争的重要手段。

工业革命之前，英国的农业和手工业人口占整个社会的绝大多数，经过几十年的工业化发展，到1801年下降至35.9%，到1901年仅占整体人口的8.7%。大批的农民和手工业者在机器化大生产的推动下失去了赖以生存的职业，为了谋生不得不涌入工业聚集的地区。然而这一时期以学徒制为代表的职业教育是非常落后的：不仅培训内容与工厂需求相脱节，而且没有正规的考试与认证，无法为工业发展提供充足、达标的劳动力。因此，失业人数与贫困人口数量居高不下，急需扩大规模的工厂也常常无人可用，这极大地阻碍了经济的发展，影响了社会的稳定。

1921年英国率先在机械工程领域实施职业资格认证，之后逐渐扩展到其他领域。当时的资格证书鉴定和授予工作主要由各行会来承担。但由于行会体系繁杂，导致考试乱、证书滥，无法支撑劳动力水平的快速提升与标准化培养。

二战重挫了英国国力，为打个翻身仗，英国必须解决两个问题：一是扭转劳动力职业素质不高制约经济社会发展的局面；二是通过农业、手工业劳动力向工业转型实现产业结构调整。

为了应对以上两个问题，英国政府从最要紧的青年就业着手，先后发表颁布了一系列政策，力求推动和完善职业资格证书制度的变革与实施。

1981年，英国保守党政府发表《一个新的培训动议：行动方案》，规定了未来5年中手工业者及技术人员的技能水平需达到的标准和期限，试图通过职业教育与培训使从业者达到明确而规范的水准，确保从业者最基本的资格水平。

1985年发表的《年轻人的教育和培训》白皮书，再次提到"随着经济社会的发展，企业对就业、入职、商行的培训及人员使用都要有通用、统一的资格标准"。

1986年发表的《共同工作：教育和培训》（*Working Together: Education and Training*）白皮书建议成立国家职业资格委员会（The National Council for Vocational Qualification，NCVQ），并授权该委员会制定一套合理的、先进的职业资格标准。至此，国家职业资格委员会第一次登上历史舞台，并于1988年正式推出国家职业资格体系。

英国的职业资格是从政府、教育部的角度，以官方权威的形式提出的。这种整合学校教育和企业内部职业教育的机制，改善了学校教育滞后于市场需求的现象，强化了教育对经济的支撑作用。英国职业资格的评定过程有较大的弹性，且考评性质不具有选拔性，只具有达标性。个人所取得的职业资格证书与学历文凭对等互认，这极大地改善了英国重人文、轻技术的社会风尚，提高了英国社会对国家职业资格证书的认可度，对激励在职人员终身学习、不断进取发挥了重要作用。

胜任力：打开绩效黑箱的一把钥匙

与职业资格常常混淆的另一个概念叫能力素质，也叫胜任力（competency），主要发源于美国。早在1911年，泰勒在《科学管理原理》中就建议管理者通过动作分析的方法制定科学的作业流程，并用反应时间、身体素质、局部动作的灵活性等维度来挑选工人。然而，泰勒的理论越来越受到质疑，人们迫切希望了解绩效的黑箱中到底是什么在影响绩效结果。

20世纪70年代以麦克利兰教授为首的研究小组经过大量深入研究，发现知识技能测评并不能预示工作绩效的高低和个人职业生涯的成功。具体来说，影响个人绩效的主要是成就动机、人际理解、团队影响力等一些可以被称为胜任力的东西，研究小组后来又进一步将其明确定义为"能区分在特定工作岗位和组织环境中绩效水平的个人特征"。

1973 年，麦克利兰在继承并发展前人研究成果的基础上发表了一篇题为《测量胜任力而非智力》的文章，其认为高绩效者之所以有优秀的绩效表现，就是因为他们具备了某些特定的胜任力。因此，他倡导将胜任力模型作为预测未来工作绩效的方法，取代智力测验。

同时期的美国政府正处于冷战状态，需要招募驻外信息联络官（foreign service information officer，FSIO），以宣传美国精神，获得更多人的支持。按照传统，被评价者必须通过国务院的测验才能入选。当时，几乎所有的联络官都是年轻的白人男性。

为什么会出现这样的情况？因为这个测验的设计思路来自技术见长的资深联络官。他们认为一位现代的联络官首先要满足的是智商要求，其次是学历，最后是一般人文常识及相关文化背景常识，例如美国历史、西方文明史、英语水平以及经济、管理专业知识等。然而，这个测验有明显的硬伤。首先，测验需要相当高的分数才算及格，少数民族或其他外来移民是不太可能通过的。其次，申请人的测验成绩不能完全证明其日后工作表现的优劣。例如，一位年轻的联络官在埃塞俄比亚的临场表现，是无法从他拥有丰富的词汇或优秀的人文知识背景中预测得知的。由于测验的分数与实务工作成功与否并没有必要的关联，测验实际上反而阻碍了美国外交工作的效果：他们甚至连融入其他民族、适应异国文化都做不到，就更谈不上宣传美国精神了。因此，美国政府所面临的挑战是：如果传统的测验无法有效预测工作绩效，那么到底有什么方法可以取而代之？

麦克利兰及其研究小组试图通过研究影响联络官工作绩效的因素来攻克这项挑战。当时的解决思路主要来自两个方面：

第一，运用绩效优秀者与绩效一般者的比较，建立效标样本。绩效优秀者包含超级明星、最有聪明才智及工作效率的联络官，他们在领导、同事以及外国人的眼中是最具魅力的美国驻外代表。相比之下，"绩效一般者"只期待在工作中尽到自己本分，不要被炒鱿鱼就好。

第二，通过"行为事件访谈"（behavioral event interview，BEI）的技术，了解绩效优秀者与绩效一般者各自的日常工作，观察优秀的人是否做了一般人没有做的事。经过绩优者与一般者的数据对比及一系列分析总结，麦克利兰发现了二者在行为和思维方式的差异，从而找出了驻外联络官的胜任力：

- 跨文化人际敏感性：理解不同文化背景的人所讲的话的真正含义，并预测其反应的能力。
- 正面看待他人：对于不同文化背景及持不同政见的人，尊重其人格，认可其价值的能力。即使面对压力，亦能如此。
- 快速领悟政治关系：迅速了解谁能影响谁，以及他们政治倾向的能力。

从20世纪80年代开始，胜任力逐渐成了一个时髦的管理概念，在西方掀起了研究与应用的热潮。1993年美国心理学家斯宾塞（Spencer）提出了胜任力的完整定义，即胜任力是指能和参照效标（优秀绩效或合格绩效）有因果关系的深层次特征。当时心理学已开始应用于管理领域，在麦克利兰的冰山理论模型的基础上，斯宾塞再次提出了胜任力模型，将胜任力区分为特质、动机、自我概念、知识与技能等不同层次，并认为这些特征共同决定员工的行为，最终推动绩效的达成。

胜任力模型的表达形式有很多种，其中最经典的是冰山模型和洋葱模型（见图3-1）。它们形象地说明了各层特质和它们之间的关系，如处于冰山表面和洋葱圈外层的知识与技能最容易被观察和培养，而越是处于冰山水面以下的和洋葱圈内层的特质，越是难以测量和培养，同时对个人行为的影响力也越大。

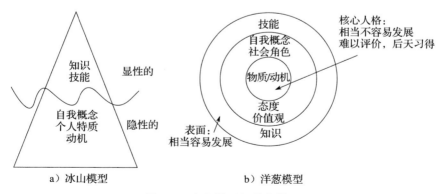

图3-1　冰山模型与洋葱模型

麦克利兰提出的胜任力改变了智力本位和知识、技能本位的职业甄选倾向，为人类打开绩效黑箱提供了一把钥匙。从此，人们开始从门槛胜任条件和差异胜任力的角度去思考，如何根据不同的场景与需要，制定人才标准，从而实现精准有效的人才甄选。

任职资格：人才通道的成长阶梯

我国在职业化发展方面明显落后于西方国家。职业资格在我国的发展可以追溯到 20 世纪 50 年代初的八级技工制。当时我国从苏联引进了工人技能等级考核制度，制定了八级钳工、八级车工等一系列技术工人的考核标准，为促进工人提高技能、开展劳动竞赛起到了较好的作用。但考核由政府部门（劳动厅或劳动局）主持，只是周期性地把不同企业的相关工作人员组织起来统一考评。此外，考评方式千篇一律，都是集中考察理论知识和实操，一年一次，直接定性。

而后是职业技能鉴定阶段。为了加强劳动人事科学化管理，保护社会公共利益，维护正常职业秩序，劳动部、人事部先后下达了多份文件，促进了职业资格制度在我国的发展。依照这些政策，国家先后颁发了各个行业、工种的具体鉴定规范，建立了相应的试题库，并在职业教育领域得到了广泛应用。

同八级技工制一样，职业技能标准很大程度上是一种学科导向性的标准，用这种标准指导职业培训和技能鉴定的结果往往是：所培养的学生和取得证书的人员虽然能够掌握不少通用的知识与技能，但由于内容更新不及时，考核标准常常滞后于企业和用人单位的需要。

胜任力模型的概念传入中国后，不少国内企业借助"外脑"或依靠自身的力量建立起各类专业的素质模型，但大多数实践效果不佳。华为曾经在 1996 年建立了胜任力模型，但由于操作难度较大，所以转向建立和推行任职资格体系：从 1998 年开始，华为与英国国家职业资格委员会合作，在公司内部推行任职资格制度，同时结合胜任力标准和流程再造，通过试点形成了华为的任职资格体系，成为我国最早实施任职资格管理体系的成功案例。

任职资格的核心思想源于英国国家职业资格，同时借鉴了技能测评、素质测评等管理思想，其具备以下三个特点：

- 既是员工的能力评价体系，也是员工的能力发展体系。
- 根据专业分为不同的职业发展通道，并以此设定相应标准。
- 虽然包含对员工潜力的评价，但更侧重于评价员工实际工作中表现出来的能力。

由于任职资格既包含表层的知识技能，又包括动机、特质在内的潜层特质，因此企业可以在不同管理场景下灵活选取评价要素，设计评价方案。

不同类型的人才标准虽然源自不同的社会和历史背景，但都自始至终围绕着经济社会的发展，作用于人力资源价值的提升和展现（见图3-2）。职业资格、胜任力以及任职资格被社会认可的同时，也不断接受着来自实践的打磨。此外，时代也呼唤着新的工具进入应用领域。

职业资格（英国）	胜任力（美国）	任职资格（中国）
1921年，英国率先在机械工程领域实施职业资格认证，之后逐渐扩展到其他领域。 从20世纪70年代末期到80年代，英国经济进入了衰退期，青年就业问题首当其冲。 1981年，英国保守党政府发表《一个新的培训动议：行动方案》，试图通过职业教育与培训使从业者达到明确而规范的水准，确保从业者最基本的资格水平。 1985年，《年轻人的教育和培训》白皮书再次提到"随着经济社会的发展，企业对就业、入职、商行的培训及人员使用都要有通用、统一的资格标准"。 1988年，正式推出国家职业资格体系。	1911年，泰勒在《科学管理原理》中建议管理者通过动作分析的方法制定科学的作业流程，并用反应时间、身体素质、局部动作的灵活性等维度来挑选工人。 20世纪70年代，以麦克利兰教授为首的研究小组经过大量深入研究，发现知识技能测评并不能预示工作绩效的高低和个人职业生涯的成功。 1973年，麦克利兰发表了一篇题为《测量胜任力而非智力》的文章，其认为高绩效者之所以有优秀的绩效表现，就是因为他们具备了某些特定的胜任力。 1993年，美国心理学家斯宾塞提出了胜任力的完整定义。	20世纪50年代初，我国从苏联引进了工人技能等级考核制度，制定了八级钳工、八级车工等一系列技术工人的考核标准。 从1998年开始，华为与英国国家职业资格委员会合作，形成了华为的任职资格体系，成为我国最早实施任职资格管理体系的成功案例。 至今，任职资格仍在企业管理中得到广泛的应用。

图 3-2 职业资格、胜任力、任职资格的发展

无谓优劣，应用场景与价值不同

职业资格、胜任力、任职资格，这么多概念，人力资源管理工作者有时会无所适从。其相互关系如何？企业实际应用中该如何选择？哪一种才是更好的人才标准？我们分别说一下各种人才标准的应用价值以及应用场景，大家也许就不再纠结如何分个高下了（见表3-1）。

表 3-1 不同类型人才标准的比较

类型	制定的主体	关注重点	应用价值
职业资格	政府机构	关注上岗必备的知识与技能	从国家的角度，向市场经济提供数量充足、质量达标的劳动力
胜任力	企业	关注产生绩效差异的有效行为	明确了可观察、可衡量的行为要求，为人才选聘及人才培养提供依据
任职资格	企业	关注人才成长和价值贡献的过程和结果	可作为岗位聘任的评价标准，也可用于引导人员发展

英国社会历来崇尚学历文凭，建立和推行国家职业资格，一方面有效整合了相对独立的学校教育与企业内的职业培训；另一方面极大地改变了英国重知识、轻技能的社会风气，加强了人力资源对经济发展的支持。但职业资格在实践过程中也受到了来自理论界和企业界的质疑：常常滞后于企业的用人需求；偏重实践操作，对理论知识的重视不足；对员工的绩效表现预测力不够等。

相比之下，胜任力模型和任职资格在企业中的应用取得了更大的成效。

行为是绩效的唯一来源，而胜任力模型正是回归本源，关注创造绩效差异的有效行为。产生稳定、熟练的高绩效行为，需要底层动机特质的支撑，需要与工作环境、对象相适应的行为风格，需要特定知识技能的掌握与运用。一套贴合企业实际、满足业务要求的胜任力模型，明确了可观察、可衡量的行为要求，以行为评估和行为塑造为人才选聘及人才培养提供依据。

对于胜任力模型，近期有不少质疑其水土不服或已然过时的声音。毋庸置疑，这把美国钥匙从来都不是包打天下的万能钥匙。但我们需要检视的是，所谓的"水土不服"到底是工具方法本身的问题，还是我们没有用好工具的问题。如果模型本身不够行为化、不够聚焦，便容易流于形式，变成洋气的纯宣传品。另外，虽然时代和环境在变，但胜任力的概念及应用并没有过时，依然有非常重要的指导意义。我们的人才管理依然离不开"选种""育苗"和人才生态的建设。

企业人才的潜能释放最终还应回归绩效。任职资格既有硬条件，也有软标准，更重要的是，它不是单一刻度的人才标尺，而是分层分级形成了阶梯刻度：既关注人才成长和价值贡献的过程，也关注人才成长和价值贡献的结果。因此，任职资格既可以作为岗位聘任的评价标准，又可以作为要素全面的指挥棒，引导人员发展和创造价值。

总之，胜任力模型也好，任职资格也好，无所谓优劣，也都不该被"神化"。只有尊重人才成长规律，构建人才标准，并关注其适用的工作场景，才能使其发挥应有作用。例如，企业关键岗位空缺，急需"拿来即用"的成熟人才，在社会招聘或内部选拔时会主要看应征者的过往关键历练以及能力准备度，"做没做过，能不能做好"是重点考察的方面。如果组织着眼长远发展，需要进行人才储备，就会更看中应征者成长的可能性，考虑的是"是不是个好苗子，多长时间能长成"等问题。再比如，当企业具有一定规模且经历着快速成长时，希望人人皆可成才，实现千帆竞渡的局面，就需要着眼人才通道的搭建与任职资格的梳理。

人才画像应运而生：4K 角色画像

倘若麦克利兰活到今天，已经有 100 多岁了。在其提出胜任力模型概念的那个年代，全世界正在经历着二战之后的经济蓬勃复苏，大工业和跨国公司迅速崛起。随着企业对人才标准的理解与实践逐步深入，在人才评鉴工作中，企业对于胜任力与任职资格的应用越来越趋向于结合。

而当今的互联网时代，管理需求已然发生了天翻地覆的变化。把握 VUCA 时代⊖的"变"与"不变"，管理工作回归人性，以人为中心，"人才画像"

⊖ VUCA 是 volatility（易变性）、uncertainty（不确定性）、complexing（复杂性）、ambiguity（模糊性）四个单词的缩写。VUCA 时代意指变幻莫测的时代。——编者注

（persona）的概念应运而生。"人才画像"这一源于互联网交互设计的名称暗含了其本质特性：重视人才大数据的应用，注重人才数据各个要素之间的交互关系。

角色画像怎么画？从岗位管理迈向角色管理

角色，最初是由拉丁语"rotula"派生出来的。角色一直是戏剧中的用语，是指演员在舞台上按照剧本的规定所扮演的某一特定人物。但人们发现现实社会和戏剧舞台之间是有内在联系的，即戏剧是人类现实社会的缩影。美国社会学家米德和人类学家林顿较早地把"角色"这个概念正式引入社会心理学的研究，角色理论也就成为社会心理学理论中的一个组成部分。

画工是岗位，艺术家是角色；乐师是岗位，音乐家是角色。岗位仅仅是一份工作，角色却是我们灵魂深深认同、渴望最终成为的那个人。岗位是将"自我"放到最低，去满足甚至迎合一个冷冰冰、硬邦邦的工作需要。然而我们都知道，当今智力资本是最稀缺和最不可替代的要素，同时智力资本的流动性更难以管理和驾驭。相比岗位这个概念，角色是"我"想表达出的样子，能让"人"的因素和工作、职业能够更好地融合。

为了更好地统一认识，有时企业需要一个鲜明的角色标签。例如在某家地产企业，其对几个核心职位进行了角色标签化提炼：项目总经理——经营者，把项目当事业经营的人；营销负责人——驱动者，对目标笃定达成的人；研发负责人——创想者，用设计演绎激情的人。

我们用"WWH"作为对角色的概括：一个有能力把某个事情做好的人。

What：做什么？即做什么事情才能满足组织和社会需要。用角色描述来梳理和澄清"责、权、利"。描述方法为职责"三段论"，即定位、权责、结果三个主要部分。

Who：谁适合？即具备什么样的特点才能满足任务要求。（我们接下来会展开介绍。）

How：如何评价？即如何衡量这个人。应基于人才成长规律的把握，从内在特质到外在成就，进行全面动态衡量。

我们将角色画像分为四个要素，用冰山的形象来表示，我们称之为 4K 角色画像（见图 3-3）。

图 3-3　4K 角色画像

在第二章，我们讲到了人才成长规律，而 4K 角色画像较好地体现了人才成长规律，包括内因成长规律、实践成长规律、环境成长规律、周期成长规律和外化显现（社会承认）规律。

- 关键特质（key competency）：是底层特质与动力适配的内因，是"好不好"的稳定性深层条件，具有相当程度的决定性。
- 关键历练（key experience）：是具有破坏性、挑战性的关键经历，是实现突破、加速成长的必要外因。好苗子长成参天大树，需要事件洗礼，需要特定的实践过程和周期。是否把握和利用好了外在条件和挑战机会，关键经历与成长需要"合不合"，是成长性的重要外在体现。
- 关键成就（key achievement）：人才成长需要外在公认的成果展现，关键成就是"行不行"的显性门槛条件。能打仗、打胜仗，才能获得更多打硬仗、打大仗的机会。这部分体现"货真价实"的绩效、成就与荣誉等，是业务部门通常认为最不容置疑的硬条件。
- 关键路径（key growth path）：成长路径"通不通"是动态、持续发展的必要条件。对于组织而言，需要设计足够空间的发展路径，促进特定人才专深发展或广博发展，使之持续成长和贡献。对于个人而言，需要结合组织需求和期望，不断设定新的目标，穿越成长突破的必经之路，克服阻碍因素，保持发展动力和可塑性。

角色画像怎么用？人才评鉴与发展相融合

相比于胜任力模型或任职资格，4K角色画像更加具有动态性和立体性，注重描绘企业人才的成长与变化过程。在人才配置、后备选拔、外部引入等不同场景下，企业可根据需要，以4K的不同部分为关注重点。

企业发展以人为本，人才发展以用为本。角色画像可以帮助我们更好地揭示和利用特定人才的成长规律，促进人才评鉴和人才发展的有效融合。

第一，人才的成长应是全面性的，而全面的人才评鉴是其进一步发展提升的依据。人才的成长应囊括4K角色画像的方方面面，包括关键特质的充分发挥、关键历练的充分锻造、关键成就的充分达成、关键路径的充分穿越。成长意味着跨越不同阶段的挑战，包括自我挑战、任务挑战、目标挑战、视野挑战等。组织在进行人才评鉴工作时，一方面要收集数据信息，确认4K通关过程；另一方面要为人才合理设计下一阶段的通关目标。

第二，人才的成长是实践的过程。人才评鉴要见事见人，关注关键事件对人才成长的影响。4K角色画像中的关键历练其实就是在强调实践的重要性。在人才的评鉴中，我们常常提及的"事件论"也与此不谋而合：我们生活和工作中的一系列事件形成了我们称之为"经验"的核心，随着时间推移，其扮演了塑成我们思想、感情和行为的重要角色。能力提升不是空中楼阁，不是无源之水、无本之木，关键事件引起行为的转变或创建新的行为。从评鉴的角度看，人的"质变"要有实践支撑；从发展的角度看，要想加速人的成长，需要为人才创造经历"关键事件"、突破"彼得高地"[1]的机会。

第三，人才的成长需伴随着成功。人才的成长是一个证明的过程，其内在的能力需要通过目标或结果的达成向外界展现出来。做了什么、做得怎样，是衡量人才的硬指标，也是社会公认、群众认可的基础。人才评鉴，将关键成就的审查确认纳入其中，成为必要的"硬数据"的支撑。从发展的角度讲，关键成就能够增强人才的自信，提升其自我效能感，而这种自信和效能感会加速人才的成长突破。

第四，人才的成长需要足够的组织空间。不管是"I"型精深发展路径，还是"T"型精深加广博发展路径，或者"H"型跨序列发展路径，在人才评鉴过程中，需要关注不同的成长路径带来的相应价值。[2]从培养的角度来说，人才发展需要必要的路径设计，包括共性的统一规划和个性的因人施策，并使用串联轮岗、导师制、课程学习、任务锻炼等多种培养手段，以定制个人发展计划（IDP）。

---

[1] 彼得高地，即彼得定律、彼得原理（The Peter Principle），由管理学家劳伦斯·彼得（Lanrence Peter）提出，意指在一等级制度中，人们趋向于上升到他所不能胜任的地位。——编者注

[2] I型人才，是指专业知识精深，但知识面较窄、缺乏整体素质的人才，又称为一元型人才。T型人才，是指不仅有精深的专业知识，而且具有广博的知识面的人才，又称为二元型人才。H型人才，是指基础知识丰富、专业知识扎实，且知识和能力呈现多元化的人才，又称为多元型人才。——编者注

第四章

胜任力：打开绩效黑箱的美国钥匙

思考

《 你认为知识、技能、绩效等"硬条件"重要，还是"软能力"重要？

《 你最看重下属的"软能力"是什么？

《 你所在的企业建立了关键职位的胜任力模型吗？

《 你认为胜任力的最大价值是树立并统一人才理念，还是指导具体的选人决策？

自从胜任力模型"衣着光鲜"地进入中国，人力资源管理者的一个美好愿望就是希望模型能够在自己的企业落地生根，夯实人才管理基础，给组织带来应有的价值。但是多少年过去了，将辛苦构建的模型束之高阁的企业依旧不在少数。

本章我们就从一系列基本的认识和理念性问题开始，试着和大家一起拨云去雾，打开问号。

胜任力模型 ABC

我们期望胜任力模型解决什么问题

企业选人、用人、发展人，首先要定义人才。"能不能干""能不能干好""能不能持续地干好",这是鉴别人才的三个基本问题。建立胜任力模型,就是找出影响"持续干好"的关键因素,回答"什么样的人能够胜任""怎么做能够胜任"的关键问题。

胜任力的提出

1973 年,著名心理学家麦克利兰博士在《美国心理学家》杂志发表了《测量胜任力而不是智力》。美国政府招募驻外信息联络官的故事也广泛地传播开来。麦克利兰抛弃对人才条件的预设前提,通过对工作表现优秀的联络官与一般的联络官的具体行为特征进行比较分析,识别能够真正区分工作业绩的个人条件,包括跨文化人际敏感性、正面看待他人、快速领悟政治关系等。基于此项研究,麦克利兰把影响绩效的多方面特征进行归类、定义和区分,让人们把注意力更多地放到了相对隐性的、不易观察测量的深层心理特征上,包括动机、特质、自我形象和社会角色等,而不是学业水平、智力水平和专业知识等知识技能(见图 4-1)。

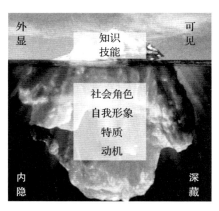

图 4-1 冰山模型示意图

什么是胜任力

能力素质、领导力、核心素质、通用素质、专业素质等,与胜任力相近的中文名词有很多。其中,能力素质是最宽泛的,就像我们说一个人有没有才能、有没有本事,说得比较宽泛,而胜任力要针对某类工作而言才有意义。领导力、核心素质和专业素质等名词对应不同的职位序列和人群:领导力针对管理职位;核心素质通常是企业战略和文化价值观对全员的能力要求;专业素质是特定职位序列的专有要求。企业胜任力框架示意图如图 4-2 所示。

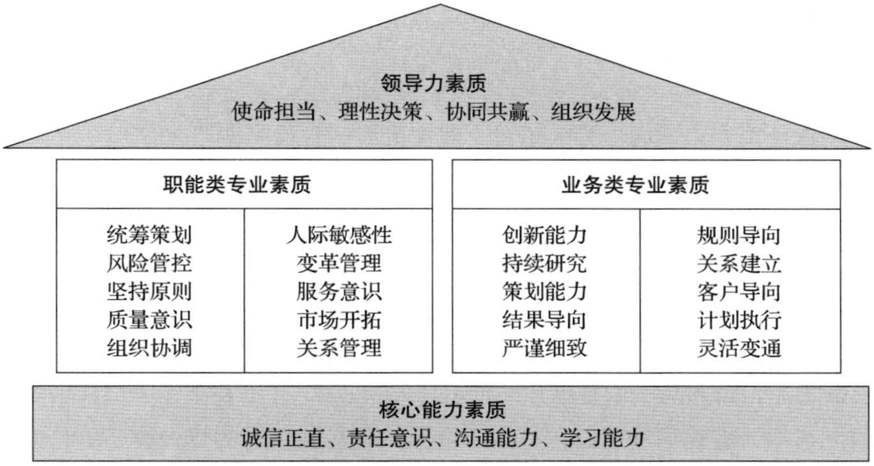

领导力素质
使命担当、理性决策、协同共赢、组织发展
职能类专业素质
统筹策划
风险管控
坚持原则
质量意识
组织协调
人际敏感性
变革管理
服务意识
市场开拓
关系管理
业务类专业素质
创新能力
持续研究
策划能力
结果导向
严谨细致
规则导向
关系建立
客户导向
计划执行
灵活变通
核心能力素质
诚信正直、责任意识、沟通能力、学习能力

图 4-2　企业胜任力框架示意图

有不少管理者对相关概念很敏感，例如，某央企下属研究院的负责人就提出疑问：“‘积极乐观’这种个性的东西是胜任力吗？到底什么是胜任力？怎么既有能力，又有个性和动机？”对于胜任力是什么，学术界也一度出现较大的争论。有人认为是一系列特征，有人认为是一系列行为。大家也许觉得这个争论不知所谓，很没有现实意义，但这个争论在相当长的时间里对于胜任力模型的建立和应用造成了一定程度的困扰。

对于胜任力是什么，我们需要把握这三个关键点（见图 4-3）：

什么样的人
可以胜任
怎么做
可以胜任
特质
产生
影响
行为
导致
强化
结果

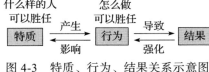

图 4-3　特质、行为、结果关系示意图

- 胜任力的本质是深层的个人特质。
- 胜任力的表征形式是可观察、可测量的工作行为。
- 胜任力的落脚点是绩效，行为对绩效有预测作用。特质是内因，行为是过程，绩效是结果。

所以，胜任力可以是一般意义的能力，也可以是个性、动机。建立胜任力模型的使命就是动态发现行为与绩效的因果关系，用“行为”定义人才。

大家看到的胜任力名称，比较多的是四字短语，其字面上可以是动词、名词，也可以是形容词。但其作为素质名称时，可以说都用名词词性，描述的是一个人做什么、有什么、怎么样的关键特征。

- 做什么——动词：影响感召、理性决策、自我驱动。
- 有什么——名词：影响力、感召力、决断力、自驱力、成就动机、人际理解、战略思维、客户意识。
- 怎么样——形容词：积极乐观（包括主动承担、拥抱变化等行为）、严谨细致（包括关注细节、规范操作等行为）。

事实上，企业高层最有感觉的词汇还是"皮实""不装不作"等江湖语言和俗语。当然，这些词语可以在一定程度上体现在胜任力的行为描述里，但有的还需要一定的翻译：有器量，即专业强；能吃苦，即受得了委屈；敢于放下身价，即不以自我为中心和耍性子。

什么是胜任力模型

胜任力模型是驱动任职者达成高绩效的一系列胜任力的组合，是针对特定的组织，在特定的时期内设计的。

胜任力模型的针对性：驱动任职者达成高绩效的胜任力，因时、因地、因职位序列和层级而异，针对性的模型才有意义。以领导力模型为例，不同的历史条件下，不同的组织环境和目标下，领导力有着阶段性突出的内涵要求和表现形式。因此，"包治百病"或"高大全"的"仁义礼智信，忠孝廉耻勇"就只能是略胜于无的万金油了。

胜任力模型的聚焦性：模型中的胜任力不宜过多，通常4～6项，比如大家熟知的通用电气（GE）的领导力模型——"4E+P"共有5项胜任力（见图4-4）。当然，也有的企业胜任力模型中的胜任力多达十余项，但其真正运用也会在不同的应

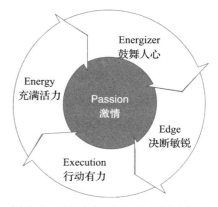

图 4-4 通用电气的 4E+P 领导力模型

用场景下，基于不同的目的，进行再度区分和聚焦。

胜任力模型是完整的"德能勤绩"人才标准的重要组成部分。"德能勤绩"既看过去，承认员工的历史贡献，又看未来，期待未来其有更大的贡献。其中，"德"看的是态度与价值观，即是否符合组织用人的核心素质要求；"能"是最重要的生产投入要素，包括知识技能和胜任力；"勤"看的是做得什么；"绩"看的是做得怎样。而胜任力则是其中的点睛之笔，是人物画像最传神的五官和神情。

胜任力模型的形象化：为了便于理解、记忆和传播，胜任力模型通常需要形象化呈现，即用一定的图示将胜任力的相互关系清晰地表现出来。图 4-4、图 4-5 和图 4-6 是三个胜任力模型，供大家参考。

图 4-5　京东方（BOE）领导力素质模型（SCORE 模型）

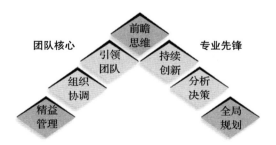

图 4-6　中国邮政集团领军人才头雁模型

模型构建是"对表"的过程

模型构建的一般过程

模型构建过程要抓住主要矛盾,回答"什么人能够干好,什么人能够持续干好"这个问题,基于关键挑战,发现区分性因素。经典的建模方法就是寻找绩优组和一般组的行为差异,通过访谈编码和量化对比分析,形成"什么特质和行为导致高绩效"的结论。

我们今天的建模,是在组织所处的宏观政治、经济和社会技术等外部环境之下,在明确的组织发展战略的基础之上,审视特定职位的角色定位、关键挑战,发现最有区分性的胜任力要求,不局限于行为事件访谈的一种信息收集和加工的过程。这个过程既要自上而下进行战略文化的推导与演绎,又要自下而上寻找实践检验的支撑;既要有关注未来的适度前瞻,又要有总结过去的历史继承;既要把握宏观环境的影响,又要落脚在微观工作场景的行为表现上。

企业的经营策略和发展战略会直接影响组织能力和对人才胜任力的要求(见图 4-7)。

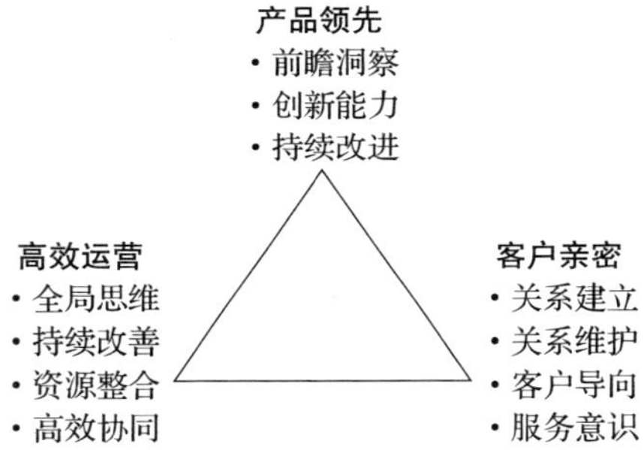

产品领先
- 前瞻洞察
- 创新能力
- 持续改进

高效运营
- 全局思维
- 持续改善
- 资源整合
- 高效协同

客户亲密
- 关系建立
- 关系维护
- 客户导向
- 服务意识

图 4-7　三种经营策略与对应的人才要求

比如在地产行业,高效运营是普遍的经营策略。而在市场集中度进一步提升的趋势下,要做到强者恒强,部分企业在高效运营之外开始在产品领先、客户亲密等方面发力打造组织优势。这样,企业对胜任力的要求就会有相应的扩展和变化。

从发展战略来看,要快速增长还是要利润回报,要大幅变革还是要稳步改善,这对人才能力的要求同样会有不同的侧重。我们看到优秀企业在多年修炼内功和人才育成之后,竟在行业艰难过冬之际迎来属于自己的窗口期,逆势出击,确立了产销量的跨越式、高质量的增长目标。在此过程中,变革创新成为能力建设的主题,也成为人才胜任力的重要内容。

在建模过程中可以组合使用战略推导、高管访谈、绩优者访谈、问卷调研、历史数据分析、萃取会、研讨会等多种方法。面对基于战略文化等演绎推导的信息、来自内部各个层级不同视角的访谈信息、基于历史人才数据的分析信息，以及来自外部的对标信息等，该如何进行整合？从逻辑上来说，就是交叉验证、去伪存真——交集部分通常优先入选，非交集部分则需要进行关键性和区分性的确认。量化统计是决策的参考和依据，专家集智是取舍和确认的必要过程。

敏捷建模如何应运而生

经过几十年的研究积累，多家专业机构已经形成了多个胜任力词典。各行各业、各个常见的职位序列几乎都可以找到某个胜任力模型作为借鉴。总的来说，从零开始研究已经大可不必了。对于管理人员的领导力建模，形成了发展自我、发展组织、发展业务的三方面基本要素结构。也有人基于对领导力的一般性研究，提出引领维度、传导维度、效力维度的三维要素。而对于更广泛的职位建模，从结果看，胜任力可以被管人、管事、管自己三个方面涵盖。

忽略差异的完全地"放之四海而皆准"固然不可取，但一味强调自己的与众不同，拒不接受任何的"拿来主义"同样值得商榷。在VUCA时代，在交流跨界、融合共生的企业生态中，敏捷建模应运而生。传统建模与敏捷建模的区别见表4-1。企业在建模过程中，不管其结果如何，一定要关注：我们的企业和行业内外其他企业有什么区别？该职位和其他职位有什么区别？这些区别在胜任力上应该有哪些体现？

表 4-1 传统建模与敏捷建模的对比

项目	传统建模	敏捷建模
方法	● 对照绩优组和一般组，寻找差异 ● 以行为事件访谈技术梳理关键事件并编码，根据编码统计形成能力素质	● 综合多种手段，战略文化推导法、访谈法、研讨法等 ● 自上而下的演绎法和自下而上的归纳法结合
条件	● 对绩优代表的典型性要求高 ● 要求一定的绩优代表数量	● 以相对成熟的模型词典为基础 ● 基于访谈调研等素材，在模型词典的基础上定制开发能力卡片

（续）

项目	传统建模	敏捷建模
特点	• 基于过去 • 强调量化和数理统计 • 更适合相对稳定的内外部环境 • 建模周期较长	• 承接过去，立足现在，着眼未来 • 不局限于实证研究与数理统计 • 开放、动态的建模思想 • 便于维护和动态管理
实践	• 已经较少单独采用	• 已成为主流建模方式

行为描述不是文字游戏

我们常见的胜任力模型有三种，如表 4-2 所示：分级式、关键点式以及贡献阶梯式。但模型描述可不是文字游戏，切不可贪大求全而给自己"挖坑"。下面，我们将从应用的角度分析这三种模型的利弊。

表 4-2 三种胜任力模型的对比

模型形式	行为描述		模型特点
分级式	卓越	卓越行为 1、2、3	• 工作量大，需访谈绩优、绩平和绩差人员。项目周期较长，模型看上去层次分明 • 对员工而言，多级标准容易引起困惑，牵引导向不突出，即"把事情搞复杂还不好用" • 测评时不易统一规则、尺度和内化 • 因为模型复杂导致推广、理解困难
	胜任	胜任行为 1、2、3	
	待发展	待发展行为 1、2、3	
关键点式		关键行为 1	• 对于员工而言，导向明确 • 测评时易于踩点操作 • 易于宣传推广
		关键行为 2	
		关键行为 3	
贡献阶梯式	高级	关键行为 1、2、3	• 基于不同职级在贡献阶梯的定位，寻找能力拐点，体现同一序列不同职级的能力要求差异 • 符合框架统一性和发展连续性要求 • 对特定人员进行评价时，只取适用级别即可（同关键点式模型）
	中级	关键行为 1、2、3	
	初级	关键行为 1、2、3	

分级式

从建模目的来看，对于特定职位，建模就是发现优秀行为，从而更好地进行人才识别和人才发展。胜任力分级的出发点一般是为了确保模型有较大的刻度区间，衡量人才可以准确地拉开梯次，或明确行为发展、能力进步的阶梯。然而，待发展行为、胜任行为以及卓越行为，这些不同的行为表现虽是客观存在的，但是没必要依次梳理出来，或者从影响范围、复杂性、系统性等角度拉伸分级（如分成一般、中等、良好、优秀四级）。事实上，此种分级描述不仅加大了工作量，还使模型区分性降低、指导性不强，违背了建模的初衷。

从测评应用操作来看，此种分级描述必然增加测评师的认知负荷，难以确保理解和操作的一致性，从而使定级打分出现较大的主观操作空间，趋于笼统。而当跨级行为在某一被测者身上同时出现时，更会影响定级打分的精度。

从指导行为发展来看，此种分级描述使优秀行为被包含在各级行为之内，不利于模型发挥行为指南的作用。什么行为对绩效有巨大的促进作用，组织就应提倡什么行为、鼓励什么行为，并旗帜鲜明地提出来，鼓励员工自我检视，促进行为复制和行为塑造。人才培养，可以根据人才的成熟度不同进行差异化的学习设计，匹配差异化的学习资源，但是再将模型分成新任期、发展期、成熟期，就有可能陷入文字游戏了。

有的时候，某些组织认为有必要提取出负面行为，作为警示和改善提示。在人才评价过程，负面行为作为模型的补充，可以视情况用作否决项，以防止短板过短的风险。

关键点式

关键点式模型是将每一项能力分解为若干条（一般为 2～4 条）可观察、可衡量、可发展的行为，标尺明确，导向清晰（见表 4-3）。

表 4-3 胜任力评分规则样例

素质名称	素质定义	关键点	行为描述
学习能力	保持持久的学习与工作动力，愿意接受新鲜事物，并能够学以致用，不断改进和提升	勤于思考	不满足现状，善于发现改善点并寻找答案
		掌握方法	主动收集信息，快速找到有效的学习渠道和学习方法
		归纳总结	善于总结回顾，能够摸索出做事的关键，形成经验积累
		学以致用	将学到的知识、技能应用于工作中并有所突破

从测评应用操作来看，应用此胜任力模型进行人才评价，就是以刻度清晰的行为标尺逐一对照被测者的典型行为。这个刻度是目标职位的优秀行为，对照的过程就是基于测评环节收集的多方面信息，去粗取精、去伪存真，判断该行为是否自发、经常和熟练地出现。

打分说明：

- 每项胜任力有四个关键点，每个关键点出现得1分，不出现得0分。
- 关键点评分完成后，根据事件的难易程度及影响范围等酌情加减1分。
- 满分5分，最低0分，精确到1分。

从指导行为发展来看，应用此胜任力模型进行人才发展，就是帮助相关人员基于标杆行为进行自我检视，获得认知挑战，并有的放矢、扬长补短，塑造标杆行为。关键行为描述越突出重点、贴近工作现实，越具有企业特有的气息，越能够发挥行为指南作用。

此外，关键行为之间还需要逻辑自洽、清晰顺畅。对于行为组合的检验、取舍和完善，可以按照管人、管事、管自己三类胜任力大致划分，可分别参照素质小冰山、行为闭环和行为构面三种方式进行（见表4-4）。

表4-4 关键行为检验的三种方式

素质小冰山	行为闭环	行为构面
根据素质小冰山，从冰山水面以下、水面以上分别拆解，形成行为关键点 举例： 能力素质：沟通影响 关键点： ● 人际敏锐 ● 适度灵活 ● 利益平衡 ● 善用关系	根据行为闭环，按照分解动作先后顺序梳理，选取关键动作形成行为关键点 举例： 能力素质：分析决策 关键点： ● 收集信息 ● 整合信息 ● 量化分析 ● 提出方案 ● 评估方案 ● 确定方案	根据行为构面，按照行为和内容构成的完整性要求进行梳理，选取关键要素形成关键点 举例： 能力素质：阳光诚信 关键点： ● 开诚布公 ● 表里如一 ● 正直诚信

人际互动方面（管人），确保行为稳定、有效，通常需要深层的动机意愿、适配的人际风格以及外在的行为动作。任务执行方面（管事），按照时间先后和事物推进规律梳理出多个分解动作，有助于把握做事过程的完整闭环和关键。管理自我方面（管自己），各个行为之间更多是并列的不同场景、不同方面的具体表现，体现了自我管理的多个角度。当然，就像管人、管事、管自己的胜任力划分并不绝对，行为拆解与检视的三种方式也不是完全独立的。

贡献阶梯式

贡献阶梯式，其实是将多个职级的关键点式模型组合在一起，胜任力分级出现在纵向多个职级一体化建模的过程中。这时的分级是基于同一序列不同职级在贡献阶梯的定位，寻找能力拐点，在统一的框架下体现不同职级角色的能力差异性要求。贡献阶梯划分不宜过细，以专业技术序列为例，一般可分为掌握及应用阶段、实践与创新阶段、引领与创造阶段三个层次，每个层次可对应若干细分职级，形成三级划分的能力模型。而经营管理序列，一般分为基层、中层和高层三级就能够满足多种应用需要。

集智与共识是建模的关键

专家集智与团队共识是建模的关键。不管是人力资源部门还是外部第三方机构主导建模流程，都应该以任职者、领域专家及管理者为主体，都应该将共识过程作为重要过程。广泛参与和共识，是模型宣贯植入和落地使用的有利基础。人力资源专家要做的，是对于这个过程的引导、推进，是对模型成果针对性、聚焦性等一般标准的把握。

一家国有银行的某个省级分行，新调任的行长提出"智勇猛悍"的干部要求。然而，什么是智勇猛悍？对此大家能够有多少共识？这个人才标准能否落实？大家可能都有疑问。主要管理者、核心人物提出人才标准后，要进行"翻译"和行为化，需要一定范围的参与和碰撞，否则，其个人的观点即便很先进、很有代表性，依然不能形成组织的统一语言，难以广泛推广应用。

在某家教育培训机构城市负责人的模型构建过程中，我们邀请班子成员参与访谈、模型初稿的试用、模型终稿的研讨确认。据称，"根正苗红"、打法统一，是该机构壮大发展的两个根基。在选人、用人方面，估计没有哪家企业比其更加强调同质化的基因。而这个基因是什么，高管团队的理解和认识是否统一，依然是打问号的。

在访谈与研讨的过程中，许多高管非常关注模型应用场景的清晰化，关注模型的实用性和易用性。除此之外，他们也展开了更深层次的思考：完全内生型的人才供给，是否因"向外看"明显不足，导致了对外部环境的感知力不强？已有的行业地位与共同的成功经验，是否导致了面向外界甚至面向监管机构的姿态过高且惯性太大？在管理者高成功的概率下，如何使团队在保持爆棚的自信心之外，保有必要的危机感？在能打胜仗、能打硬仗之外，如何形成"能打败仗"的能力，从而确保组织面对可能的巨变、危机时处变不惊，并能够在逆境中崛起？

立足现在，面向未来，企业应在模型构建的过程中去伪存真，产出被广泛认可的少而精的胜任力词条和行为描述。而统一语言、澄清分歧、凝聚共识、增进认知的过程，是企业打造人才管理理念和人才管理环境的重要环节。

好工具为何沦为鸡肋

不好用的模型各有各的问题

模型不好用，沦为鸡肋，从技术的角度来看主要是三个方面的原因：

- 不聚焦，条目多——大而全，但针对性、区分性不足。
- 不行为化，太空泛——空洞的，不是行为化可观察、可测量的。
- 不"MECE"（mutually exclusive, collectively exhaustive，即相互独立并完全穷尽），交叉重叠——相互独立，是指不要你中有我、我中有你，避免使用过程中维度间相互干扰；完全穷尽在这里不是绝对意义的完全穷尽，是指不要有严重的缺漏。

此外,"颗粒度不一"和"形象不够鲜活"也是模型优化需要关注的。颗粒度不一,是不同的胜任力不在同一个水平层次,比如"团队建设"和"任务分配"作为同一个模型中的两项胜任力,就是明显的一大一小。形象不够鲜活,即太抽象,是指行为描述不够接地气、没有"泥土气息"。不少企业特别强调,要体现活生生的真实发生的行为,即一眼看下来就能明白其中的意思。

舍本逐末,不当修剪

对于一株植物来说,正常的修剪应该是保护中心枝干,满足造型需要。不当的修剪则往往舍本逐末,保留了枝叶,破坏了主干和根本。胜任力模型有时候也会面临被不当修剪的命运,比如某个胜任力模型(摘录):

- 监控执行:每周召开例会,按照会议流程,在会上听取成员工作汇报,传达上位方针,探讨问题与解答疑惑。
- 团队建设:结合工作业绩表现,每月进行优秀人员表彰、聚会庆祝等活动,活跃团队气氛,增进成员沟通。

这里有明确的行为动作甚至频次要求,看似具有显而易见的"指导性",但实际上所谓行为范式和标准工作流程(standard operation procedure,SOP)恰恰和模型构建的初衷相悖。

曾经有企业提出构建"情景还原式"能力模型。希望将任务场景、工作对象、应用的工具方法、形成的工作结果等用"主谓宾""定状补"还原出来,通过行为的具体化,提高模型的易用性。其出发点可以理解,但是场景本身是无法穷尽的:九九八十一难,各有各的不同。对于职场中千万个"孙悟空"来说,其工作过程不仅仅是标准的熟练操作,不存在 SOP,更需要发挥人的主观能动性和创造性,因时因地制宜。在通常情况下,一刀切的简单机械的规定动作,并不具有绩效区分性。如果这样的行为范式能够解决绩效问题,那么也就没有必要构建模型了。

行为描述要具体,可观察、可衡量,但并不是要场景还原,更不是 SOP

化。胜任力本身有典型性和概括性，因此应用模型进行人才评价，要求测评师深入理解模型，并对被测者相关关键行为是否出现进行识别和判断。

包打天下的"大杂烩"

除了被修剪，模型还会被拼凑嫁接，变得面目全非——人才标准的方方面面都有可能被拼凑嫁接进来。那样的模型被寄予无限厚望，这个厚望就是包打天下。

我们看到某位企业高管十几年来总结的九大方面三十多条管理者行为标准，人称"××企业三十六条"。我们担心"三十六"这个数字还在一直增加。"三十六条"是若干软能力的拼凑，还有人把知识技能、资格条件、经验、业绩等都嫁接进来，合称胜任力模型。这样的拼凑嫁接，只能让原本健康匀称、核心力量发达的模型，变得不伦不类，其急需"减肥瘦身"。

胜任力模型不是万能的

模型从诞生的那一天起，从没背负包打天下的使命。它不是人才选拔晋升的充分必要条件，也不是高绩效的充分必要条件，甚至既不完全充分，也不绝对必要。毕竟选人还得看人才供需关系等现实因素，而绩效的产出亦受到外界市场环境、资源条件、其他外力的影响。但是从长远来看，一个组织人才梯队的持续建设、人才环境的持续打造、清晰的胜任力模型不可或缺。

"充分必要"是某些管理者的心病，但是抓内因、抓重点、去伪存真，是胜任力模型本身的使命价值。胜任力模型是选拔人才的择优条件，是预测绩效的关键因素。在资源有限、时间精力有限的情况下，关注胜任力，相比于关注知识、技能、历史业绩，能更好地抓住主要矛盾、解决主要矛盾，才能求因得果、固本治标。

当然，强调胜任力模型的作用并不排斥其他的人才评价要素。在实际工作中，门槛条件和择优条件可以分场景、分环节各司其职。对于胜任力模型在人才选拔、评价招聘中的应用，很多企业面临着"软能力"不如"硬条件"有说服力的质疑。除了具体的技术性问题以外，说到底还是因为组织人才管理成熟度有待提高，人才管理的技术准备、组织准备和制度准备需要再上台阶。组织上下的人才管理理念统一了，人才管理的专业度和良好声誉建立了，各层级的管理者自己亲身参与其中了，这样的质疑才会越来越少，胜任力模型的应用才能越来越广泛。

模型落地不是变戏法

胜任力与绩效有因果关系，但这个因果关系在时间上并不一定立竿见影、紧密相连，客观上有可能出现延误，甚至"意外结果"。组织把握这个因果关系，进行人才梯队建设需要一定时期的持续坚持，不能期待毕其功于一役。就像种粮食，需要选种、育种，需要改造土壤。

临渊羡鱼不如退而结网

如果请你参与构建中国乒乓球队队员胜任力素质模型，你认为哪些胜任力必不可少？如果作为决策者来确定2020年东京奥运会中国乒乓球球队名单人选，你又会如何考虑？我们曾经在培训中提出这样的问题，请大家思考和练习。大家列出的胜任力模型如图4-8所示。

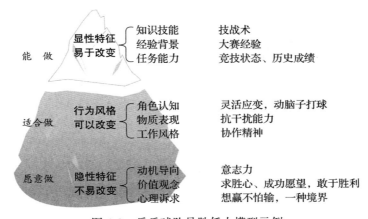

图 4-8 乒乓球队员胜任力模型示例

夺取东京奥运会金牌是一项复杂的系统工程。2018 年 8 月，为了提高 2020 年东京奥运会备战工作的系统性、科学性和预见性，国家体育总局竞技体育司下发《关于组织制定备战东京奥运会冠军模型和实施路径的通知》。该通知要求有关项目管理中心、改革试点体育协会成立冠军模型研制小组，制定工作方案，推进研制工作。具体包括研究东京奥运会夺冠趋势，细化夺冠的成绩、技术、战术、体能、心智和个性特征能力指标，明确我国选手奥运夺冠形势、主要对手、优势，总结凝练出各个小项冠军模型，用冠军模型指导东京奥运会备战训练。

终于有业内人为冠军模型操心了。人才厚度与"金牌"存在必然的联系，中长期的人才梯队建设可培养出能打胜仗、能打硬仗的人才队伍，但大赛上"杀红眼"时的排兵布阵，则要求在团队支持下的来之能战、战之能胜。

在技战术之外，竞技体育最难的是什么？首先是心理上得过关。那怎么塑造，怎么培养？除了大赛的历练，更要平时对意志品质进行评估与塑造。这方面国家乒乓球队还是很有心得的，他们是真正的混合式培养，不光有技战术，还有心理方面的知识，有自我认知，有比分落后情况下的针对性练习，有以赛代练的机制。而我们在企业中的人才培养、梯队建设，更不应局限于出活、解决眼前具体问题，更需要关注在拿成果过程中的人才育成。而个人 IDP 的制定，不应以具体工作任务为中心，而应能力提升为中心。

真用、坚持用，是模型落地的关键

我们陪伴企业共同打造的最佳实践，其能力模型的建立和应用都不是最早的，但是取得了很好的效果。企业管理者最大的感受就是真用、坚持用。模型落地总结来说就是对表、推广"普通话"的过程。

对表要在建模过程中完成，统一标准的主体是用人部门。一定要业务部门深度参与，引导他们去思考、输出、研讨、碰撞和确认，而不应由人力部门或第三方唱独角戏或闭门造车。

推广"普通话"是在应用中广而告之并持续植入的过程。在通常情况下，人才标准到"傻瓜式"应用还需再前进一步，即做工具化开发，比如从能力模型到测评打分参照、360问卷等。能力模型对于经过训练的专业测评师来说，有一些抽象、通用的对"人"的描述，其理解问题不大。但如果是在业务部门管理者中推广，在其学习使用阶段有时候需要把行为描述还原到典型的任务场景中，作为打分样例，并要写得足够细致，以便于打分尺度的把握。这算是过渡阶段的一种办法。而当管理者已经熟练掌握人才评价的方法时，则更倾向于用精简模型的语言描述，扔掉行为样例的拐杖。比如在某企业模型升级优化过程中，管理者一致支持减少素质项、聚焦更精准的关键点，以简化评分操作（见图4-9）。

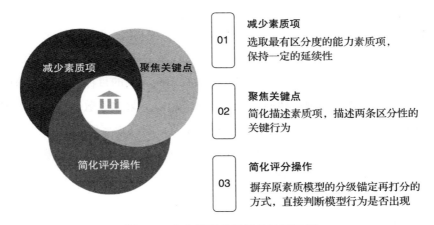

图4-9　企业模型升级优化过程示例

胜任力模型应用于选拔和聘任，是一个有效的工具，但并不能代替人的决策：没人可用，也得矮子里面拔大个；人才济济，就得综合权衡优中择优。排兵布阵是相时而动的决策，不是机械的分数运算和简单比较能够代替的。要做到举重若轻，需要预测到可能的风险，并判断是否可以承受相应的风险。

胜任力模型应用于人才盘点，着眼组织发展需要，动态盘点人才现状，讨论如何促进人才发展和发挥作用。应用于人才培养，除了应知应会，胜任力模型更强调抓内因、抓重点，强调求因得果、治本固标，关注如何把抽象的能力，变成可塑造、可复制的行为。而应用于绩效管理，胜任力模型则强调管理者应关注和检视行为过程并及时反馈。

特定人才群体的胜任力模型

领导力模型

领导力（leadership）可以被形容为一系列行为的组合，而这些行为会激励人们跟随领导者去要去的地方，而不是简单的服从。如同美国前国务卿亨利·基辛格（Henry Kissinger）所说："领导就是要带领人们，从他们现在的地方去还没有去过的地方。"

通用汽车前副总裁马克·赫根（Mark Hogan）对领导者的描述是："记住，是人使事情发生。世界上最好的计划如果没有人去执行，那它就没有任何意义。我努力让最聪明、最有创造性的人们在我周围。我的目标是永远为那些最优秀、最有天赋的人们创造他们想要的工作环境。如果你尊敬人们并且永远保持你的诺言，你将会是一个领导者，不管你在公司的位置高低。"

企业往往会在战略转型或业务快速发展时期建立自身的领导力模型，并进行持续维护更新，其领导力模型能为企业领导者指明发展的方向和行为能力重点，也能在人才识别与盘点、人才配置、人才发展和人才激励等领域发挥相应的重要作用。

中粮集团在2009年基于全产业链战略和组织文化梳理，建立了经理人领导力模型，为干部发展提出了清晰明确的指引。其领导力模型的三大维度分别为高境界、强合力和重市场。高境界要求经理人自我驱动、目标高远，包括业绩导向、学习成长和阳光诚信三个领导力要素。强合力要求经理人必须视中粮为一个整体，通过团队建立核心竞争优势，包括协同共赢、组织发展、资源整合三个领导力要素。重市场要求经理人坚持客户至上，注重创造价值，实现客户和企业共赢，包括系统思考、变革创新和客户导向三个领导力要素。

领导力模型，尤其是中高级管理者的领导力模型，虽有行业差异、企业发展阶段差异以及文化特色差异，但还是有较多相通之处。不同层级的管理者，在组织中分别起到"头脑""腰部""臂膀"等不同作用，将其模型构建结合拉姆·查拉的领导梯队理论，可以明确层级差异化要求，在此不做赘述。

领军人才模型

早在2004年，上海市公共行政与人力资源研究所就在一项研究中给科技领军人才下了这样的定义："科技领军人才主要是指，在自然科学、社会科学和科技型企业经营管理的广阔领域，包括在基础（理论）研究、应用研究、技术开发和市场开拓的前沿地带，发挥学术技术领导和团队核心作用，推进科技向现实生产力转化，整合、优化社会资源，发掘、创造价值源泉，通过持续创新引领时代潮流，从而对经济社会的发展做出杰出贡献的人才。"[一]

对于企业而言，领军人才是要发挥专家智囊、决策支撑、创新攻关、人才培养等作用的复合型、开拓型、外向型人才。以中国邮政集团为例，其于2012年首次明确规定了邮政企业专业领军人才的内涵：邮政企业专业领军人才，是指具备良好的职业道德、扎实的专业知识、持续的创新能力和优秀的组织协调能力，能够在中国邮政某项重点业务领域引领发展方向，带领工作团队开拓创新、破解难题并做出突出贡献，在本专业得到广泛认可的较高层次的复合型人才。领军人才的内涵至少包含了两层意思：一是必须在本行业、本领域出类拔萃，学有专才、术有专攻，是业内公认的杰出人物；二是必须具备成为一个团队的核心和灵魂的能力，能带出一支队伍，能够发挥引领和辐射作用。这两点是构成领军人才的充要条件，其中后者是领军人才区别于其他专业人才的本质特征。[二]从集团建设领军人才队伍的目的出发，在梳理领军人才工作职责的基础上，中国邮政集团构建了涉及电商、文化传媒、金融、

[一] 蔡秀萍. 揭秘领军人才素质 [J]. 中国人才，2007（07）：8-9.
[二] 任立文. 领军人才引领未来 [J]. 中国邮政，2012（07）：16-17.

现代物流、网路运行、信息技术、会计七大领域的领军人才"头雁"模型（见图 4-6）。

发挥头雁作用，首先要求该人有前瞻思维、战略眼光，从而方能紧跟行业（领域）发展趋势，进军前沿，带领团队把握飞行的方向，做好整个雁群的引路者。

从前瞻思维出发，头雁的"两翼"，一翼为"专业先锋"，即作为排头兵，该人须在本行业、本领域出类拔萃，学有专才、术有专攻，是业内公认的杰出人物，强于持续创新、分析决策；另一翼为"团队核心"，这强调的是组织才干，即该人要能够发挥引领和辐射作用，强于引领团队、组织协调。

而两翼的翼梢，是不同专业领域所特有的能力要求。以网路运行为例，"专业先锋"一翼的翼梢为"全局规划"，要求领军人才打破传统思维定式，解放思想，转变观念，加快转型步伐，更快适应市场变化和竞争需要，全面转变组网观念，从全局角度思考陆运网的统一规划、统一管控；"团队核心"一翼的翼梢为"精益管理"，强调网路运行转型升级工作要以"时限为先"作统领，以市场需求为标尺，持续提升网路运行的精细化管理水平。

创业人才模型

"互联网+"重塑了产业边界，在大众创业、万众创新的大环境下，无论是企业内部创业平台，还是创业园、孵化器，以及天使投资基金，都需要对创业者进行"创业基因检测"，更好地投资于人。

在大量阅读和归纳国内外有关创业心理机制和心智模型文献的基础上，我们对上千名年轻创业者进行了深度的访谈调研与测试分析，发现他们身上具有一些最典型、最具概括性的特质，由此我们提炼出一套破解创业成功密码的"创业基因 GENE 模型"（见图 4-10），主要包括驱动力、行动力、影响力和创造力四个个性维度（见表 4-5）。

第四章 胜任力：打开绩效黑箱的美国钥匙

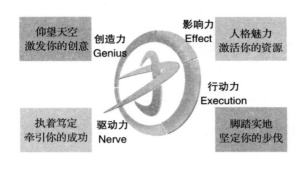

图 4-10 创业基因 GENE 模型

表 4-5 GENE 模型四大个性维度

个性维度	子维度	维度说明
驱动力	认可取向	愿意为了获得他人的认可而努力
	报酬取向	以经济报酬等外在需求为动机或压力的程度
	挑战性	重视工作的意义，渴望在工作中获得成长
	自主性	喜欢自己对事物有选择权、掌控权
	自信心	对自己个人能力方面的主观评估
	归因方式	认为行为结果是由外部原因导致的倾向
行动力	尽责	细致、审慎或按照良心支配自己的行动
	活力	是否持续精力充沛，从生理、认知和情绪上是否愿意保持忙碌
	工作满足感	从工作中产生满足感的程度
	经济风险偏好	为了实现目标，在经济风险方面的容忍和偏好
	目标规划	对自己的认知及目标结果进行有效控制
	意志力	为达到预定的目标而自觉克服困难、努力实现
影响力	真我表露	甘愿冒着较大的人际风险去追求自己的目标
	社交自信	人际交往时感到轻松、自在，能轻松应对各种社交场合
	人际敏感	敏锐捕捉社交信号，善于辨认、读懂他人情感
	情绪稳定性	能够控制自己的情绪波动以及情绪的公开表露
	关怀激励	对他人个性化关怀并积极传达未来目标，激励他人
	感召力	主动担当，大局为重，并以自己的德行垂范领导他人

（续）

个性维度	子维度	维度说明
创造力	创新意识	愿意探究复杂问题，深入寻找各种可能性
	模糊容忍	对于模糊情境的容忍和耐受
	整体式思维	以全面和整体的视角把握问题
	分析式思维	不受背景信息的干扰，以规律去解释和预测事物
	直觉式思维	依据感知迅速地对问题做出判断、猜想和设想
	自我认知	有意识地了解、检验自己的认知和思维

驱动力，代表着激励内省，推动创业者的选择。人的行为是由人的本能和生物的需求驱动而来的，这种驱动力虽处于人的心理底层不可见，但影响着一个人的行为和决策。它为我们获取最佳的生存状态提供了力量。

创造力，代表着创新挑战，牵引创业者的成功。创造力集知识、智力、能力、性格特质等于一身，包含了一系列复杂的心理活动，在创业行动中影响着个体的决策水平，牵引着事物的发展方向。创业的过程就是不断创新、创造的过程，创造力对创业者的重要性不言而喻。

影响力，代表着激励感召，激活创业者的资源。具有影响力的人都会以愿望或者实际行动的方式推动其目标的实现，用一种为别人所乐于接受的方式，改变他人的思想和行动。这需要以人的情感成熟度为基础，理解他人，并影响他人的思想、情感。组建团队、对接投资人、项目路演等，都是创业者展示自己影响力的时刻。如果创业者的言谈话语能够感染、打动对方，那么他的目的也就达到了。

行动力，代表着脚踏实地，代表创业者坚定的步伐。一个人在实现目标的过程中，应有清晰的策略意图以及超强的自制力。这些行动精神及方法技能的掌握组成了个体的行动力，它推动人去解决问题，不怕困难、不惧艰险。创业者不仅仅是梦想家，更是实干家，他们能把自己的想法变成现实。既仰望星空又脚踏实地的创业者才能走得更远。

第五章

任职资格：人才的通道与成长阶梯

思考

《 你所在的企业构建了任职资格体系吗？
《 你所在的企业的任职资格体系是覆盖全员的，还是主要针对关键职位序列的？
《 你所在的企业的员工是否知道自己的上升通道和任职资格要求？
《 你所在的企业的任职资格体系运作成本高吗？做到了"无为而治"吗？

职位分类分层是任职资格构建的基础

人才成长通道的本质是对人进行分类分层的精细化管理，针对各类各层人才的不同定位与特点，制定评价标准与发展路径，将组织要求显性化、具体化。

人才成长通道的建设，需要服务于公司发展战略，不断优化人才队伍结构；需要遵循市场规律和人才成长规律，既形成完整体系，又突出类别特色。通道建设有利于组织战略和人才发展双重目标的实现：对于组织，通过专业队伍的建设，充分调动人才的积极性和创造性，增强组织能力，释放人才活力，支撑业务发展；对于个人，指导员工的职业发展，满足员工对个人成长与价值实现的诉求。

任职资格管理是人才通道建设的重要组成部分。第二章我们提到了OMQ人才通道模型，在这个模型中，"O"（orientation）就是解决"通不通"的定位问题，明确各个职位所属的序列、职级晋升空间，以及通道间职级对应和转换关系，以人才标准牵引员工进行职业路径规划，使人人有通道、人人有阶梯，从而实现人人有舞台、人人能成才。

打破部门壁垒进行职位管理

在展开谈人才成长通道建设之前，我们对与"职位"概念经常混淆的"岗位"（position）概念做一下说明。

岗位是一个个"坑"、一个个工作"位置"。岗位着眼于"事"，是工作流程某个节点上若干任务的集合。定岗的过程就是岗位设计的过程，即把"坑"设置好，包括设置多少个"坑"、设在哪里。要根据组织业务目标的需要，兼顾个人发展的诉求，规定某个岗位的任务、责任、权力以及在组织中与其他岗位的关系。

岗位设计的原则，总体需要关注以下几点：岗位需有效承接部门职责和业务流程；必须安排基本饱和的工作量；能力要求相同或相似的岗位可以合并，体现一岗多能、宽幅设岗；必须严格保证企业中每一岗位拥有的权利与其承担的责任相称；考虑风险内控、设置必要的监督制约岗位，区分出不相容岗位，如会计与出纳等。

任何岗位的工作，往往都不是一成不变的。工作在岗位间的流动也很少是单向、等量的情况，因此岗位设置需要一定的弹性和灵活性。其表现就是岗位说明书里的"领导交办的其他工作"以及并不少见的阶段性兼岗。如果组织战略目标及内外部环境发生变化，工作组织方式因此需要进行一定的调整，还会带来组织架构、部门设置以及岗位设置的调整。

最近几年，随着信息交互与资源整合方式的巨大变化，按单聚散的虚拟组织、虚拟团队更多地出现在我们身边。"企业平台化，员工创客化，用户个性化"，使得社会化大生产的组织方式更加强调机动性、协作性和适应性。尤其对知识型工作而言，"一个萝卜一个坑"、绝对意义的"定岗定编"已经不能适应新的组织的需要。而我们日常工作中提到的"岗位"概念，在某些时候已经出现泛化，不再特指某个"坑"，而与"职位"概念越来越趋同。

岗位设置是工作组织的需要，职位设计是人才发展的需要。岗位通常是相对静态的设置，体现工作流程节点的任务、责任、权力以及与其他岗位的关系。而职位反映人的属性，包含了两方面的信息：一方面是各个"坑"里不同"萝卜"的种类，如"红萝卜""青萝卜""白萝卜"；另一方面是"萝卜"的大小。

同一个岗位上，可能因时因地由不同级别的人担任。因为"人"的不同，组织对其产生的工作行为、创造的绩效和结果有相应不同的期望。企业的薪酬管理岗，可能是一个专员，也可能是一个主管。"萝卜"长大了可以挪到更适合的"坑"里，也可以数十年如一日地在一个"坑"里持续贡献，其成长通过职级的变化来体现。

不管组织架构与部门如何变化，组织中的人还是归属于相应的职位序列和职级。而职位的分类分层，是打破部门壁垒、进行精细化人才管理的重要基础。

建立符合事业发展需要、契合人才成长规律和管理特点的人才成长通道，就像盖高楼一样需要先完成"三通一平"[⊖]的施工准备，包括业务流程、组织架构以及职位的基础梳理。在此基础之上，经过对职位进行横向分类、纵向分层，才能清晰地梳理任职资格标准，形成所属关系和等级关系清晰的职位体系（见图 5-1）。

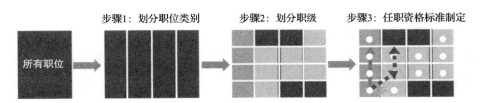

图 5-1　人才成长通道构建步骤示意图

⊖ "三通一平"指通电、通路、通水和土地平整。——编者注

划分职位类别

职位分类（job classification）是在职位调查、分析、设计和职位评价的基础上，主要依据职位的工作性质、活动领域、所提供的产品和服务、所采用的技术和方法、所使用的工具和设备等差异，将职位划为职类、职群和职种等大中小类。

职位类别划分遵循整体性、相似性、合理性、前瞻性和实践性五项原则。

- 整体性：覆盖主辅价值链全部职位，所有人员都能够找到自己所在的通道和位置。
- 相似性：职位分类很重要的就是合并同类项，通过对不同部门、不同职位职责和人员要求的分析，合并相似要求的职位为类别。
- 合理性：基于管理成本的考虑，人员较少、重要性不高的职位不做细分管理。
- 前瞻性：基于市场价值、人员的替代成本、与业务战略联系的紧密性和业务导向性等因素考虑、确定关键职位类别，单独设置。
- 实践性：考虑管理实际需求，参考同业同类企业的职位类别划分实践经验。

职位类别划分通常将"自上而下"与"自下而上"结合。

自上而下：进行工作梳理和拆解，按照"通道 – 职类 – 职群 – 职种"的步骤由粗到细进行划分。一般来说，首先从"事"出发，以"价值链"为划分基础，区分研发、采购、生产、营销、服务这样的业务链条，或者行政后勤、信息技术、人力资源和财务会计这样的职能模块。然后，从"人"的角度进行调整，以对人的不同要求作为调整的依据。再然后，从组织贡献度、影响力、战略支持力度等角度进行完善，考虑粗细设置的合理性和前瞻性。划分过粗或过细均会带来问题。如果划分过细，会增加管理成本，还会出现员工同时属于两个或多个类别的情况。如果划分过粗，则无法体现人才分类管理的价值，无法满足人才精准识别、选用及指导人才发展的需要。

自下而上：进行现有职位归并，将具有相似业务功能与输出结果的职位归并为同一个职位类别。这个过程需要与相关部门进行充分的研讨和沟通。首先要全面盘点业务内容，梳理工作单元；再按照以上划分原则将工作进行职类、职群和职种的归类；最后拟定职位类别名称，并与业务内容和涵盖范围匹配一致。在此过程中，需要向相关部门明确职位类别划分与组织机构设置、岗位编制无关，是打破部门界限进行的梳理。

下面重点介绍并澄清职位类别划分中的一些概念。

通道（job channel）。通道是职位分类结构中最粗略的轮廓，根据"管理他人""专业、技术贡献"或"操作、支持"等不同贡献方式，划分通道为：管理通道、专业技术通道、技能操作通道。

- 管理通道人员通过战略决策、管理的方式为组织做出贡献，在组织中通常承担计划、组织、领导和控制等职能。
- 专业技术通道人员主要通过个人或项目团队完成工作，需要运用专业领域的知识才能达成工作目标，需要具备深入的专业知识与技术、项目管理能力和专业影响力。
- 技能操作通道人员通过个人或项目团队运用技能为业务运营提供技术、行政支持，或通过从事操作、体力劳动达成工作目标。

职类（job category）。职类也称职门、大类等。职类划分的主要依据为各职位所处的业务板块、价值链环节。比如某石化企业职类划分为勘探开发、石油炼制、石油化工、市场销售和企业经营管理等。不同职类，其工作性质、工作对象与工作内容不同，对人才的通用能力要求也有所差异。

职群（job family）。职群也称职位族、职族、序列、条线、中类等。同一职类下的不同职群承担不同的工作职能，对专业能力的要求也各不相同。比如企业经营管理职类可划分为人力资源管理、财务管理和党群管理等职群。

职种（occupation type）。职种也称子序列、二级序列、子类、小类等。职种的划分主要依据各职位专业细分方向和知识技能的不同要求。同一职群下的不同职种，完成不同的工作任务，需要不同的知识和技能。比如财务管理职群可划分为预算管理、成本管理、会计管理、资金管理和价税管理等职种。

一般而言，职类、职群和职种三级划分能够满足企业职位分类管理的需要。当某些领域专业纵深要求相对不高，更强调广度要求时，可不再细分职种，即某职群下仅一个职种，名称沿用职群名称，如：企业经营管理职类、人力资源管理职群、人力资源管理职种。当细分专业纵深要求相对较高，专业化分工要更清晰时，职种划分则可以更细。

表5-1是某化工销售企业职位序列划分样例。

表5-1 某化工销售企业职位序列划分样例

通道	专业技术通道										技能操作通道			
职类	营销		经营管理					综合管理			生产运行			
职群	市场营销	贸易	战略规划与企业管理	财务管理	风险管理	生产运行管理	物流管理	信息化管理	党群管理	人力资源管理	综合行政管理	运输设备操作	运输代理服务	仓储	机械设备修理	检验计量

划分职级

职位层级划分是为各通道里的人才划定发展阶梯。以专业技术通道为例，大的阶梯可以概括为三个层次，分别是掌握与应用级、实践与创新级、引领与创造级，或者简单称之为初级、中级、高级或基层、中层、高层。而这三个层次里可再分出不同的职级（见图5-2）。

不同职位序列的职级起点（最低点）和终点（最高点）有所不同。起点和终点的设置，需要根据不同序列对公司战略和经营业绩的影响程度、专业复杂度等进行考量，可参考工作价值评估等数据。同时，可以参考同行企业层级设置的实践经验，并结合本企业当前人员能力、技术水平以及队伍结构进行合理设计（见表5-2）。

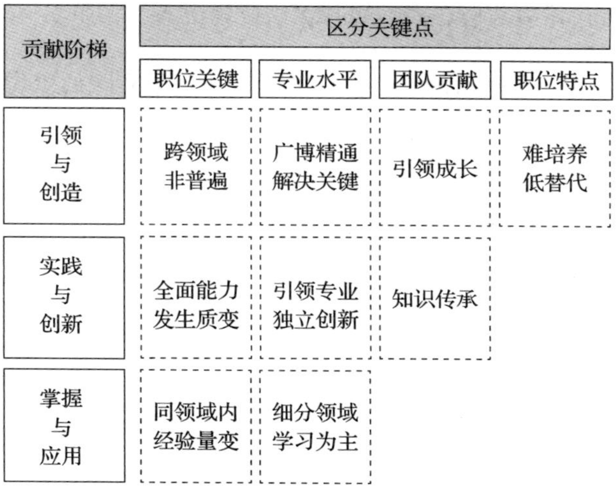

贡献阶梯	区分关键点			
	职位关键	专业水平	团队贡献	职位特点
引领与创造	跨领域非普遍	广博精通解决关键	引领成长	难培养低替代
实践与创新	全面能力发生质变	引领专业独立创新	知识传承	
掌握与应用	同领域内经验量变	细分领域学习为主		

图 5-2 职位层次示意图

表 5-2 某财务公司职级划分样例

层次	职级	信息技术		风控控制			资本运营				交易研究	
		信息技术		风险管理			信贷管理	财务会计	资金运营	资金结算	研究	交易
		设备维护	系统优化	稽核	风险控制	法律	信贷管理	财务会计	资金运营	资金结算	研究	交易
引领与创造	首席专家	—		首席风控师			首席运营师				首席投资策略师	
	高级专家	√		√	√	√	√				√	
实践与创新	专家	√	√	√	√	√	√	√	√	√	√	√
	高级主管	√	√	√	√	√	√	√	√	√	√	√
	主管	√	√	√	√	√	√	√	√	√	√	√
掌握与应用	主办	√	√	√	√	√	√	√	√	√	—	—
	助理	√	√	√	√	√	√	√	√	√	—	—
	业务员	√	√	√	√	√	√	√	√	√	—	—

职位层级角色描述

职位层级划分以后,需要对每个级别进行角色描述,勾勒出特征轮廓。通常可以从以下五个维度进行,企业可根据实际情况有所调整。

- 专业知识:通过对从简单工作任务延展至理论实践的工作层级进行区分,衡量工作所需的特定领域的专业知识。
- 职责重点及工作方式:通过从协助工作到体系构建、解决战略问题的要求变化,衡量工作所需承担的职责重点及工作方式。
- 工作独立程度/领导责任:衡量职位要求是独立工作还是对他人的领导和指导,根据领导及指导他人所需担负的责任确定其程度。
- 问题解决能力:衡量完成工作所具备的分析能力的强弱。
- 影响力:衡量工作对企业营运效益所承担的责任大小及工作结果对于企业营运的影响(包括影响范围和影响程度)。

职位层级划分样例

基于以上原则,某营销公司职位层级划分如下(见表5-3)。

表5-3 某营销公司职位层级划分样例

层级	管理通道(M)	专业技术(T)		技能操作(W)
		营销子通道(S)	专业子通道(T)	
高层	M7 公司正职			
	M6 公司副职	S8 高级营销总监	T8 公司首席专家	
中层	M5 公司助理/副总师	S7 营销总监	T7 高级专家	
	M4 中层正职	S6 营销总监	T6 专家	W6 主任技师
	M3 中层副职	S5 高级产品经理/高级贸易经理	T5 高级主管	W5 主任技师
基层	M2 基层单位正职	S4 产品经理/贸易经理	T4 主管	W4 技师
	M1 基层单位副职	S3 高、中级客户经理	T3 主办	W3 高级工
		S2 初级客户经理	T2 助理员	W2 中级工
		S1 业务支持	T1 业务员	W1 初级工

标杆描述：任职资格标准制定

经过分类分层，职位体系的框架已经形成。对于每一个职位，其所属关系和层级关系已经清晰，我们可以进一步明确任职资格标准。

明确任职资格，首先要解决定级（晋级）评价的问题，即"先买票，再上车"的问题。定级，就是看能否胜任目标职位，能否做出目标职位应有的绩效。因此，在"德才兼备"的大原则之下，除了文化价值观匹配等"德"的因素以外，对能力的评估是最主要的，包括知识技能、管理和专业能力等，有时也会用专业资质、专业、学历等作为基本要求。当然在实力面前，这些基本要求并非必须项，是可以打破的条条框框。

"德""能"要素以外，作为组织选贤任能的依据，从职业通道建设和人才管理的现实考虑，任职资格中还会包括"勤"与"绩"等要素。这既是对人才成长规律的反映与尊重，又是内部公平性和激励性的重要体现。

任职资格主要解决"能上"的问题，而对于"上车"后能否发挥作用，以及"上车后睡大觉，请君下车"的"能下"问题，需要对任职者履职期间进行全面绩效管理，通过聘期任务书签订、积分管理、综合考核等工作，持续提升人才管理水平，为组织带来实际价值。

"德能勤绩"任职资格框架

从全面性和实用性出发，我们把任职资格的构成概括为"德能勤绩"四个方面（见图5-3）。"勤"和"绩"关注做了什么，做得怎样；"德"和"能"关注未来能做什么。四者从外显、易于观察的业绩贡献、工作经验，到内隐、不易观察的能力素质和态度动机，既关注准备度，肯定历史贡献，更关注潜力，期待未来更大的贡献。

不仅仅是国有企业，很多其他企业在选人、用人的过程中，都会强调"以德为先"。"德"，关注人与组织文化价值观匹配，一般作为发现项和否决项。

而"能""勤""绩"的标准把组织关注和个人关注紧密地结合起来，不仅关注员工是否达到了入池标准或出池标准，更关注员工为达到标准而努力的过程（见表5-4）。

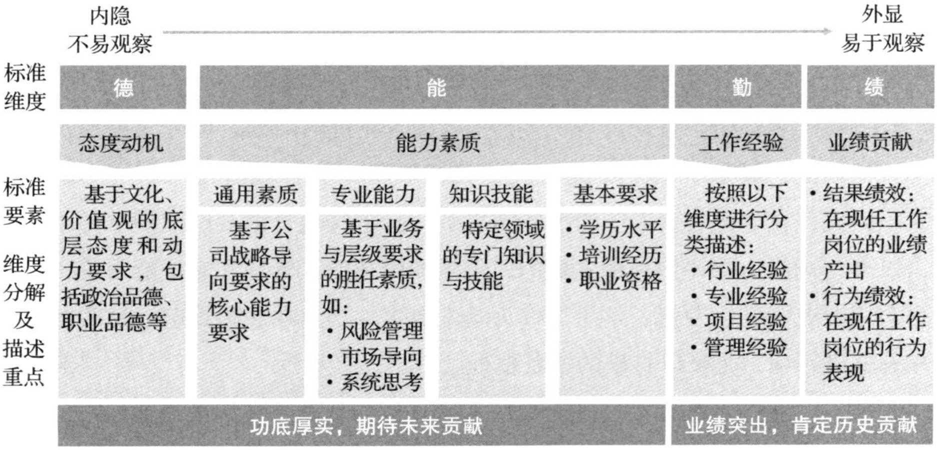

图 5-3　任职资格框架

	内隐 不易观察 →					外显 易于观察
标准 维度	德	能			勤	绩
	态度动机	能力素质			工作经验	业绩贡献
标准 要素 维度 分解 及 描述 重点	基于文化、价值观的底层态度和动力要求，包括政治品德、职业品德等	通用素质 基于公司战略导向要求的核心能力要求	专业能力 基于业务与层级要求的胜任素质，如： ·风险管理 ·市场导向 ·系统思考	知识技能 特定领域的专门知识与技能	基本要求 ·学历水平 ·培训经历 ·职业资格	按照以下维度进行分类描述： ·行业经验 ·专业经验 ·项目经验 ·管理经验	·结果绩效：在现任工作岗位的业绩产出 ·行为绩效：在现任工作岗位的行为表现
		功底厚实，期待未来贡献				业绩突出，肯定历史贡献

表 5-4　组织与个人视角下的任职资格标准

构成	考评要素	组织	个人
知识技能	知识技能	关注员工在相关领域做出贡献、解决问题所必须掌握的专业知识、工具、方法的广度、深度、熟练程度	关注个人专业水平的精进和拓展，关注个人专业地位、专业影响力的提升
能力素质	专业素质、通用能力	关注员工的行为能力和行为表现；预测个人工作行为和未来绩效	关注个人能力的突破与进阶，关注个人的竞争力与贡献力
工作经验	专业工作经验、行业经验、区域经验等	关注员工有多少实践积累；关注员工承担什么工作任务，包括任务的难度、复杂程度等	关注工作带来的经验积累和能力提升，关注由量变到质变的个人发展进程
业绩贡献	个人年度绩效、成果贡献	关注员工的绩效产出；既有贡献亦是预期员工未来继续创造价值、做出贡献的重要依据	关注个人付出的成果转化；关注自我价值的实现

任职资格设计

任职资格设计需要遵守以下四项原则。

贴合实际。人才标准的内容基于对实际工作的分析，而不能仅从技能本身进行推理。

结果导向。根据人才标准进行认证的素材尽可能取自员工日常工作成果，尽量减少为认证而额外增加的工作。

现实性与牵引性相结合。人才标准需要归纳提炼组织中优秀员工的成功工作行为，以反映组织员工能力的实际水平，普通员工通过努力后也可以做到，但不能仅限于员工目前的能力水平，还应该借鉴业界优秀的做法和先进的经验。这意味着要想达到标准的最高要求，组织中的优秀员工需要"跳一跳才能够得着"。

持续维护。人才标准需要随着组织业务发展和员工能力提升进行相应的调整和修订。

"德"：态度动机

"德"，是态度动机，是做事的出发点。德的要素通常与企业文化价值观相一致。

"虚事实做，实事虚做。"现今，很多企业家强调要把看起来很"虚"的企业文化，落到很"实"的员工行为中。在与不同行业的优秀企业合作的过程中，我们能够深刻体会到不同企业的文化价值观的虚实与特色。

好未来CEO张邦鑫曾在2018年的演讲⊖中谈道："当公司只有100人的时候，抓一抓纪律，就把业务做起来了。但是从100人发展成2000、3000人，开始舍命狂奔的时候，价值观不清晰，队伍随时有可能会散。相反，如果价值观做得好，就会让你如虎添翼：从茫茫人海中选出最优秀、最匹配的人形成合力，排异那些跟你气场不合、不匹配的人。价值观就是这样一个存在。"

他认为价值观是从商业模式中提取出来的，"价值观从本质上来说可能根本不是文化，而是你的商业模式"。他还认为，好的价值观不用给员工培训，员工都知道——"把价值观从你的业务中提炼出来还不够，你的表达还得朗朗上口，让

⊖ 摘自张邦鑫2018年在混沌大学发表的演讲《企业做强靠产品，做大靠运营，做久要靠文化》，https://www.iyiou.com/p/76390.html。

员工说得很带劲、很自豪"。好未来的企业文化关键词是"成就客户、务实、创新、合作",看似没有什么特别之处,但是这里面有根植于商业模式的行为要求,加上"上纲上线"的严格落地衡量,切实地为该企业发展带来了成长加速度。

另外一个例子是菜市口百货公司(以下简称"菜百")。作为北京乃至全国第一家黄金珠宝特色专营商场,其如今已是业内赫赫有名的专业型珠宝经营公司——"中华老字号""中国黄金第一家"。

这是一个"敢为天下先""有所为有所不为"的企业,是一个强于执行的企业。开门迎客,事无巨细,不能有任何差错。而最让人印象深刻的,是菜百人秉承的"心比金纯",即坚持做对的事:标实价,卖真货,不打折;坚持高于国家标准的菜百标准,宁可断货不卖瑕疵产品。可谓以情经商,以质取胜。菜百自上而下始终传递着"老老实实做人,踏踏实实做事"的理念。

文化价值观是组织的精神传承。"苦干实干""三老四严"的石油精神、"事业高于一切、责任重于一切、严细融入一切、进取成就一切"的核工业精神、"有条件要上,没有条件创造条件也要上"的艰苦奋斗精神、"甘愿为党和人民当一辈子老黄牛"的埋头苦干的奉献精神在我们关系国计民生的多条战线中依然是"进行时",并不断丰富着新的内涵,演绎出新的故事。

文化价值观由集体建设达成共识,是基本稳定的。而其行为要求、行为考核,可以根据发展实际,不断优化、不断修订。

在任职资格落地的过程中,德的因素可以将文化价值观的指标拿来使用。考核评价关键在于平时,一般利用年度数据即可。如果没有年度数据,则需要用问卷法或者用一些其他手段,有针对性地收集意见。如果文化价值观不符,就是一票否决。不管是国企还是民企,都需要防范文化价值观问题的"带病上岗",不能睁一只眼闭一只眼。

"能":功底水平

知识技能

知识技能是根据关键工作模块和工作要项提取的重要的应知应会。专业知识由工作所涉及的专业领域决定，不同领域的人员需要不同的专业知识。专业技能与完成某一具体工作的流程、步骤和方法紧密相关，需要各类专业知识作为支撑。

知识技能的提取与撰写由绩优的本专业人员完成。人力资源部门可以为相关专业人员提供必要的模板和培训，帮助他们根据职位说明书撰写。专业知识技能提取以序列为单位进行，由相关序列的首席、高级专家以及相应的专家委员会最终审核定稿。撰写过程如图 5-4 所示。

图 5-4　知识技能撰写过程

知识类标准，通常根据对知识的掌握程度，由浅入深分为了解、熟悉、掌握和精通四个程度。"了解"指对知识点有一定的认识和记忆，包括概念、作用和意义等，在他人指导下进行应用。"熟悉"指对知识点有清晰的认知，包括概念、作用、意义、方法和过程等，能独立应用到工作中。"掌握"指对该知识领域有全面的认知，能独立、高效地应用于工作中。"精通"指透彻理解该知识领域，能举一反三并加以创新，不仅可以独立、高效地在工作中应用，还能够指导他人。

技能类标准，需要用概括性、行为化的语言进行描述。所提取的技能必须与完成工作好坏有密切相关性。撰写技能的行为性描述语句通常是：以什么样的角色或在什么样的条件下 + 做什么 + 有什么产出。

知识技能的审核包括：主要职责模块是否完整；主要活动要项的切分能否覆盖全业务流程；预期成果与活动要项的对应关系是否一致；知识点提取是否清晰，既不过大也不过小；专业技能是否为关键技能，是否有一定难度，需要付出一定的时间和精力才能掌握；技能点提取大小颗粒度是否相对一致；技能描述是否清晰。专业知识技能提取成果样例见表 5-5。

表 5-5　专业知识技能提取成果样例

		软件测试专业知识技能
知识	计算机基础知识	操作系统、数据库、中间件、程序设计语言基础知识（C 语言及 C++ 或 Java 语言程序设计技术）
	软件工程相关知识	软件工程知识、软件开发方法及过程、软件质量及软件质量管理基础知识、软件测试标准、软件测试技术及方法、软件测试项目管理知识、信息化及信息安全基础知识
	行业相关法律规定知识	知识产权相关法律、法规、GJB 2725A-2001《测试实验室和校准实验室通用要求》
技能	文档、代码审查技能	根据相关标准和要求对软件配套文档的完整性、准确性、一致性进行审查；阅读理解软件代码，从代码与文档一致性、逻辑的正确性、程序的规范性、结构的合理性以及软件可读性等方面审查代码；通过静态分析工具对软件度量和标准违反情况进行静态分析，检察产品是否有缺陷
	测试方案设计技能	分析测试需求、策划测试方案、设计测试用例、搭建测试环境
		制订测试计划，包括所需测试资源、测试进度、任务分工、测试风险等，确保测试工作的顺利组织与实施
	测试专业技能	掌握白盒测试和黑盒测试方法中的主要技能，能够完成软件的单元测试、集成测试、确认测试和系统测试等工作
	缺陷报告撰写技能	将发现的缺陷编写成正式的缺陷报告，提交给开发人员进行缺陷的确认和修复（缺陷报告编写最主要的要求是保证缺陷的重现）

专业知识技能依存于具体专业工作，在专业技术人才级别上升的过程中，知识技能需要深度精进和广度扩展。因此，为便于评价应用，应将知识技能进行分级定性描述并与职级对应（见表 5-6）。

表 5-6　知识技能分级定性描述

知识技能等级	职级	评判说明
引领级	T6～T8 级	具有跨技术体系多领域的知识技能；能够系统广泛地传递经验，指导他人，通过战略远见前瞻性地引领相关领域的业务发展
拓展级	T5 级	具有跨专业的知识技能；能够传递经验，指导他人，引领相关专业的业务发展
	T4 级	精通本专业的知识技能，深入思考前沿问题并有所建树；能够前瞻性地引领相关专业的业务发展

（续）

知识技能等级	职级	评判说明
经验级	T3 级	精通本专业的知识技能，深入技术单元，对前沿问题有深入思考并有独到见解，能够对技术突破起到关键作用
	T2 级	拥有基本的本专业知识技能，能够独立开展工作并改进工作
入门级	T1 级	拥有有限的本专业知识技能，能在他人指导下工作

能力素质

能力素质包括通用能力和专业能力等。能力素质建模的方法，通常由自上而下的战略及关键成功因素的推导、高层访谈调研和自下而上的绩优者关键事件访谈调研，结合外部对标等方法提取产生。

以 A 研究所专业技术人员能力素质模型为例，该模型兼顾了专业技术人员的共性要求，同时体现了研究类、开发类和实施类三类人才的差异化要求（见表 5-7）。三者的共性要求为沟通能力、协作与分享、学习能力三项，强调专业技术人员在组织中与客户、与内部协同人员高效沟通、相互支持、共同进步，强调持续不断地学习以更新知识和工作方法。个性要求方面，研究类为知识创新能力、逻辑思维与持续研究三项；开发类为逻辑思维、方案策划能力和结果导向三项；实施类为严谨细致、问题解决能力和计划执行三项。

表 5-7 A 研究所专业技术人员能力素质模型

序号	能力素质	研究类	开发类	实施类
1	知识创新能力	★		
2	逻辑思维	★	★	
3	持续研究	★		
4	方案策划能力		★	
5	结果导向		★	
6	严谨细致			★
7	问题解决能力			★
8	计划执行			★
9	沟通能力	★	★	★
10	协作与分享	★	★	★
11	学习能力	★	★	★

在 A 公司能力模型成果中，每一项能力素质均通过简要定义澄清内涵，并通过显性化、递进式的四级行为描述，使模型方便应用于评价员工工作中的行为表现与发展潜质，并引导员工塑造高绩效行为模式。每项能力素质的行为描述均分为四级，每一级描述包括三四条关键行为（见表 5-8）。各项关键行为均是区分绩优者与一般者的重要行为指针。在人才评价中，通过考察被评价者相应的关键行为是否自发、经常、熟练地出现来判定其能力素质水平。

表 5-8 能力素质定义及分级描述：以 A 公司知识创新能力为例

能力素质项：知识创新		
定义		思维活跃、善于发问，不受已有的研究成果、方法经验和思维定式的限制，产生新颖、独创、具有现实意义的创新思路、方案与成果
分级描述	四级	● 在团队中带动、鼓励他人从不同角度提出问题和质疑，寻找突破点 ● 追踪业界前沿的信息、理论，不断接纳并传递新的观点或新的思想 ● 总结技术、方法等创新突破的经验教训并分享，为组织、员工提供工具或技术，帮助打破常规思维
	三级	● 结合市场需求，发现技术突破和技术引领的机会 ● 借鉴国内、国际领域内及跨领域的先进方式、方法，打开工作局面 ● 综合思考各种方法、方案的优点，形成新的观点、思路或解决方案，推动研究进程和技术突破
	二级	● 工作中不断产生"是什么""为什么"的疑问并试图打开疑问，以看清问题或情况背后的假设、原因 ● 利用多种途径，从多个方面（个人、理论、知识体系）寻求启发 ● 从不同的角度看问题，不被既有的想法或做法所限制，善于用脑力激荡的方式产生工作思路或解决方案
	一级	● 在探索事物的过程中，自发地产生疑问并能有所思考 ● 关注相关领域研究或实践活动中的新观点、新做法，以扩展视野 ● 对于他人提出的不同观点，充分理解分析后，吸取可取之处

为确保人才评价的简单易行和有效区分，递进式行为分级描述并未过度拉伸为更多等级（见图 5-5）。四级行为描述与各级人才池能力素质要求对应关系为：T1～T3 级为一般人才，是基础工作的主体，对应的能力素质为一级和二级要求；T4～T5 级为骨干人才，是技术攻关的主要力量，对应的能力素质为三级要求；T6～T8 级为顶尖人才，是技术引领的核心，对应的能力素质为四级要求。

"勤"：历练经验

"勤"关注的是做过什么，包括行业经验、专业经验、区域经验、管理经验等，是人才成长规律的反映，也是用人导向的明确体现。

人才成长是实践的过程，从低职级到高职级，需要经历必要的历练，担责任、经事件。有的企业会明确规定在某一职级的时间年限；有的企业会明确规定晋升职级要有一定的"老少边穷"经验，旗帜鲜明地将晋升机会向"老少边穷"倾斜。

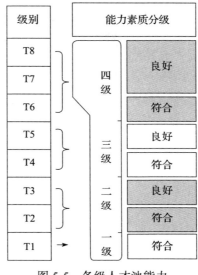

图 5-5　各级人才池能力素质等级要求

"绩"：业绩贡献

"绩"关注做得怎样，主要是结果绩效，包括以往若干年的年度绩效，也包括其他重要的业绩成果，比如论文专著、专利、科技创新奖项和其他个人荣誉等。

业绩贡献以年度绩效为主要内容，大多取近三年的绩效记录。绩效结果的门槛要设置成多高？至少两个"A"，还是放宽到不能有"C"？这需要关注实际的绩效分布情况。通常，门槛不能太高，同时，不同绩效等级可以折算成不同的分值，这样过往绩效并非最佳的同事便有了竞争机会，会对其产生引导和鞭策作用，而对绩效稳定且良好的人才也是一种承认和激励。为操作便利，年度绩效等级应忽略年份远近的效力差异。

年度绩效以外，重大成果作为加分项，可以取近三五年的成果进行积分计算，或者将业绩成果的效力做递减处理。越早期取得的成果，应根据成果大小、递减年限有所区别，如国家级科技进步奖15年递减折耗为零、公司级科技进步奖5年递减折耗为零。

"跨栏制"与"积分制":任职资格的应用

在人才定级或晋级评价中,以跨栏制和积分制相结合的方式进行认证评价(见图5-6),应强化日常管理留痕、保障信息来源准确并借用成熟评审机制。"德""勤""绩"主要利用历史数据,相关信息应持续收集、定期更新。信息审核通过者,进入"能"的评价流程。知识技能可通过考试、答辩等方式进行。对于能力素质评价,则可特别开发相应的评鉴中心。

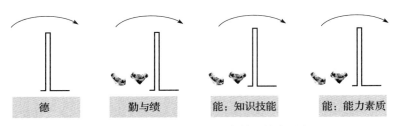

图5-6 "跨栏制"与"积分制"结合示意

认证流程

人才标准建立之后,需要将员工的实际工作表现与人才标准进行比较,评价员工所达到的人才标准等级,这就是人才标准认证。

人才标准认证流程主要包括认证申请、资格审核、参加认证、综合评审与沟通反馈(如图5-7所示)。企业可根据实际情况进行调整。

认证申请。通过个人申请或公司推荐,对照申报条件与要求进行申请,填报相关材料并提交到所在公司人力资源部门。

资格审核。人力资源部门根据人才标准要求,对申请人的基本条件进行资格审核,审核结果通知相关单位或申请者本人。

参加认证。根据员工申报的职位,采取相应的方法、工具进行评估。知识技能评估重点考察申请人的知识和专业技能,可采用述职答辩和笔试等形式。能力素质评估重点考察申请人的通用能力和专业素质,可采取自陈式结构化BEI述职、在线标准化测验、行为面试、评鉴中心、人才盘点会、

360/270/180/90 度评估等方式。

综合评审与沟通反馈。综合被评价者在以上环节中的评价结果，依据标准进行客观、公正的综合评审，得出最终结果。员工直接主管负责将认证结果和认证评委的意见与建议一并反馈给员工。

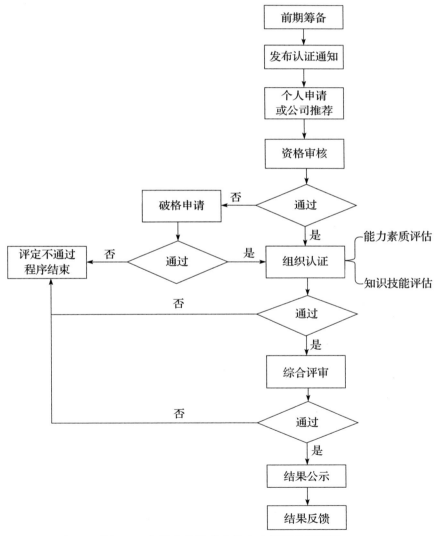

图 5-7 公司专业技术人员人才标准认证流程

第三篇

人才评鉴怎么评

第六章

人才评鉴，见证奇迹的时刻

思考

《 你对人才评鉴的预测、诊断和发展功能有怎样的期待？
《 你所在的企业是否搭建了评鉴中心？
《 评鉴中心搭建和应用中有哪些痛点和挑战？
《 你最关注人才评鉴体系的技术建设、组织建设还是制度建设？

高期望下"奇迹"如何发生

几年前在一家央企做人才盘点测评项目时，客户对接人对我们提出了明确的要求："领导们跟很多员工都共事十年以上了，测评结果怎么让领导认可，我觉得有三个层面：第一，领导已经清楚地看到的这些人的特点，得说准，不能含糊；第二，领导隐约感觉到的，或者把握不准的这些人的特点，要说透，还得说出为什么他们有时这样做，而有时又那样做；第三，领导没有看到的这些人的可能性、风险和价值，要说明，还得说得有建设性和启发性。"

一两个小时的测评，要超越领导十年以上共事的观察和了解，这样的要求，难度大吗？有人说，这是对所谓的"大仙"级的算命先生的要求，但是这样的要求有其合理性——其实客户的要求就是要言之有物、言之有据、言之有用。专业的测评工具和方法、完整的流程和丰富的经验，都有助于快速收集信息、快速深度洞察。当几位资深测评师互相配合,实施严谨完整的评鉴时,评鉴结果可以说想出错都难。对于这样的效果,说是奇迹也不为过。但现实是,"严谨完整"四个字往往会由于各种原因而打折扣,"打眼"也就难以完全避免了。

对于人才评鉴而言,与其追求神乎其神的"奇迹",不如更踏实地回归人才评鉴的实质,追求"看山是山,看水是水",客观地反映现实。下面借用唐代禅宗大师青原行思提出的参禅的三重境界做说明。

第一重境界,"看山是山,看水是水"。对于一个测评师而言,若其过于相信眼睛所看到的,没有充分加工收集到的各方面信息,评鉴语言多就事论事,就会对可能存在的错漏、偏差甚至谬误不自知。如果面对"老油条",基本会被带到沟里。

第二重境界,"看山不是山,看水不是水"——不局限于看到的表面现象,而是有意识地分析各种信息的关联,探究背后的原因,预测可能的影响。这个阶段,测评师的觉察力会不断增强。同时,可能因为人的多面性和复杂性,测评结果会产生矛盾,测评师因此感到困惑;测评师可能因为自己的成功经验,测评时武断、贴标签和绝对化,不能客观地认识自己作为测评师的局限性以及人才评鉴工作的局限性。

第三重境界,"看山还是山,看水还是水"。测评师基于对人才评鉴工具方法的娴熟掌握、丰富的阅历和识人经验,以及敏锐的觉察力与接纳、平和的心态,能够获取和接收到更为全面、客观丰富的人才评鉴信息,并理解其关联及成因。山还是山,水还是水,但已经有了更多的内涵。测评师不放飞自我、妄加臆断,而是带着辩证的、动态的、发展的眼光,既看到某些人群的普遍现象和成长规律,又了解一般和特殊的关系,人的多面性和复杂性可被客观反映。

人才评鉴能否达到预期的"奇迹"效果,取决于评鉴方法的信度和效度是否达标。信度和效度是一个测评的重要测量指标,在 0～1 间波动。

信度指测验的可靠性,即指一个(或测量学上相等的两个)测验对同批被测量者施测两次或多次,所得到结果的一致性程度或稳定性程度。一个信度良好的测验,即使有不同的面试官、评分者、时间和情境,所得分数也应当接近或一致。信度反映了测量误差对分数的影响,信度越高,影响越小,测验越可靠。

正如一个测不准的体重秤会给健身减肥人士带来误导，信度低的测验也会使人才评鉴失效。如果一场评鉴活动缺少设计，组织混乱，那么两个能力相当的人由于测评现场环境变化、面试官提问过于随意等影响，得到的评鉴有可能相去甚远。

公司想选拔沟通能力强的员工，那么测评是否测出了沟通能力？公司选拔后备干部是希望他们未来能带领团队取得优秀业绩，那么测评得分是否预测了其未来业绩水平？回答这些问题，就不得不提到测评效度。

效度指测评的有效性。一个测验能够测量其所要测量的东西的程度，称为构想效度；根据测评分数做出推断的正确性，即预测效度。企业在进行人才评鉴时，有诊断的目的、预测的目的、发展的目的，但最关心的一般是预测效度，即选出来的人才是否在未来成长更快、业绩更高，人才评鉴是否有助于公司整体业绩的提升。

测评的信度是效度的基础，一个测评首先要测准，才能谈得上是否达到测验目的。提高测验的信度和效度，需要科学命题，避免歧义和模棱两可，提高题目质量；需要对面试官进行培训，使之掌握评鉴方法，统一评分标准；需要在测评实施前做好规划和准备，保证实施过程的规范与秩序。

有研究比较了常见的评鉴方式的效度。单一看学历与教育经验，效度系数仅有 0.15；以能力为基础的行为面试效度系数较高，可以达到 0.48～0.61；而综合了多种测量方法的评鉴中心技术的效度系数可高达 0.65。这在一定程度上解释了为何行为面试和评鉴中心能够在选拔与测评中得到如此广泛的应用。

从"奢侈品"到"必需品"：评鉴中心在中国

评鉴中心是什么

评鉴中心这四个字相信大家都不陌生，其也叫评价中心、测评中心。如果请你用简短的一句话对你所在的业务部门的管理者说清楚评鉴中心是什么，你会怎么说？我们提供两个说法供大家参考。第一个是常规的专业说法，"评鉴中心是一系列的人才评鉴工具和方法、技术的组合应用"；第二个通俗一点，

"评鉴中心是一个测验丛林，帮助管理者去伪存真，全面看人"。

国际评鉴中心会议给出的定义是：评鉴中心是用多种手段，对行为进行标准化评估。任何一个评鉴中心都由多个部分组成，包括多个行为模拟练习，由多名受过训练的评估师对被评价者的行为进行观察记录并做出评价。现在，企业在实践中更倾向于接受广义的评鉴中心的概念，而不会局限地认为情景模拟测评才是评鉴中心。观察法、问答法与心理测量法都可以作为评鉴中心的工具和手段，为其所用。

评鉴中心在企业中应用可发挥预测、诊断、发展三种功能。在不同的应用场景下，这三项功能都会有所发挥，只是侧重不同。

- 预测：评估被评价者在全新岗位上成功的可能性，包括外部招聘、内部晋升、管理后备选拔等。
- 诊断：评价被评价者在现有岗位若干能力要求上的水平高低，包括能力盘点、基于培训需求的诊断性评估等。
- 发展：测验丛林亦是体验挑战的过程，被评价者可以获得技能训练、反思总结。加上反馈辅导等环节，对其而言是非常好的发展手段。

无处不在的评鉴中心

评鉴中心不仅在企业中应用，在我们经常关注的娱乐、体育和军事领域也处处存在。

在非常火的真人秀、选秀等综艺节目中，导演们设计安排不同的挑战任务，制造矛盾冲突，让明星或普通人更真实、多角度地展现他们的能力和行为特征，展现出不同的侧面。这种在短时间内快速收集大量行为信息的做法和评鉴中心是完全一致的。开始于 2004 年的电视剧《飞黄腾达》(*The Apprentice*，又名《学徒》)可谓其中的典型代表。

应用评鉴中心最早、最充分的领域是军事领域。二战期间，各国的军官选拔使评鉴中心得到了巨大的发展，直到今天，军事演习依然是最追求逼真的情景模拟。军事题材的影视剧在一定程度上反映了评鉴中心在该领域的应用，《士兵突击》里特种部队（老A）的成员选拔是很好的例子。首先，它有特别清晰的选人标准，除了关注体能、射击技能、格斗技能外，更看重的是意志、品质、头脑机警灵活以及团队精神等。其次，在环节设置方面，单独竞技活动、团队合作任务、实战演习等组合应用，考察并交叉验证各项能力素质、品质特征和技能水平。再次，有明确统一的游戏规则，包括如何择优、如何汰劣、什么是红线等。最后，有一个完整的评估团队，资深老A、团队管理者以及组织部门的人员组成这个观察小组一起工作。组织者花费巨大的心血和代价让士兵把演习当成现实，让候选人在经历真正的战争之前去体验战争。这个过程实现了评鉴中心的预测功能和发展功能。

从"奢侈品"到"必需品"

评鉴中心源自近代西方，但是其核心思想"听其言，观其行"在我国却是古已有之。从评鉴中心进入中国，到被广泛接受和应用，大致经历了三个阶段。第一阶段，敬而远之时期，一开始因为不了解，认为其难以驾驭、无从下手，很少有企业真正将其用于工作中。第二阶段，模仿应用时期，少量企业和政府机构尝试使用、模仿、借鉴，但受到条条框框的约束，有各种困惑和纠结。第三阶段，自主创新时期，更多的企业和其他组织机构自己开发题目、组织人员、建立适合自己的评鉴中心，评鉴中心也终于从"奢侈品"成了"必需品"。

早在20世纪80年代中期，上海的几家国有企业试点选拔厂级中高层领导时，就运用了评鉴中心的核心方法——情景模拟进行测试。1996年，国家人事部考试录用司在为地质矿产部选拔局级领导干部时运用了评鉴中心方法，取得了令人满意的结果。

进入21世纪，从外资企业到内资企业，评鉴中心的应用越来越广泛。越来越多的人力资源工作者和测评专家开始深入研究各种技术细节："是否一定背靠背打分，要不要合议？""选什么题型好？""无领导要不要干预？""指导语怎样才是对的？""现场要不要反馈？""可不可以录像？"……其实，推广应用评鉴中心完全可以取其精华，回到"听其言，观其行"的本质上，而不必陷入条条框框的窠臼。

今天，国内评鉴中心的应用状况如何？2018年人力资源智享会与我们对近450家国内企业的评鉴中心应用情况进行了调研，调研对象覆盖不同行业、不同规模和不同所有制的企业。其中，汽车及零部件、消费品、信息技术和半导体通讯、金融服务、零售及电子商务等为调研企业数量最多的五个行业；10 000人以上的企业占比22%。

调查的样本中仅有27.9%的企业搭建了评鉴中心；超过四成的企业仅在招聘时使用线上工具，并没有设置评鉴中心；越是大型的企业，越倾向于建立流程齐全的评鉴中心。可见，评鉴中心普及工作任重道远，提升空间依然巨大。

在搭建了评鉴中心的企业中，超过3/4是以内部搭建为主。而大多数企业之所以未搭建评鉴中心，并非由于资金问题，首要原因是缺乏专业人员。因此，第三方专业机构的技术转移服务是普遍的需求。

在评鉴中心的应用上，搭建了评鉴中心的企业，评鉴中心最多应用于人才盘点、高潜力或关键岗位人员选拔，应用率均达到了80%左右；有65%的企业将评鉴中心应用于内部晋升。对于未来两年评鉴中心的重点应用方向，超过65%的企业表明将用于人才发展，接近60%的企业选择以关键岗位人才管理数据支撑业务发展。

在运营评鉴中心的过程中，企业遇到的挑战主要集中于评鉴中心评鉴流程长且成本高、技术细节不够完善、评鉴指标有效性不高、评鉴结果应用不足等方面。针对这些挑战，该研究通过深度的案例分享，从人才标准梳理与验证、行为信息收集与分析、结果呈现与应用等方面提供了启发和借鉴。

随着信息技术和人工智能的发展，人才评鉴方法也在不断地推陈出新。"数字化"这一主题将贯穿招聘、选拔、管理等人力资源全流程，在学界和业界已有很多尝试，比如在情景面试中用视频的方式呈现情景，提高题目的生态效度；采用电子游戏的方式进行能力测评；通过人工智能进行文本挖掘以减少评分者偏好对文字题的评分影响；应用项目反应理论开发自适应测验，等等。

如何构建和应用评鉴中心

打造品牌项目

选人、用人，需要以了解和信任为基础，所以才有"眼见为实"、任人唯"熟"的说法。"近水楼台先得月"，管理者眼皮底下的人机会最多。而如果将高效、全面、多角度的评鉴中心工作常态化，则可以扩大管理者的人才视野范围，做到人才一盘棋的高效配置。近年来，评鉴中心由"奢侈品"变成"必需品"，有更多的组织开始设置实体的评鉴中心常设机构。我们有幸见证了不少企业的评鉴中心从试点项目，到品牌项目，到成熟的机制体制运作的过程。

如果企业引入评鉴中心，可以从某些特定人群的特定评鉴项目开始，做出亮点，形成品牌和固化项目，进一步则可能发展成为评鉴中心实体机构，甚至拥有专门的场地、设备设施和配套的管理系统。打造评鉴中心试点项目、品牌项目的工作流程示意如图 6-1 所示。

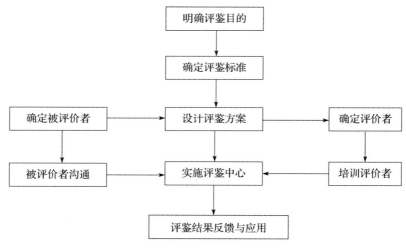

图 6-1　评鉴中心工作流程图

一个完整的评鉴中心，始于清晰明确的评鉴目的，终于评鉴结果的反馈与应用。评鉴维度、评鉴方法以及评鉴组织等都需要围绕目的展开，评鉴结果也需要贴合评鉴目的给出有针对性的结论和意见。为了确保评鉴中心有较高的信度和效度，我们总结了一些经验，供大家参考。

- **不可偷工减料**。现在有一种倾向，管理者希望以最低成本的轻量化测评支撑调岗、任免等重大的结果应用。这是典型的对投入产出的不合理期待。即使再轻量化的测评，也需要五脏俱全，不可偷工减料。

  （1）清晰标准。可以用"拿来主义"快速梳理，但不能一味照搬照抄，须考虑实际因素，抓主要矛盾。

  （2）工具本身的定制化。模拟情境可以跨行业、跨领域，但挑战要素需要有相通性和适用性。

  （3）评委选择与管理。除了对评委的层级、水平有要求，还要考虑回避利害关系。

  （4）信息整合。鼓励辩论，相互补充，不放过疑点。

- **重点是人跟标准比，同时辅以人跟人比**。人才评鉴，要以客观标尺衡量每一个人，人跟标准比是确保客观一致的基础。同时，基于不同的项目目的，在人跟标准比较进行打分之后，可以辅以人跟人比。找到总分及单项能力维度高分和低分的代表人物，进行校准，并针对评鉴目的给出针对性评价意见。

- **重视被评价者的主体参与感**。流程环节和注意事项需要提前向被评价者介绍，并为其营造积极正向的气氛。当被评价者认为评鉴实施公平公正、值得信任，认为评鉴形式新颖有趣，参与其中往往会更加投入，测评效果会更好。此外，测评师需要避免表现出高高在上的优越感。研究和实践的结果都表明，测评师如果平易近人、善于体察人心，被评价者会更放松、更充分和自如，最终提升测评效度。

- **要加油站式的评鉴，而非"盖棺定论"式的评价**。人才评鉴，是人才发现、引进、培养、选拔、使用和激励的依据。在粗放型的人才管理中，人才的科学评鉴并没有得到足够重视，出现了一些人才评不好、评不准以及贴标签的现象，挫伤了人才的积极性。人才评鉴应回归使用和服务人才的根本目的，重视动态性和发展性，基于使用与发展给出建设性意见，而非"盖棺定论"、给人贴标签。

- **评鉴中心不是全部，不应回避其局限性。** 评鉴中心只是人才评鉴的一种手段，与工作中的"取样观察"以及"日久见人心"的长期观察并不对立。在应用评鉴中心的过程中，不应排斥有依据的现实观察信息作为补充，更不能舍近求远，即从一个极端走到另一个极端。

打造评鉴中心体系

如果企业想更进一步，搭建有生命力的评鉴中心体系，则标准、工具、队伍和制度缺一不可，并需因时而变、动态更新（见图6-2）。其中人才标准、工具方法是人才评鉴技术建设的重要内容；测评师队伍是人才评鉴组织建设的重要内容；人才评鉴、使用和激励等相关制度建设是该项工作落地生根、稳定运行的有力保障。

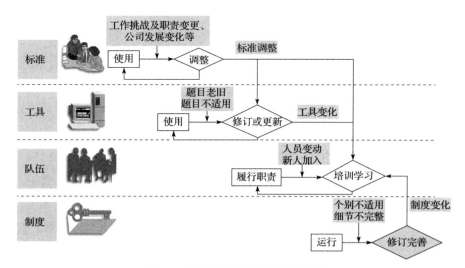

图6-2　搭建评鉴中心体系示意图

现在有不少企业建立了专门的评鉴中心机构，有的是实体部门，有的是虚拟部门，各角色多为兼任。在不同的企业中，评鉴中心有着不同的功能定位：第一种是"服务型"评鉴中心，提供职能支持、专业参考，人事决策以用人部门的意见为主；第二种是"内部咨询机构型"评鉴中心，提供梳理人才标准、测评工具并负责培育测评师团队、管理供应商等；第三种是"管理型"评鉴中心，权责明确，严格管控，人事决策和资格认证等必须通过评鉴中心。不管哪种定位，建立评鉴中心体系将给企业人才库建设、人才配置与梯队培养、人才大数据分析及应用等带来巨大价值。

第七章

人才评鉴的制度建设与组织建设

思考

« 你所在的企业中,人才评鉴相关的"游戏规则"清晰吗?
« 在走向"人才法治"的过程中,我们面临哪些挑战?
« 搭台唱戏,你所在的企业的评鉴中心有健全的组织保障吗?
« 你所在的企业是否建立了内部测评师队伍?其是否充分发挥了作用?

良法是善治之前提,"游戏规则"很重要

"国以人兴,政以才治。"对于国家而言,最好的人才环境是法治环境,最稳定的实现方式是用法律抓第一资源。在这方面,新加坡给其他国家提供了人才聚集、人才内生的借鉴经验;而华为基本法、阿里巴巴的"六脉神剑",是企业制度建设的典范。

规章制度,是具有正式形式和强制性的规范体系,反映组织的价值判断和价值取向。如果一个组织没有建立先进的制度来指导价值创造、价值评价和价值分配的过程,没有打造干事创业的舞台、自由创新的氛围,缺少良好的制度环境和人文环境,那么,人才的积极性、智慧和活力就不可能充分地被激发。这就是最基本的生产关系能否促进生产力发展的问题。

很多人力资源管理者感叹,人才管理体系搭建、人才评鉴机制建设是一项

不折不扣的变革。而任何一场变革，都需要打破并重建理念与习惯。比如有的企业面对人才断层的严重问题，急需推动干部年轻化工作，但过程中却遇到各级单位口头上重视、行动上忽视，年轻人参与选拔积极性不高（被动观望），后备干部无法在区域间调动，内部人才市场有名无实的窘境。

变革的阻力有大有小，这跟组织环境和外部气候有关。而变革的动力，则有赖于变革推动者想得清楚、说得明白、做得坚决。不能一开始就抱着侥幸心理，等着天上掉馅饼，等着一觉醒来奇迹发生。在推进人才评鉴制度建设、人才管理体系优化的过程中，有的企业希望从小处着手，循序渐进；也有的企业强调前瞻规划，一步到位。对于前者，人力资源部门需要贴合业务部门的需求去推动，找到有需求的业务部门的"志愿者"作为切入点，连点成线，由线到面；对于后者，往往需要高管层、一把手摇旗呐喊甚至亲自操刀。

最终检验这项变革是否成功的指标，是有没有建立起一套制度，以及这套制度之上的新的理念和意识是否在企业内部普及。如果没有制度和理念的沉淀和深入人心，人才评鉴工作很可能会因为管理者个人的离任调整等，一夜回到过去。针对具体问题，从阶段性、针对性的管理办法、具体政策的推行入手，往往可以取得立竿见影的效果。而制度建设是实践检验的规律总结。政策上升为制度，就是为了保证它的稳定性、延续性。

法律是治国之重器，良法是善治之前提。这是《中共中央关于全面推进依法治国若干重大问题的决定》中提出的一个重要论断。所谓良法，就是把最好的、最满足大家需求的改革成果巩固下来。良法是与时俱进的法，是能够适应改革的法。

近年来，国家层面的人才管理相关办法、制度层出不穷。

- 2016年3月21日中共中央印发《关于深化人才发展体制机制改革的意见》，着眼于破除束缚人才发展的思想观念和体制机制障碍，简政放权，解放和增强人才活力，形成具有国际竞争力的人才制度优势，聚天下英才而用之。
- 2016年11月9日，中央全面深化改革领导小组审议通过《关于深化职称制度改革的意见》，明确要求以科学评价为核心，健全职称制度体系。

- 2018年2月26日，中共中央办公厅、国务院办公厅印发《关于分类推进人才评价机制改革的指导意见》，为创新人才评价机制，发挥人才评价指挥棒作用，就分类推进人才评价机制改革提出指导意见。
- 修订后的《中华人民共和国公务员法》自2019年6月1日起施行。新公务员法确立了公务员职务与职级并行制度，目的是调动广大公务员的积极性，拓宽公务员尤其是基层公务员职业发展空间，实现对公务员的持续激励。

而企业层面，尤其是国有企业试点混改，在企业的用人自主权增大、薪资总额限制放宽的背景下，我们看到越来越多的企业在推进人才队伍建设的"顶层设计"和相关落地办法的制定与执行。例如制定"十三五""十四五"人才规划纲要：明确人才队伍建设总的目标与总的任务，规划蓝图与路径指引；健全人才工作目标责任制，与一把手考核挂钩，强化一把手抓"第一资源"的责任意识；建设人才工作联动机制，以重大人才政策、重点人才工程引领和带动人才队伍建设，合理划分各部门在人才工作中的职责权限、任务要求、分工协作；建立多项具体的人才管理制度，包括领军人才管理办法、管理人员管理办法、海外人才引进管理办法、内部人才市场管理办法、管培生管理办法、后备人才管理办法等。

罗马不是一天建成的

人才评鉴是人才发现、引进、培养、选拔、使用和激励的依据，是营造企业良好的人才环境的基石。人才评鉴制度则是人才脱颖而出、人尽其才和才尽其用的制度保证。它可以是独立的一项制度，也可以是与企业的任期管理制度、培养发展制度、收入分配制度、监督反馈制度等共同构成某些特定对象的专项管理制度。但遗憾的是，在许多粗放型的人才管理中，人才科学评鉴制度的建立并没有得到足够重视。

不管哪种情况，人才评鉴制度需要与相关的管理制度、组织运行机制相协调。制度的内容一般包括"看过去，更看未来"的评鉴要素、"干什么，评什么"

的具体评鉴标准、分权分层管理的评鉴实施权限、"专家选专家，同行评同行"或第三方专业机构为主的评鉴主体、基于"积分制＋跨栏制"的评鉴流程等。此外，制度还需要考虑企业的用人需求和用人导向，结合人才管理的痛点，考虑如何吸引更多候选人来参与竞争，如何牵引人才阶段性支援"老少边穷"地区等，制定配套的人才输送激励政策、人才流动激励政策、人才晋升倾斜政策。以某集团的干部管理为例（见图7-1），其制定相应的政策之后，使更多"好人"主动地考虑自身更长远的发展路径，根据个人、家庭情况，为自己适时安排必要的外派工作，真正做到有前瞻规划、无后顾之忧。而对于整个集团来说，人才"看得见""调得动"改变了"富企业，穷集团""小河有水，大河干"的非均衡局面。

图7-1　某集团干部晋升工作经历组合要求

注：C(6，5)为满足6个条件中的5个，其余依此类推。

在构建制度的过程中，需要注意以下几个问题。

- **制度设计的可操作性**。变革直接涉及众多人的切身利益。比如，干部"能上能下"、跨区域调动要真正实施起来需要面对一个个具体的人。有的问题可以一刀切，强调不留死角、不开口子、不搞特殊；有的问题则需要"老人老办法""中人中办法"和"新人新办法"。
- **推进过程的风险评估与防范**。在工作推进的过程中，会有各种具体问题暴露出来。所以，事先得有"先推行，再平反"的决心和舆论环境，或者通过试点单位的"先行先试"，摸索并总结经验然后分步推广。
- **寻觅杠杆来创造变化**。创造变化有时是需要一些契机的。一种契机是让管理者"先尝后买",即利用某些工作创新实践的需要,有目的地进行尝试,让管理者看到效果、尝到甜头,然后广泛推行。还有一种契机是标杆学习,即让管理者了解标杆企业的最佳实践,寻找在本企业落地的可能性,想清楚之后,践行"拿来主义"。

- 关注系统而不只是部分。"机制"原指机器的构造和运作原理,借指事物的内在工作方式,包括有关组成部分的相互关系以及各种变化的相互联系。人才评鉴制度的建立也需要整体考虑清楚目的与目标、应用场景、外部条件以及结果应用的方式方法等问题。以人才评鉴结果应用为例,在有的企业中,评鉴中心的结果是高职级岗位晋升的必要条件;而在有的企业中,该结果只是作为人才晋升的参考因素,这就与企业评鉴中心的组织因素、技术因素以及企业管控模式等密切相关。

如何构建"死"的制度、"活"的文化

制度之上的文化建设更是一个长期的过程。制度可以一朝建立,而文化是约定俗成的共识,是全体员工从理念到行为的步调一致,是无处不在、随时可以呼吸到的空气。人才文化是企业文化的重要组成部分。很多企业会积极地梳理自己的人才观,建设自己的人才文化。所谓"一切为了人,一切依靠人",大家其实会看到,有时人才文化基本可以和整个企业文化画上等号,因为人才文化同样贯穿了企业价值创造、价值评价和价值分配这三个方面。

大家较多关注的是华为、阿里巴巴和腾讯等企业的文化。比如阿里巴巴的人才观,强调人的心力、脑力和体力,并总结出四个词:聪明、皮实、乐观、自省。地产企业的文化亦有鲜明的特色,例如龙湖的愿景有一条是"聚集和发展最合适的人才"。龙湖提倡的理念包括:员工明确表达自己的职业发展兴趣及目标,对自己的发展负责;进行针对个人的绩效评估,并坦诚与被评估人沟通;认可员工的地域灵活性,在回报上向通过地域灵活为公司做出贡献的人员倾斜;把发展他人当作衡量管理人员的绩效以及提拔任用的重要考量等。

前段时间，由奈飞（Netflix）前首席人才官帕蒂·麦考德（Patty McCord）亲自撰写的《奈飞文化手册》（*Building a Culture of Freedom and Responsibility*）的中文版一经面世，便火速流传，广受赞誉。奈飞，这家与Facebook、亚马逊和谷歌并称为"硅谷四剑客"的企业，大名鼎鼎的流媒体帝国、美剧梦工厂，其独一无二的企业文化让人感叹不已。奈飞文化的八大准则，从第一条"只招成年人"，到第八条"离开时要好好说再见"，体现了人才管理认知体系的完整闭环。我们可以重点关注第一、第五和第六条。第一条，"只招成年人"，说明人才选拔的目标是有着独立的人格和成熟心智、有着积极向上的心态和明确的目标并为之奋斗的人。第五条，"现在就开始组建你未来需要的团队"，更强调未雨绸缪，强调团队合力。第六条，"员工与岗位的关系，不是匹配而是高度匹配"，关注把最合适的人放在属于他的位置上。

我们在建设人才文化的过程中，也需要如此旗帜鲜明，而不是模棱两可，要通过实践总结逐渐形成、强化一些区别于其他企业的文化语言和符号。这些文化准则落在人才管理体系中，意味着畅通人才通道、重视员工的成长空间和标准牵引；意味着健全公平评聘和考核激励，给员工确定性与获得感；意味着提供发展资源和发展支持，尊重员工的成长诉求，打造员工成长的向上氛围。在具体的员工关注度高、影响广泛深远的人才选聘等工作中，一次次的"立木为信"，会使"一言堂""论资排辈""见事不见人""口头上重视，思想上轻视，行动上忽视"逐渐成为过去式。管理者识人、用人和发展人的理念与技能因此会不断精进、水涨船高，而组织识才、聚才和爱才的人才环境，以及有战斗力和竞争力的人才梯队也会逐渐形成。

搭台唱戏，如何做好人才评鉴落地

人才评鉴的制度准备，明确了什么场景进行人才评鉴、谁来实施人才评鉴、评鉴结果如何应用等问题。人才评鉴的组织准备将决定评鉴工作的整体效果。通常来说，人才评鉴工作的相关机构包括人才评鉴工作委员会、评鉴中心工作小组，以及训练有素的测评师队伍。

在领导层面，人才评鉴工作委员会主要由公司高级管理人员、高级专家组成。委员会的职责包括：制定人才评鉴相关政策、重要问题决策，组建评鉴中心工作小组，对人才评鉴结果进行审核，等等。

在操作层面，评鉴中心工作小组作为责任单位和办事机构，可独立设置，也可由组织发展、人才发展等部门承担，具体负责发起和组织实施人才评鉴，进行标准、工具和测评师队伍的建立与维护、实体评鉴中心的维护与管理以及评鉴中心总结回顾等工作。评鉴中心一般会配备有录音、录像装置的标准化测评室、观察室、机房及线上测评系统等。

此外，专业的人才评鉴需要专业的测评师队伍。测评师可以委托第三方咨询公司的人担任，也可以建立企业内部的测评师培训和认证系统，培养自己的测评师，即内测师。内测师更了解企业用人实际，使用成本也可以大大降低。采取这种内生的方式，更多管理者参与其中，可为组织持续强化人才管理理念、落地人才管理举措提供组织保障和坚实基础。

如果将人才评鉴工作的相关机构看作一个整体，人才评鉴工作委员会相当于"大脑"，它发出指令、做出决策，从上至下明确该项工作的价值与意义。而工作小组与测评师队伍则相当于两只"手"。一只"手"（工作小组）负责"搭台"，根据委员会的指令和业务部门的需求，做好工具、流程与运营准备；另一只"手"（测评师队伍）则在"唱戏"环节承担重要的角色，他们作为"伯乐"要从专业、客观的角度为组织评鉴"千里马"，是保障人才评鉴工作效果的关键。需要强调的是，好的测评师队伍需要在工作小组的管理与监督下持证上岗、持续建设，从而做好组织内部的"伯乐"，发现更多的"千里马"。

如何打造一支训练有素的测评师队伍

测评师的素质冰山

与其他工作岗位一样，企业在组建内测师队伍时同样需要建立相应的选拔标准。以冰山理论为基础，人才测评师的选拔标准也可从"能做""适合做"和"愿意做"三方面描述（见图 7-2）。

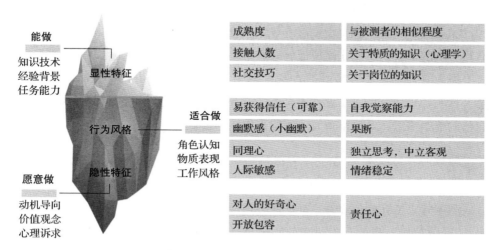

图 7-2　测评师素质冰山示意图

能做

"能做"主要指可以通过学习掌握或练习提升的知识技能及一定的实践经验。

知识主要包括心理学基础知识、人才测评理论知识及行业、企业、岗位相关知识等。技能则包含资料分析技能、主持引导、沟通技能和文字表达技能等。此外，因为人才评鉴是熟练工种，一定的管理成熟度、个人阅历以及人才评鉴的经验是不可或缺的。

适合做

"适合做"主要指一个人的行为方式和风格。

优秀的测评师要保持中立、客观和独立思考。一位测评师面试被评价者时，基于对方是知名大学财会专业毕业生，专业和综合素质比较优秀，但是考了几次 CPA（注册会计师）都没有考过的情况，得出结论他不努力，成就动机不强等。中立、客观，就是要不带假设、不带个人好恶，避免各种刻板效应。某个特定的考试结果不理想，原因是多样的，因人因事而异，未加求证直接得出结论显得过于武断了。

作为测评师，需要有一定的人际敏感度，有适当的幽默感和同理心，快速获得对方的信任，这样才能使被评价者自然放松并充分展现。

作为测评师，要有良好的自我觉察能力，能够实时审视自己的状态和情绪，这与心理咨询的"慈悲而不沾身"相似——能够入戏，又能够出戏，保持自己的情绪稳定，方能推动人才评鉴工作顺利进行。

愿意做

"愿意做"主要指一个人不易改变的隐性特征。

测评师应是开放包容的，有好奇心和责任心。

"开放包容"指的是以包容的心态看待被评价者，学会接纳与理解，允许对方有不同于自己的喜好、状态、观点和做事习惯等。

"好奇"指的是对人的好奇，而非局限于对技术细节和事的好奇。我们在帮助企业培养内测师的过程中，常常发现有的管理者对技术的兴趣远远大于对人的兴趣。如果不强化自身对人的好奇，那么成为合格的测评师相对来说就会困难一些。

"责任心"指在重视经验的同时更要保持对人才评鉴工作的敬畏。毕竟一次人才评鉴的"百分之一""万分之一"，是被评价者的"百分之百"，可能是他一生中重要的、难得的机会。

从《第二届中国企业人才评鉴中心管理实践调研报告》中可以看到，企业选拔内测师，普遍看重其分析学习能力、相关实践经验、对该项工作的热衷度以及在企业内部的口碑等（见图7-3）。人才评鉴既是技术活，也是体力活。测评师需要长时间高强度的工作，面对大量需要加工的信息，清晰的头脑、良好的体力以及对这件工作的热情不可或缺。而测评师个人口碑好，自然对人才评鉴工作的公信力很有裨益。

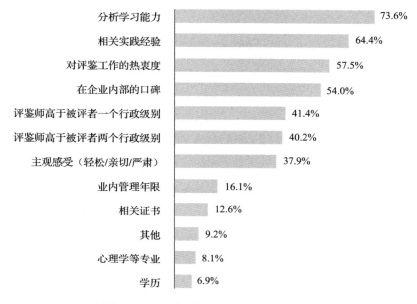

图 7-3　企业内测师选拔时所看重的因素

测评师的培养

有这样一个小故事：一群人在沙漠中找水，有的人忙着不断打井，错了一个再打一个，锲而不舍；有的人不忙着打井，而是先看风貌、找资料、访土著，试图摸清了规律一举而胜；也有的人晃晃悠悠地直接走到一块地，直指下面说，"这里有水"，往下一打，果然有水。

第一类不断试错的是经验主义者，第二类寻找规律的是科学主义者，第三类"掐指一算"的是直觉主义者。经验主义、科学主义、直觉主义，我们该推崇哪一种做法？

重视经验，更要时刻保持敬畏之心。而经验有可能成为未来成功的阻碍，过去的"常模"积累有可能会和新生代人群有些差别。直觉，其实是没有被外显的经验总结，只可意会不可言传、不可复制、不可传播，而且通常有领域和人群的局限。我们不排斥直觉的价值和意义，但用测评技术来提高准确性才更可靠。

测评师分级

内测师培养需要循序渐进,可分为初级、中级、高级三个级别进行分级培养和认证(见图 7-4)。不同级别的内测师,将承担不同的职责,接受不同的培养。

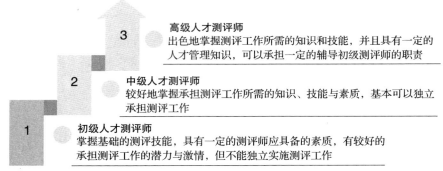

图 7-4 三类人才测评师的区别

初级人才测评师将承担较少的主测评师的工作或仅承担校招面试工作,接受高级人才测评师的培训辅导,积极参与各项交流分享活动,逐步积累经验,提升技能。

中级人才测评师主要承担一般岗位的评鉴工作,作为高级人才测评师的助手,参与关键岗位评鉴工作,进一步积累经验、提升技能。

高级人才测评师所承担的职责主要有两部分:一部分是承担关键岗位的人才评鉴工作;一部分是对初级人才测评师进行辅导、向中级人才测评师分享经验,即承担内部培训导师的职责。

测评师培养、认证与激励

通过体系化的培养,一方面,可以系统地提升内测师的人才评鉴技能,使其科学有效地甄选人才;另一方面,可以立足于评鉴工作,将选人、用人、发展人和管理人的先进理念,带到各个单位、各个部门,提升企业的人才管理水平。

一般的培养方法可以概括为"内部培养、外脑引入、经验分享、勤学多练"。

主要的培养方法有以下几种。

（1）内测师导师制。由组织内部高级人才测评师担任导师，系统地组织针对其他层级测评师的培训、分享、指导等，带领内测师队伍整体成长。

（2）培训。一种是由高级内测师作为讲师的内部定期培训；另一种是第三方机构针对高级内测师进行更科学、更系统的人才管理培训，通过进一步提升高级内测师的综合能力，提升整个内测师队伍的能力。

（3）演练、实践与交流分享。包括人才评鉴工作小组组织的模拟演练；高级内测师主持，其他内测师参与学习的工作实践；以及基于模拟演练和实践练习的交流分享会。

每位内测师通过专业机构的认证考试，方可承担该级别内测师的相应职责。认证过程一般包括知识考试、实战模拟和面谈反馈等环节。

为了激发内测师的动力，更好地开展人才评鉴工作，组织可为内测师提供适当的物质与精神奖励。从个人成长的角度来说，作为企业内部的人才测评师，能够在人才评鉴工作中了解更多跨部门的业务与团队情况，从而进行经验的迁移与借鉴；学会了测评原理和反馈的技术方法，能够为其本职管理工作带来更多的启发与不同的视角，例如更好地与下级沟通、更好地识人与用人等。

内测师培养案例

B 企业是我国华南地区的大型合资汽车公司，目前有员工近万人，拥有两条成熟生产线。随着近 10 年的发展，该企业各方面的管理日趋成熟，这对人力资源管理提出了更高的要求。此外，企业积累了大批优秀的人才，如何公平、公正、科学地在合资方派驻员工和现地员工中选拔后备人员，成为企业人力资源的头号难题。为此，该企业希望引进科学的评鉴中心体系，同时也培养大批内测师，灌输一致的人才观，夯实管理基础，助力企业继续发展。

该企业的内测师培养体制注重分步学习、在实践中培养（见图 7-5）。

- 基础积累：第一年接受基础培训，并在测评中担任辅助测评师，在实战中充分锻炼。

- 技能深化：第二年接受技能深化培训，并逐步独立测评。测评结束后我们对内测师进行一对一指导反馈，体现"做中学"。
- 认证考核：接受我们的认证考核，考核通过方能成为正式内测师。
- 温故知新：每位内测师在每年测评前均需参加递进式深化培训，在巩固原有技能之余，结合日益增长的测评经验，在培训中获得新的人才管理领悟。

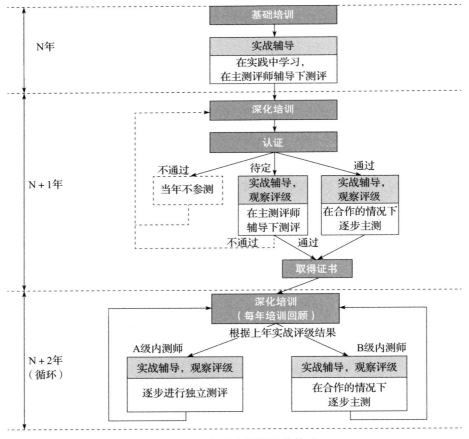

图 7-5　B 企业内测师培养体系

注：灰底白字框表示"核心培训过程"，灰底黑字框表示"过程辅导"（现场测评后马上反馈辅导），白底黑字框表示"内测师参测角色"。

第八章

人才评鉴的技术建设

人才评鉴的方法有很多，大致可以分为（心理）测验类、问答类和观察类。

本章介绍的方法，有测验类的标准化心理测验和专业考试，有问答类的行为面试和情景面试，有观察类的情景模拟，还有360度评估反馈、述能会等其他人才评鉴方法。

这些方法各有特点和价值，也各有局限和不足，有的多用于汰劣，有的多用于择优；有的是主要评鉴手段，有的是辅助参考。在不同的人才评鉴场景下，只有多种工具方法灵活组合使用，才能达到相互验证、去伪存真的目的。

标准化心理测验：科学化验与合理解读

思考

« 你所在的企业主要应用了哪些心理测验工具？

« 你认为心理测验的优势和局限有哪些？

« 如何选择心理测验工具？使用中有哪些注意事项？

心理测验也叫心理测量。从广义上讲，所有的测验和考试都属于心理测验的范畴。心理测验起源于人们对个体差异性的研究，主要有认知测验和倾向测验两大类。

在企业应用中，认知测验种类不算太多。北森（Beisen）开发了一般能力倾向测验、锐途商业综合推理能力测验，以及采用计算机自适应技术可对一般能力进行精准、快速测量的 CATA 测验（computerised adaptive test for ability）等，取得了较好的应用效果。此外，某些职业对从业人员具有特定的工作能力要求，比如精密操作人才、军人和艺术工作者等，需要通过特殊能力测验进行考察。常用的特殊能力测验包括机械能力测验、操作能力测验和听觉测验等。

一般能力倾向测验，主要是个性性格、职业兴趣、动机与激励和心理健康等测验。其中有北森的管理个性测验、管理风格测验、管理潜质测验和心理健康测验等，以及面向特定职位的测验，如销售潜质测验等。国外测评机构的测验，如 SHL 的职业性格测验（OPQ）、托马斯国际的个性特征分析测验（PPA）等，在市场上也有较高的知名度。

心理测验的价值与局限

心理测验是通过人的行为表现对其心理特征做出数量化的解释。心理测验施测简单，就像快速体检扫描：在短短的几十分钟甚至十几分钟的时间内通过电脑或手机，借助互联网，收集大量被评价者的信息，作为人才评鉴的参考。其快捷、高效和低成本的优势十分明显。

经过百年的发展，心理测验的方法和技术已经较为成熟、标准化程度高，有一套严谨的问卷编制、常模构建以及计分和解释体系，使人产生信任感。而其测量的内容，即人的心理特质往往是比较稳定的，是决定人的行为和绩效的深层因素，因此心理测验对行为和绩效有一定的预测性。

与此同时，心理测验也有明显的局限，其最大的局限就是自我陈述的作答方式。施韦德（Shweder）和丹德雷德（D'Andrade）提出的"系统歪曲假说"认为，在自陈问卷测验中，个体对自身行为的评价是基于记忆的，所得到的结果往往是各种行为类别的语义相关，并非真实行为本身。

测评工具还有本土化问题。国内广泛使用的量表主要是从西方引进修订的，而东西方在社会赞许、默认、中庸和回避等倾向上的文化差异，都会对自陈量表的有效性产生影响。测量工具的本土化，不仅仅是翻译成中文，更重要的是建立国内特定人群常模。

此外，由于个性问卷通常具有较高的表面效度，测验目的很容易被察觉，"装好"倾向普遍存在。自陈量表的信息收集过程还会带来趋同应答和极端应答等偏差。虽然问卷编制者会以加入测谎量表、采用迫选方式等进行改进，但也只能部分地解决这些问题。

心理测验工具的选择

目前市面上的测评产品从理论基础、算法技术和数据常模三个方面来说，本质上的差别并不大，主要的区别集中在产品适用的场景、受测人群、界面体验和报告语言等方面。在挑选测评工具时，可以结合以下几方面做重点考虑。

- 测评场景与目的。测评场景通常可分为招聘劣汰、阶段性盘点、培养性诊断和选拔筛选，每个场景所关注的内容各有侧重。
- 作答时长敏感度。需要结合企业的特点，考虑被评价者能够接受的作答时间，让被评价者能够以惯常的情绪状态进行作答，以保证作答结果的有效性。一般在线测验的总时长不超过一个小时。
- 报告语言及呈现方式。报告是否清晰地呈现各维度的具体分数及相应含义，是否能够对个体的整体情况进行综合评价，并给出相应的使用和发展建议等，均可纳入考虑范围。

心理测评结果的解读与应用

拿到心理测评报告后，有人沾沾自喜于"异于常人"的"高分"数据，有人背着"天生差评"的标签陷入低沉。即使是研究智力的心理学大师罗伯特·斯滕伯格（Robert Sternberg）也曾饱受"低智商"的折磨，他曾做过一个比喻："低智商的标签就像一张迈向人生循环慢车道的车票，只能在这个慢车道上恶性循环，很难跳出。"心理测验不是"百事通"，我们需要避免这两种极端现象，正确地使用测评报告。

当我们拿到测评报告时,如何才能更好地解读和利用测评数据?以下建议供大家参考。

- 用发展的眼光看结果,而不是贴标签。与未来更为密切相关的是一个人发展的潜力。测验分数一样的个体,他们学习的过程并不相同,他们的发展潜力也不尽相同。
- 回归测验目的做解读,重视各项指标之间的关联。关注典型的高分项与低分项,并尝试理解各项指标之间的关系,从而在多个测评维度中抓住关键,快速地去伪存真,对个体进行快速判断。
- 关注测验的有效期。随着时间的变化,个体会因为受到环境等因素的影响而发生变化。就像体检报告一样,心理测验报告也有其有效期。通常,心理测验的有效期为一年,部分特质、个性类报告的有效期为两年。
- 除了对个体进行单方面的测验外,企业也可以从岗位、层级和人群的角度,以测评数据为依托,探索关键岗位人才画像,用于人才规划、识别和培养使用。

专业考试:检验知识武装

思考

《 在看重专业知识硬指标的同时,你是否担心考试的鉴别力?
《 是否越高级别的人员,越不能用考试来评鉴?
《 对于高级专业人才,专业考试如何体现综合性与应用性的要求?
《 专业考试如何面对不同专家在精专与广博上的不同定位和要求差异?

几乎每个中国老百姓都把考试作为非常重要的人生经历。不论是政府还是企事业单位的知识化和专业化的人才队伍建设，都离不开专业的知识考试。

例如，工商银行这样的"宇宙大行"，其针对风险条线骨干的专业考试，出题人是总行的首席风险官和信息官，阅卷人也是他们。又如，华为更是强调专业武装、训战结合，把考试嵌入人才质量评估和培训效果检验的各个环节中。再如，为了确保实战至上，避免出现办公室将军，强化各级将官对实战指挥的体会，2019年3月，中国陆军在全国7个考点同时开展陆军军级指挥员军事训练等级考评。来自不同战位的200多名将军，依据作战指令和临时任务，连续作业超过8个小时。这要求将军们独立完成各类任务的分配操作，且没有任何参谋人员协助。8个小时的应考时间加上超大的作业量，对每名指挥员的脑力和体力都是极大的考验。而这次考评成绩将记入档案，作为升职晋级和评功评奖的重要依据。

专业考试如此重要，但很多人没有充分认识到这一点。归根结底，主要是他们对考试能否考出真实水平心存疑虑，以及对题目的保密性存有担忧。

考试能否考出真实水平

通俗地说，专业考试主要是考察被评价者对应知应会的知识点有没有掌握，并且是否能在给定的条件下知道如何应用这些知识。这里涉及美国著名心理学家布鲁姆提出的认知目标的六个层次，即知识、领会、运用、分析、综合和评价。

企业会关注被评价者的信息理解能力、问题解决的思路，以及从中体现出来的对组织战略与政策的认同程度、结合实际工作的思考深度和经验性做法。一个人能给出漂亮的答案，不代表他一定行，但是若他连必须掌握的最新产品、策略和政策都没掌握，或者基本思路不清晰，那么可以认为这个人的专业水平确实不行。

如果考试局限于知识层面，离工作的实际场景太远，很容易流于"纸上谈兵"。为了考出真实水平，就需要根据被评价者的专业职级和定位，增加一定比例的理解和综合应用的内容。职级越高，理解和综合应用的占比也就越高。

对于精专发展的专家，需要增加深入的和前沿的内容；对于广博发展的专家，则需要体现跨序列的专业知识的综合应用。

专业考试的计分方法有常模参照和目标参照两种。对于企业的专业考试来说，建立常模参照，以标准分实现多次考试之间成绩的可比性，有一定的难度，需要一定的时间，也需要建设题库和积累考试数据。因此，前期可主要用原始分数和百分位进行跨考试批次的对比衡量。如有需要，对于不同批次的考试，需要综合考虑其难度水平和整体分数分布，以确定合格分数线。

好的考试题目（考卷）如何产生

组织中的高绩效人员和高级专家出题，一般能够切合被评价者工作中的重点场景和核心要求。但是，因为高级人员的数量较少且时间宝贵，应对大批量题目设计和多次组卷的要求有很大难度且有一定的漏题风险。因此，很多时候，企业需要有一套方法、流程和工具体系，让组织内部各领域的专家按照模板和指南，用填写和组块的方式进行"按图索骥"式的出题。

如何确保题目的针对性

（1）明确与被评价者匹配的内容范围。任何出考试题的组织都需要考试范围和提纲，这一点当过老师的人就会特别了解。考试知识点都有哪些，用什么样的题型去匹配，一套卷子里各个知识点考多深、占多少分值，难度应该如何设定，这些都需要根据考试对象进行明确。专业考试也是这样，首先根据被评价者的层级、核心角色、工作内容与职责，以及组织希望他们掌握的最新制度和政策，梳理出考纲，明确考试范围和重点。

（2）明确适合的题型。根据试题的性质，可分为客观性试题和主观性试题两大类。如果是针对初级人员，可以大量使用客观题，比如选择题、填空题和判断题。如果是高级人员，主要考核的是他们对一些问题的看法以及解决问题的思路，那么案例题和论述题是更好的选择。应知应会类的题目，也可以用简答题的形式。这几种主观题的题型形式和考察重点是不一样的。

1）简答题。简答题通常考察对基础知识的掌握，由简短的背景题干和围绕某个知识点的一句话设问构成。简答题通常有标准化的答案，通过"踩点"得分的形式，特别适合考察被评价者对于战略和业务等相关应知应会内容的理解和掌握程度。

2）论述题。论述题围绕热点问题、行业趋势和战略方向展开，是需要理论联系实际、对问题进行综合阐述的一种题目类型，反映被评价者在掌握一定专业知识的基础上，结合当前资源推进实际工作落地的能力，及其视野、格局、对战略的理解和对争议问题的洞察能力。此题型特别适合对战略转型的思考水平进行考察，区分度较高。

3）案例题。案例题围绕具体的工作典型场景展开，题目包含背景资料及设问，需要被评价者阅读分析给定资料，在限定的场景和条件下，依据一定的理论知识和工具技能，结合工作实践进行评价分析、问题解决或做出决策。案例分析题特别适合考察被评价者在相对实际的工作场景中，思考和解决问题的系统性、综合性和前瞻性，同时可考察其是否真正掌握组织转型所需的客户思维、风险思维和经营思维。

如何确保题目的质量

题目的质量分题干与问题的质量，以及答案的质量。

为了保证题目的质量，我们在某个银行专业题库的建设过程中，制定了题目设计工作指南，给出每个题型的出题指引。比如案例题，每个案例题在大背景里要包含虚拟的机构、核心角色和任务场景信息，场景中要包含矛盾点和冲突点，根据这些矛盾点，再加入一些背景信息和决策信息。这些都应该有明确的模板和撰写说明，同时给予样题，让出题者知道自己的撰写目标。

出题者要检查这个题目是否具有代表性，难度是否合适，是否贴近现实情况，是否有含混不清的表述等。好的案例题目的题干应该让被评价者快速抓住重点，基于题干中给予的条件进行深入思考并提出解决问题的思路和对策。

出题人除了要设计题干，还要写出答案和得分点。简答题有明确的答案；论述题的答案比较开放，一般写到思考维度层面即可，不强调对错；案例题则根据需要分析和解决的问题的确定性不同，允许答案有一定的弹性。

越是开放性的题目，不同人作答的差别就越大，因此答案的确定需要专业人士交叉验证：由出题人以外的若干专家先进行试测，专家背对背作答后，经过共同深入地探讨，最终给出更加合理的参考答案。

另一个补充性做法是，在考试结束后的阅卷环节中，不同的阅卷人抽样批阅题目，如有新的答题点可添加到原有答案中，以确保答案的全面和正确，实现主观性试题的相对客观化评分。

☕ 专业考试样题

⊙ 主观题样例——论述题

有人说，比"互联网思维"更厉害的是"投行思维"。"公司业务投行化"也是我国商业银行对公业务发展的趋势。请简要分析，"公司业务投行化"对商业银行的意义何在，并结合我行整个公司业务板块的实际状况，谈谈如何更好地实现"投行化"。

⊙ 答题要点

本题考察点：公司业务——业务开拓。

需明确以下观点，"公司业务投行化"不仅仅是大力发展投资银行业务，更重要的是贯彻投行思维。

需站在行业角度，分析"投行化"的意义。如：（1）利率市场化导致利差收窄，"投行化"可实现由传统竞争向解决方案竞争转变，从而降低利差依赖；（2）金融脱媒加剧，客户需求呈现多元化，"投行化"可以使

> 商业银行更有效地利用资金和渠道优势，主动参与金融创新；（3）商业银行"公司业务投行化"可以合理缓释监管约束，实现资源节约型发展。
>
> 需充分联系我行业务实际，抓住"投行思维"的本质，即实现最有效的资源配置，提出建设性强、可落地性强的业务构想。

如何解决题目的保密性问题

这个问题的解决需要用题库建设和制度建立两个手段去解决。

首先，避免漏题风险，要确保题目数量足够多，每次都能够从题库中抽题，而不是依赖少数几位出题人员。能达到题库级别，有几千道主观题，几万甚至十几万道客观题的话，题目被"押中"的概率将会大大减少。当然，题库建设是一件有组织要求和技术要求的工作，需要激发组织中的各方力量共同完成，不仅需要有完整的项目管控方法、工具和过程，还需要匹配一定的激励机制。题库的独立保存和定期更新也是需要持续投入资源的关键点。但是一旦建成了题库，将会让专业考试在更大范围内起到重要作用。当前，很多立志从上到下加强专业能力的优秀组织，都正在进行题库建设的相关工作。

其次，在整个出题、审核、组题、组卷、判卷等工作过程中，建立分工协作、纪律监督和保密责任体系是必不可少的。尽量做到接触题目的人都能有明确地留痕，避免"自己出题考自己"的情况，并实现题目泄露可追溯。另外，可通过题目加密存储、第三方保存和组卷等手段，实现考卷与组织内部人员的隔离。

一场考试，带动的不仅是公开公平的用人之风，还有大家投身学习的热情，"以考促学"的效果非常明显。考试以往被诟病，是因为种种原因导致其作用未能发挥，而不是其本身没有价值。我们仍然认为，专业考试是有效的人才评鉴手段之一，在某些场景下有着不可替代的作用，需要得到相应的重视和投入。

行为面试：过去预测未来

思考

《你是否需要一件人才面试评价的万能武器？

《面试中你更依靠直觉和经验判断，还是依靠其他？

《你会听下属和被评价者详细讲述其亲身经历的工作故事吗？

《你在听别人讲工作故事的过程中，有哪些困惑、经验和体会？

时间压缩的行为观察

路遥知马力，日久见人心。认清一个人，最"忠实"且不太要求技术含量的方法，恐怕就是长期观察了。如果要加快一下进度，那就一起经历些事，小到短期旅行，大到项目合作，甚至一起创业干事、"出生入死"。但如果为了一般情况下的"看人"的目的，这都有点大动干戈了，不太现实。依靠行为面试，完全可以实现"知面知心"的目的。关注什么维度，就选择相应的不同关键事件进行访谈回顾，以过去预测未来。

行为面试就是基于行为事件回顾的面试技术，其核心是定向行为事件访谈法（focused behavioral event interview，FBEI）。FBEI 是 BEI（行为事件访谈）的一个分支，它和 BEI 的区别，仅在一个"F"。BEI 和 FBEI 均是"时间压缩的行为观察"，把被访者的若干故事浓缩在半小时到两个小时的时间内，进行访谈回顾。

BEI 帮助我们带着好奇打开关于人的问号，对各行各业带着不同故事、不同情感、不同色彩的人进行记录、还原、理解和挖掘。它在能力素质模型构建、人才评鉴、案例萃取和人才发展等工作中被广泛应用。对于人力资源从业者、企业经营管理者，以及任何希望与人流畅沟通、不带偏见靠近事实的个体而言，掌握 BEI 相关技能都将大有裨益。

FBEI 的"F"，代表的是访谈目的聚焦，关注特定的能力素质项，是在已确定素质模型的前提下，通过让被访者回顾和讲述有代表性的工作事件，对事件中的具体行为和心理活动等信息进行收集和分析，考察其特定的胜任力特征及发展潜质。

过去预测未来

麦克利兰，这位提出动机理论和胜任力概念并入选影响世界进程的 100 位管理大师的美国心理学家，在研究胜任力的过程中，结合关键事件法和主题统觉测验，提出并大量应用了 BEI 的方法，从一手材料出发，直接发掘能够真正影响工作绩效的个人条件和行为特征。

> **知识卡片**
>
> - 主题统觉测验（thematic apperception test, TAT）：属于投射法个人测验，是美国心理学家亨利·莫瑞（H.A. Murray）于 1935 年发明的。它以主题不明确的图画作为刺激材料，通过分析被访者看到图画后联想到的内容或者编制的故事，理解被访者的人格结构、需要和压力等。
> - 关键事件法（critical incident method, CIM）：由美国学者约翰·弗拉纳根（John C. Flanagan）和伯恩斯（Baras）在 1954 年共同创立。关键事件法是指调查人员、本岗位员工或与本岗位有关的员工，将劳动过程中的关键事件记录下来，在大量收集信息之后，对岗位的特征和要求进行分析研究、对员工绩效进行考核的方法。这里的关键事件是指在劳动过程中，给员工造成显著影响的事件。通常，关键事件对工作的结果有决定性的影响，关键事件基本决定了工作的成功或失败、赢利或亏损、高效或低效。

主题统觉测验和关键事件法是如何结合应用的呢？

具体来说，BEI 要聚焦被访者成功或失败的关键事件，这些事件属于被访者的核心职责领域，对绩效有直接的重要影响。关键事件的回顾，包括导致事件发生的原因和背景、被访者的关键行为，以及关键行为的结果。

访谈过程中，访谈者要关注被访者对于事件起因、经过和结果的心理反应，即"主题统觉"：这件事是怎么发生的，被访者的认知和感受是什么；面临和应对急难险重，被访者的心理状态有哪些变化；这件事带来什么结果和影响，被访者的评价、感受和事后的反思总结是怎样的。

同样一件事情，哪怕是同样的经过和结果，在不同人的内心反映和留下的痕迹都可能是不一样的。访谈者在访谈和听故事的过程中，要感知被访者的语言和非语言信息，把握其中的动机、情绪、需要和压力等内容。举一个例子，A、B 两个人都做了一件事情。A 是被动接受的这件事情，其带着满腹的焦虑、怀疑和挣扎去做；而 B 是主动发起了这件事情，其带着决心、意志力和主动性去面对困难。面对同样的结果，A 的反应是长舒一口气，"终于结束了"；而 B 则是强烈的成就感和满满的自豪感。显而易见，这两个人未来的发展和使用一定是不一样的。

正是这些大家通常所讲的认知模式、思维模式和心智模式推动和支撑着人的行为产生。这些模式是相对稳定的，于是行为也会是相对稳定的。因此，我们能够通过过去的行为，把握人的能力素质，从而预测其未来的行为和绩效。这就是行为面试"过去预测未来"的原理。

身临其境的画面感

行为面试的目标简单明确，就是收集被访者关键事件中的有效行为信息；行为面试的原理很简单，就是用过去预测未来——通过过去的行为，探查稳定的心理特征，预测未来的行为；行为面试的操作也很简单，就是创造一个让被访者相对放松的环境，帮助对方回忆和讲述关键事件，还原真实。

当然，"简单"并不代表容易，甚至可以说，做到简单需要一定的境界。

目标简单，却断不能"只见树木，不见森林"，将活生生的人简化为分数和符号；原理简单，却需要在实战中不断深化理解心理学相关的多个理论；操作简单，却是拳不离手、攻防兼备的"内家功"——不加评判，自带力量。

作为面试官或评委，我们面对的是校招学生、有经验的被评价者、企业内部竞聘或选拔的被评价者，或者中高层管理者等盘点发展对象。除了面对校招学生，通常在面试现场，我们会把这个过程叫作"访谈"，而不是略显冰冷和居高临下的"面试"。所以，**接下来关于行为面试流程以及技巧的介绍，我们都会称其为"访谈"，将面试官或评委称为"访谈者"，将被评价者称为"被访者"**。

一个成功的访谈，访谈者以一定程度结构化的行为问题和有力的追问帮助被访者较为放松地讲故事，使关键事件能够自然地流淌出来，其个人情绪也能自然地流露出来。这样的访谈，减少了包装，增加了身临其境的画面感。访谈结束时，访谈者就像看完一部电影，尤其是传记类或励志类的电影一样，对眼前有血有肉的人增进了了解，而有的经典"画面"甚至很长时间过后都不会忘记。而被访者获得的是被倾听的愉悦和释放的感受，甚至会有对事物、对工作的新的理解、认识和启发。

大家应该会记得不少电影里的经典场景、经典对话以及情绪氛围的渲染。比如，《杜拉拉升职记》里，搬家时杜拉拉搞定销售部的画面："今天的搬家是统一行动，你的部门再伟大也不能影响其他的人……"比如，《中国合伙人》里"新梦想"在美国上市前，其创始人与美国人飙英文谈判的画面；比如，《我不是药神》里程勇一干人大闹假药贩卖会场的画面，以及程勇在印度街道上驻足停留，看到漫天的烟雾中神像被人抬着经过面前的画面。一部优秀的故事片，哪怕是主旋律电影，其刻画人物一定不是"假大空""高大全"，不是脸谱化的，而是形象鲜活、有血有肉的，人物的发展也有着合理的脉络和心路历程。

同样地，我们的访谈对象，不管是什么职位、什么职级，包括看似"水波不兴"的行政、出纳等岗位，他都会面对能体现其能力素质的典型的工作事件，不管是沟沟坎坎还是大风大浪、波澜壮阔，他都有所经历的"印象深刻""成功"或"有挫败感"的故事。我们面对的是一个个有故事的人，而故事里那些可以"照下来"和"录下来"的行为，就是我们进行人才评鉴的主要信息依据。

什么是有效信息

行为是可以"照"下来和"录"下来的，除此之外都不是行为。这是我们判断行为的有效依据。

用一种修辞手法来表示行为面试中有效的行为信息，就是真实干净的"白描"，不添油加醋，不虚假夸大和刻意渲染。"白描"归"白描"，但不能缺少细节和画面，不能是模糊的、假想的、理论的表述。当对方闪烁其词、回避问题、想当然、信息全无画面感的时候，往往提供的是虚假信息或无效信息。

表 8-1 是有效的行为信息和有问题的信息的汇总和对比。

表 8-1　信息对比表

有效信息	有问题的信息
• "我"的行为	• "我们"的行为
• "过去时"，已经发生的行为	• 假设性行为："将会""应该"
• 自主/自愿采取的行动	• 导向型问题的答案
• 互动行为需要明确行为的受体	• 行为的施加对象不明
• 清晰且具体的行为	• 缺失关键信息，笼统模糊
• 被访者内心真切的想法和感受	• 缺乏被访者的想法与感受

如何实施行为面试

实施前准备

访谈需要一个相对独立和安静的场所，以便访谈能够在不受干扰的环境下进行。通常有两位访谈者同时在场，一位主访，一位辅助。访谈者和被访者的座位安排可成 90 度或 120 度夹角。尽量避免坐在过宽的会议桌正对的两侧这种谈判式坐法，避免安排被访者背对门口，有意识地为被访者营造较为安全的心理环境。

访谈前，访谈者需要做好以下两项准备工作：

第一，了解岗位信息，包括所在企业规模及性质、组织架构、团队构成及分工、业务流程、工作职责等，保证能够听懂被访者的语言、知晓岗位任务特征，并能够迅速聚焦关键。

第二，了解评价标准，明确考察素质所包含的关键行为。熟悉根据评价标准和访谈目的事先拟定的访谈提纲。

实施流程

访谈一般包括访谈介绍、引出话题、事件访谈、访谈补遗和致谢结束五个步骤（见图 8-1）。

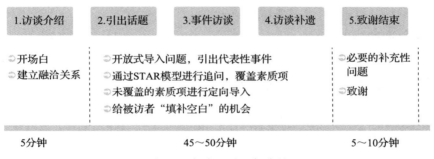

图 8-1　行为面试一般步骤

访谈的一般时长在一个小时左右，根据工作职位的复杂程度、职级以及工作输出的要求等，可以适当压缩或延长。一般最短 30 分钟，最长两个小时。以一个小时的访谈为例，开场的访谈介绍一般在 5 分钟左右；中间以引出话题、事件访谈、访谈补遗为主体，占 45～50 分钟；最后的致谢结束阶段用时 5～10 分钟。

（1）访谈介绍。开场阶段非常重要。访谈者要做的是：建立一种轻松友好的气氛，建立信任；解释访谈的目的，解释整个访谈的过程和双方的角色，使被访者了解过程规则和可能的情况。

开场开好了，访谈就会有一个好的基础，甚至可以说成功了一半。这个过程，短短的几分钟，包括了正式的打招呼、看似不经意的寒暄、第一次的眼神接触、第一次语言信息的交换，以及肢体语言的捕捉。做得好的访谈者，可以因人而异，根据对方的即时反应适当灵活处理，达到建立信任和融洽气氛的目的；做得一般的，可以正确地完成这一系列动作，但可能忽视了一些重要的信号；做得不好的，就会比较僵化和机械，忽视对方肢体和语言传递出来的丰富信息，甚至造成冷场、排斥和对立。

告知被访者访谈的目的、访谈程序和访谈规则等时，应该突出四个内容：

- 访谈要求。明确被访者需要讲述自己做过的工作事件，并呈现细节，而不仅仅是概括性描述。
- 保密说明。对访谈的目的和保密性做一些说明，以帮助被访者消除疑虑，避免其产生紧张情绪。
- 时间安排。明确本次访谈预计占用的时间，以免被访者在访谈过程中因担心时间问题而分散注意力。
- 录音说明。征求被访者的意见，获得同意之后才可进行录音。

> ☕ **典型表述**
>
> 您好！欢迎您参加今天的面谈。面谈将围绕您的工作经历和主要工作内容展开，不需要过多的准备。我们会请您回顾和讲述过去工作中的有代表性的故事，即您自己所做、所思、所想，而不是别人或团队其他人的故事，包括事情的背景、您本人所面临的任务、您所采取的行动以及事情的结果等。过程中我可能会问一些细节的问题，帮助您把故事讲得更完整、更有画面感。
>
> 希望通过这样的整理，对您个人也有自我总结的好处。
>
> 面谈的时间为60分钟左右。我们在面谈过程中会进行录音并做文字记录，希望您不要介意。
>
> 您对本次访谈的形式有什么疑问吗？
>
> ……如果没有，我们就开始。

以上这段话术仅是一个参考。实际访谈中，访谈介绍的节奏要适度放慢，必要的时候停顿，关注被访者是否接受和理解了访谈者所讲的内容，及其反应和状态。一定要有积极的眼神接触和表情——短时间内建立信任，让对方较快地放松和愿意表达，是不容易做到的。

（2）引出话题。询问被访者的个人经历、当前工作内容和关键职责等，最直接的目的是找到接下来的访谈切入点。而更重要的是，让访谈者在访谈的前期较好地在头脑中形成访谈规划图，或是基于工作的不同职责，或是基于不同的工作阶段，或是基于不同的工作对象，为后面能够收放自如地"抓事件"和"转换事件"打下基础。而对被访者来说，从自己熟悉的内容谈起，能够帮助其尽快进入"打开话匣子"的状态。

可以询问的问题包括：

- 个人经历回顾。被访者的成长经历、教育背景和主要职业经历等。
- 当前岗位了解。职务名称、任职时间、主要的职责、职责的侧重和直接上下级等。

> ☕ **典型表述**
> - 请大概用两分钟时间讲一下您个人的受教育经历和工作经历。
> - 请简要介绍一下您目前的工作岗位、主要职责、团队构成以及上下级关系。
> - 在××岗位上多长时间了？请回顾一下最近一两年主抓了哪些工作。

（3）事件访谈：提问与追问。在这个阶段访谈者可以用"万能钥匙"型的导入问题引出关键事件并进行追问。

"万能钥匙"型行为问题，不指向特定的能力素质项，而是指向印象深刻的、有成就感的、收获大的事件。其开放性强，但只要被访者谈的是重要职责范围的事件，一般不会是无效事件。在这个阶段，访谈者给对方更多的自主权没什么不好，还有助于把握对方的视野范围、关注重点和精力投放的主要方面，以及思维和行为习惯。当对方明显有备而来的时候，访谈者可以适当地改变一下提问方式和顺序，从而降低被访者回答的自由度。

　　引出事件之后，就是根据事件的起因、经过和结果进行追问了。STAR 模型给了访谈者追问的框架。在追问的过程中，访谈者需要注意紧密跟随被访者的表述，在理解其故事的基础上，用短问题、复述以及某些鼓励其表达的肢体动作，推动讲述深入下去并突出重点。（后面会具体介绍 STAR 模型的应用。）

> ☕ **典型表述**
>
> - 请谈谈您最近完成的一件比较满意的工作。事情是怎样发生的？后来呢？结果怎样？
> - 最近工作中面临的最大挑战是什么？您是如何处理的？
> - 最近几年，哪项工作让您有较大的成长和突破？请具体谈谈。
> - 一两年内，有没有哪件工作让您比较有遗憾，或有一定的挫败感？

　　（4）访谈补遗。如果通过开放的事件回顾还有某些能力素质体现不足，可以用"大头针"型的导入问题，就这些能力素质进行针对性提问，给被访者"填补空白"的机会。访谈者需要注意对引发的事件和信息的鉴别，关注其中的关键行为是否是被访者自发、经常和熟练出现的行为。

　　"大头针"型行为问题，指向特定的能力素质，通常用在访谈后半段，以增加能力素质覆盖的全面性。此外，对于滔滔不绝的被访者，或者是时间比较紧张的情况，"大头针"有利于提高效率。

> ☕ **典型表述**
>
> - 追求卓越——最近两年内，您有没有超越他人期望最终达成目标的例子？

- 分析决策——在近期工作中，您有没有做出重要且有难度的工作决策？这个过程是怎样的？
- 创新能力——您有没有创造性地解决一个有难度的问题的经历？请具体说说当时的情况。
- 客户导向——您是否有通过自己的付出，实现客户满意的经历？
- 团队领导——您是否有带领团队成功完成一项任务的经历？请具体说说当时的情况。
- 培养下属——您有没有通过自己的努力，促进下属提升绩效的具体例子？
- 沟通能力——您有没有遇到过很难沟通的对象？请具体说说当时的情况。

（5）致谢结束。应预留一定时间进行收尾，给被访者补充表达的机会，即由双方共同"画句号"，而不是仓促的单方面的戛然而止。在最终致谢结束之前，根据需要还可以问一些一般类型的补充问题，比如被访者的自我评价、他人评价和职业发展目标等，对行为信息进行印证。结束语设计时应考虑以下三个要点：

- 时间控制——根据信息获取的程度和被访者的合作态度适时结束访谈。
- 圆满结束——留给被访者一个提问的机会或补充表达的机会，共同"画句号"。
- 友好礼貌——对被访者的合作表示真诚感谢。

☕ **典型表述**

因为时间的关系，我们今天的访谈就到这里。您是否有什么需要补充的？今天的访谈很愉快，非常感谢您充分的信息分享（希望还有机会与您交流）！

如何认识和把握好访谈过程

访谈的主体过程是开放的,在一个小时内一般主要探究两三个事件,事件由重要的相关经历和关键职责引出,通常不会对各目标能力素质逐一提问,因为一个代表性事件通常可以反映多项能力。

访谈一般进行一两个小时,这和一部电影的时长是相近的,而访谈也能实现电影一样让人物形象深入人心的效果。访谈者的工作,在有些方面跟电影导演是类似的:引出故事,进行组织和选材,运用"远景、全景、中景、近景"的镜头语言。访谈时通常不是一下子就进入人物画面中的,而是先来一个"远景",交代故事发生的背景和起因。之后是一个"全景",介绍这是一个什么样的任务,有怎样的局面和人物关系。再接下来是"中景"和"近景"的自然切换,包括聚焦主人公的面部表情。访谈要有一个逐步推进的过程,要讲究镜头语言的合理运用,绝对不能忽远忽近地随意拉镜头,或者抓住一个细节没完没了地深挖下去。若访谈者希望获得更多的"近景"画面,就要做到让被访者自然地逐步谈到具体的语言和情绪。同时,访谈者也要清楚地把握事件的大背景、事件的重点和事件的逻辑关系——故事的主线需要是清楚的,导演的心里需要有完整的架构。

我们可以想一下怎么写好一篇记叙文。大家对时间、地点、人物、起因、经过和结果六要素一定不陌生。一篇好的记叙文,并不是把所有的事情平铺直叙地讲一遍,而是要讲究点面结合,详略得当,这样非同质化的关键事件才会详细展开。做访谈也要尽量避免反复询问同质化事件,即事件的任务要求与挑战、面对的主要对象、对个人的影响和价值以及事件的结果等需要有所不同,从而通过探究被访者在不同情境下的行为表现和心理活动,更全面准确地把握其稳定的行为模式和心理特征。这件事体现了被访者的沟通能力,另外一件事体现了他的决策能力,从不同事件中多角度搜集信息,并交叉印证,最后才能得出全面立体的一个人。此外,需要说明,不能单纯从事件结果的成败来评判人的能力的高低。不管事件结果是成功还是失败,我们都应基于行为编码。

访谈者的角色是导演、主持人、倾听者,要有意识地抓取关键事件,把话题引到关键事件上，起到穿针引线的作用，推动被访者真实、充分地表达。访谈者不是老师、警察、法官，不是在传道授业，不是在审问，不是高高在上的，不做价值和道德审判。

一个中心、两个基本点

访谈成功的关键：接纳、觉察、STAR。

访谈中的提问，没有绝对的对错，但有好坏之分。问题是否简短有力、切中要害，时机是否恰当，甚至语气语调的变化、肢体语言的配合等，都需要不断体会和精进。在做访谈者认证考试的时候，总会有人看似该问的都问了，但就是达不到有效收集信息的效果，欠些火候。是否给予其认证通过，除了遵照打分规则外，重点要看其整体的访谈互动状态对不对、是不是在一个频道上、是不是有一种开放交流的状态。

导致访谈失败的原因有很多，有时候是被访者的原因，但从访谈者自身找的话，往往是其没有做到接纳、觉察，没有有效利用 STAR 的结构框架收集到充分有效的行为信息。

接纳、觉察和 STAR，这三者构成了行为事件访谈的一个中心、两个基本点——完整的"STAR"是中心，接纳和觉察是两个基本点。围绕着这个中心，接纳使被访者充分地展示真实的自己，觉察使我们敏锐地捕捉和澄清关键信息，从而实现完整呈现行为事件。说到底，访谈是人与人的双向沟通。结构化也好，开放性也罢，要做到"行云流水""入木三分"，离不开"世事洞明""人情练达"的功夫。

接纳：淡定，心静如镜

有研究说不同人对于沟通风格的接受范围是有明显差异的。我们在访谈中要面对的就是形形色色的人，他们不仅沟通风格不同、受教育水平不同、职业不同、工作满意度不同、能力水平不同、价值观不同，参加访谈的心态也不同。适应这些不同，就是拥有以不变应万变的心态，就是接纳——心静如镜。用美国心理学家大卫·霍金斯的能量层级表示，就是 250 分值的"淡定"水平——灵活而有安全感（见图 8-2）。

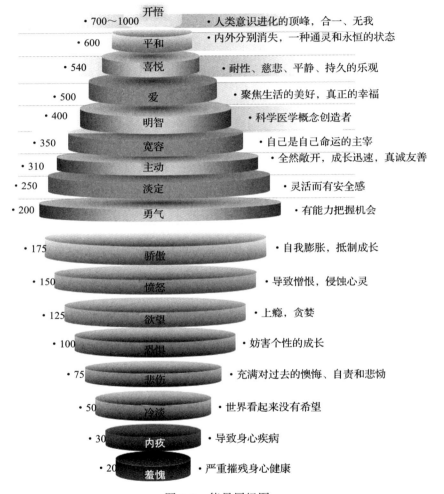

图 8-2　能量层级图

资料来源：David R. Hawkins: *Power vs. Force*.

访谈的时候，什么情况下访谈者容易不淡定？

一种是被访者的行为与访谈者期望的"正确"行为不一致的时候。这时候访谈者很可能问出"为什么"的问题："为什么您把精力都花在内部资源协调上，而没有去澄清客户需求呢？为什么您不去影响您的客户呢？"访谈者很可能因为武断，否定对方的行为意义或价值观，阻断沟通，或者导致"冤假错案"。

还有一种是被访者有明显的负向行为或理念认知违背访谈者的价值观的时候。有的访谈者对于依赖性强的人特别不能接受，有的对于做事拖拉的特别不能接受，有的对于夸夸其谈者特别不能接受。当有相应特征的被访者在他面前的时候，在访谈者的语言里，或者肢体与表情里，那种"过敏"就会不自觉地体现出来。对于某些被访者来说，他很容易感受到访谈者释放的"信号"，这时就会调整自己的语言和情绪反应，因此访谈者便很可能错过事情的真相（见图8-3）。

大家可以重温一个经典的小故事，感受访谈者和听众的"骄傲"的负向能量，以及其"先入为主"、自以为"是"的优越感带给被访者的影响。

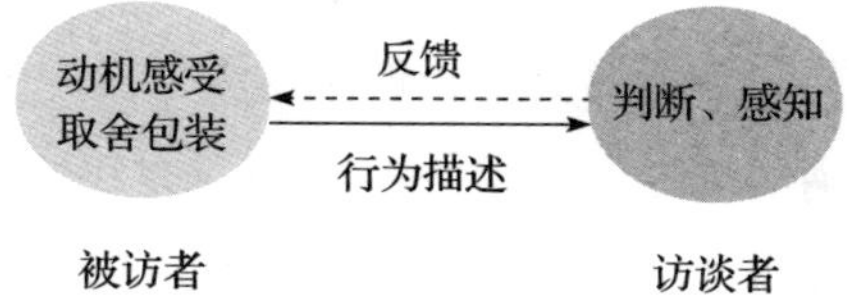

图8-3 访谈互动机制

主持人问一名小朋友说："你长大后想做什么呀？"

小朋友天真地回答："嗯……我要当飞机驾驶员！"

主持人接着问："如果有一天，你的飞机飞到太平洋上空时所有引擎都熄火了，你会怎么办？"

小朋友想了想："我会先告诉坐在飞机上的人绑好安全带，然后挂上我的降落伞跳出去。"

当场的人笑得东倒西歪时主持人注视着小朋友，想看他是不是自作聪明的人。没想到，紧接着小朋友的两行热泪夺眶而出，这才使主持人发觉小朋友的悲悯之情远非笔墨所能形容。

主持人问："为什么这么做？"

小朋友的答案透露出一个孩子真挚的想法："我要去拿燃料，我还会回来。"

话不投机半句多。如果你是一位被访者，你愿意跟什么样的人对话，毫不掩饰地充分表达？大家应该都会倾向于面对一个无评判、有理解的倾听者，如果其还能以清晰有力的问题带来一些反馈和启发，那当然再好不过。

访谈者要以"无知"为前提，接纳被访者的行为和想法，认识到各种客观存在的合理性，忘掉自己先入为主的假设和经验，给对方足够的表达空间。那应该如何做到接纳？以下几点比较关键，可以不断体会和运用。

- 稳定的情绪：心平如镜，愉快、平和。
- 必要的积极的表情与回应：微笑，好奇，关注，鼓励继续。
- "忘掉"自己的喜好，靠近对方，平等对话。
- 听对方说完，不妄下结论，不频繁质疑。

觉察：让常识和好奇心发挥作用

接纳很重要，但接纳并不是一味地肯定与附和。访谈讲求刚柔相济，在接纳的同时，访谈者也要把握有利的地位，不忘收集真实有效信息的目的。刚柔并济的"刚"体现在问题的敏锐性上，访谈者要快速抓住事件及关键点，快速鉴别信息有效性，问到关键点。

什么会阻碍访谈者敏锐觉察？

光环效应是阻碍之一。十年前的一次访谈是一次难忘的教训。当时访谈的是一位"市十杰青年"，其空降某民营企业任研发总监不久。被访者春风得意、洋洋洒洒地谈到了壮大队伍、调整组织架构和管理流程、跨部门协作和生产管理信息系统等多个"事件"。但因光环效应，访谈者选择相信了这些回避矛盾冲突的故事梗概的表述，自行补充了不少行为信息，而对其中的困难、挑战以及遗憾、失败的关注和挖掘明显不足。

常识不足是阻碍之一。这里的常识包括对岗位、职位的理解，对企业、行业的理解，对企业的一般发展规律、人的成长规律的理解，对人性的一般理解。访谈前的案头工作很重要，但日积月累的"常识"更加重要。"太阳底下没有新鲜事"，不断积累常识，是成为一位优秀的访谈者的必修课。比如，海归博士空降民企的存活率大约是多少，不能存活的原因有哪些——是跟老板维持信任关系，是内部资源的协调，还是研发团队建设？在前面十年前那个访谈案例中，当被访者说到"领导是很强势的，当地民营企业都是这样，当然我理解"时，访谈者听到的是"我理解"还是"我很无奈"？有常识，才能够真正地听懂对方，包括不经意的情绪流露和弦外之音。

好奇心不足也是阻碍之一。作为访谈者，要以"无知"为前提，不懂就问，不明白就去澄清和确认；大脑要快速运转，不要怕暴露自己的知识盲点或一知半解。除了对事物的好奇，更重要的是对人的好奇——人的千差万别、与众不同和人的发展变化的各种可能。

总之，访谈者要做到敏锐觉察，就要聚焦访谈目标，访谈中要"分身"出来审视访谈过程和信息有效性。访谈者要有问到底的精神，仔细聆听，紧密跟随，让常识和好奇心发挥应有作用。

STAR：要完整，还要杜绝"流水账"

STAR（situation, task, action, result）是行为事件访谈的有效工具（见图8-4），相信大家都不陌生。这里需要提醒的是，要杜绝"流水账"式访谈，除了关注事件本身的起因、经过、结果，主人公的心路历程也是需要重点关注的。不能见事不见人，通过对被访者当时的心理活动进行捕捉才能使人物形象饱满立体、有血有肉。

图 8-4　STAR 模型

对于 STAR 四要素，在访谈过程中访谈者要有意识收集和判断信息（见图8-5）。

（1）情境和任务（situation/task）。

访谈者需要了解当时事件发生的情境和背景、事件的起因、涉及的人及其相互之间的关系等，以及被访者当时的主要任务和责任是什么。

- 当时情况是怎样的？
- 您需要完成的主要任务有哪些？
- 您的角色是什么？
- 还有多少人参与？

S T A R

- 什么背景/内外部环境
- 资源是否充足
- 环境平台是怎样的
- 难度水平如何
- 如何看待任务条件
- 心理反应

- 是否自主发起
- 如他人发起，任务要求是否清晰、可量化
- 任务有何与众不同
- 自我要求/承诺是否清晰明确
- 接到任务的心理状态

- 行动的难点、亮点、关键点和与众不同之处
- 核心贡献点
- 突出"画面感"
- 被访者当时的情绪状态、心理活动
- 被访者互动对象的情绪反应与反馈

- 客观的量化指标
- 自我评价与反思总结
- 他人反馈与评价
- 成就感/挫败感
- 总结反思及投入状态
- 结果评价表述与表情肢体信息的一致性
- 归因

图 8-5　STAR 四要素的信息收集

与此同时，访谈者需要关注其心理活动。这个过程并非单刀直入式地把心理活动一个个问出来，而是要结合 STAR 的提问过程，通过细致观察去捕捉。具体来说：

"S"：访谈者应首先判断他的资源、环境、平台是怎样的，基于此对任务完成难度有所把握；同时看他是如何看待这些条件的，心理反应如何。

"T"：访谈者需要鉴别一下这个任务是不是他自主发起的。如果是，那么他发起这件事的思想动力是什么。如果不是，譬如是领导交办给他的一个任务，那么就要了解这个任务的要求是清晰的还是模糊的，他接到这个任务时的心态如何，对这个任务的承诺是否清晰等。

举个例子：有位事业部总经理在接到任务时明确承诺要百分之百完成领导交办的任务，并基于领导要求提出了利润率、业绩额度和新业务占有率等各方面的清晰指标，表明无论有多大困难都会完成的决心和态度。他的表述很全面，在描述任务时能够非常清楚地把他当时的心理状态，以及对领导表态的情形具体阐述出来。其实我们并非要评判他这样的表态本身是好或不好，而是通过这个"画面感"知道他本人的目标感、成就动机等相关特质。

（2）采取的行动（action）。访谈者需要帮助被访者详细叙述其在事件中的所说、所做、所思、所感，收集可编码信息。例如，可以问的问题有：

- 是否碰到了障碍和困难？
- 对当时的情况有何反应，心里怎么想的？
- 解决问题的最初想法是什么，是怎样形成的？
- 当时采取了什么行动？是如何推进的？

访谈者应重点问行动中的难点、亮点和关键点，还有其采取的办法或者行动的与众不同之处、核心贡献点是什么。访谈者要用提问和追问推动对方把他的关键行为像电影镜头一样展示出来，比如：在他和同事、客户的对话中，对话场景是怎样的，对方反应如何，顺着对方的情绪和反馈他有哪些感受和行动等。访谈者有可能会错过这些重要的心理活动，致使行为面谈停留在故事梗概上。

（3）衡量结果（result）。访谈者可以请对方表述结果的客观可量化指标，如果没有的话，访谈者要听他说说自己的评价和反思，或者周围的利益相关者对这件事的评价。在这个过程中关注他总结反思的投入程度，关注总结反思的内容和表达时的情绪状态是否一致，关注他的成就感和挫败感是否强烈等。

可以问的问题有：

- 最后事情的结果如何？您收到了什么样的反馈？
- 您做得好的地方是哪些？哪些需要改进？重做一次会有哪些改变？

最后，说明一下，在应用 STAR 进行行为面试时，需注意顺叙、倒叙和插叙的灵活运用，不一定严格按照 STAR 的先后顺序。比如，当事件呈现多条脉络齐头并进时，若访谈者不知从何处入手快速获取更多信息，不妨先跳到 R，从结果入手来询问整个事情的亮点和成果，继而追问是什么样的行为产生了这样的亮点成果。

举个例子：访谈者访谈了一位部门总经理，他说在新的挑战和形势之下，他去相关的标杆企业学习借鉴，去不同的企业参观学习经验，另外还邀请对方走进来交流。此时如果访谈者只是就着 A，问他怎么交流、交流的过程如何、如何保证交流效果，可能只得到泛泛的回答。如果仅仅基于他"走出去，请进来"的这样一个动作，就得出他爱学习、学习心态好、主动性高这样的结论，是非常片面的。访谈者可以尝试问他在交流学习的过程中得出了什么结论，这些交流学习对工作开展产生了哪些影响以及如何推动学以致用等问题。

访谈者的五项技能及动作要领

成功的访谈，讲究口到、耳到、眼到、手到和心到。访谈者的主要技能包括问、听、记、讲、评五个方面，其动作要领简要总结如下。

> **☕ 访谈者的五项技能**
>
> ⊙问（有所准备，简明扼要，层层深入，心平如镜，无问之问）
>
> 最关键的一点是访谈者应做到开场自然、流畅，与被访者快速建立信任关系。在访谈过程中呼应被访者表述，自然、较快地切入关键事件。同时，问题也应具有连贯性和层次性，清晰准确，简洁明了，聚焦关键，层层深入（行为、感受、动机）。在被访者回答偏离既定方向的时候，可以及时、恰当地打断。
>
> ⊙听（接纳为先，用心倾听，聚焦行为，完整STAR，敏锐跟随）
>
> 听是访谈者最主要的动作。访谈者的注意力应该更多放在听上，而不是提问。这是新手常犯的错误。其总是想着"我下一个该问什么问题"，其实还是不够放松。理解对方的语言，跟着对方的情绪，才能适时问出恰当的问题，或用肢体语言、表情以及简短的复述等"无问之问"，推动对方真实流畅地讲述。面对被访者不同的表述状态、行为表现及思想感受，访谈者要保持开放、接纳的状态，保持对信息的敏锐，以快速捕捉到关键点。
>
> ⊙记（原始信息，聚焦关键，慢也要记，边记边听，边记边问）
>
> 记录是访谈者的一项基本功。现在通常用电脑随手打字记录，当然也

可以纸笔记录。需要做到原话记录，保持原貌，没有加工概括和杜撰，忠于"原著"。另外要尽量记录全面——访谈信息基本完整、重点信息无遗漏，同时对访谈过程中对方的语言状态、习惯性的肢体动作甚至有特点的衣着等也可以做些记录或标注，作为事后进行打分合议以及报告撰写时进行信息提取的有效线索。

⊙讲（敢于讲述，讲得出来，讲得明白，讲得完整，情绪还原）

讲的动作有时会被忽视。访谈结束后，访谈者进行打分合议的时候，通常由主访谈者讲述被访者的故事。一般其会给故事命名，比如"搞定西北客户的故事""经销商大会的故事"等，并讲出关键行为和体现的能力素质。在练习访谈技能的时候，有时会要求访谈者以第一人称来复述被访者的故事，体会故事中主人公的遭遇、行动及情绪状态。

⊙评（事件关联，行为回顾，整体分析，鼓励争论，客观评价）

形成评价是对被访者多个事件进行整合，通常还需要对其他评鉴环节收集的信息进行整合。整合的过程是去伪存真的过程，发现被访者自发、经常和熟练的行为，以及行为背后的稳定的心理特征。这个过程鼓励访谈者之间互相补充行为信息，鼓励不同的视角和观点的碰撞，从而更加全面客观地做出评价。

访谈的注意事项

访谈技术的学习与持续提升，往往是先僵化再内化的过程。有很多访谈者感叹它的困难，也有很多访谈者在熟能生巧之后抛却条条框框的束缚，到达了无招胜有招的彼岸。

失败的访谈，最大的问题是不同频、无共振，主要的表现是问题绕、离对方远，即访谈者的语言、节奏、语调和情绪跟对方不在一个频道，不能拉近距离、靠近对方。从效果看，对话不流畅、不深入，多表面和无效信息，双方都会比较煎熬。反之，如果"同频共振"了，就是"怎么都对"，问的问题以及问问题的时机都会恰如其分。

下面是一些经验之谈和小技巧，供大家在精进的道路上参考。

> ### ☕ 一些小技巧
>
> ⊙ 聚焦事件剥洋葱，还原当时的情境：忌用一般现在时和将来时
>
> ×：不要把问题转向绝对化和抽象化。一般要避免使用"为什么"。"为什么"会引发对方的理论探讨，谈的更多的是思想而不是行为。避免使用"一般现在时"和"一般将来时"的问法，如"您通常会如何做""在这样的情况下，您会做什么"。"通常"两个字会把他带入一般性的或理论性的做法。
>
> √：应该使用更具体的提问："能说说当时的情况吗？"访谈核心是了解被访谈人过去实际做过的事情，而不是理念和认识——"您当时的想法是什么？"
>
> ⊙ 聚焦细节，避免引导，避免虚假信息
>
> ×：避免使用引导型问题或直接跳向事件结论。在"这种情况下您会尝试去说服他吗？""所以，您极力要影响他改变态度，是吗？""最终达成一致了吗？""您经常培训下属吗？"
>
> √：多一些质疑和澄清，让对方尽量多讲事件细节，多讲关键点和关键环节，而不是泛泛而谈。"您当时对他说了些什么？""您提到开始大家有一些分歧。""具体有哪些亮点或与众不同的地方？""别人也会用这些方法，这次项目会取得突出的效果，是如何做到的？"
>
> ⊙ 适当介入，避免破坏思路，让事件"发生"穷尽
>
> ×：不要问一连串的问题，被访者会记不住。访谈者不要急于了解暂时不太清楚的问题，不要急于发问，要鼓励对方继续说下去，不要破坏他

的思路和情绪。

√：访谈者只需一次提一个问题，更多的时候被访者在阐述时会说出一连串的事实。访谈者要在大事件中去看小事件，不要破坏对方的思路和情绪。

⊙递话头，而不是靠自行补充创造问题

×：访谈者以自己的经验，以自行补充的画面和可能出现的关键事件创造问题，造成低效；将问题孤立地、生硬地抛给对方，让对方不知从何答起——或应付，或编造。"不定期沟通，那应该没有出现太严重的情况。您是直接接触呢，还是听听意见再反馈到领导？"

√：应该从被访者的话语中找关键事件，递话头，"您刚才提到团队也是您比较关注的，当时团队并不理想。"用对方的语言，把话题引过来。

⊙善用停顿，用眼神和肢体语言完成"无问之问"

×：当访谈中出现停顿时，访谈者为了打破沉默，往往匆忙问出下一个问题。这有可能错过重要的信息，有可能破坏对方的情绪状态。

√：其实只要沟通状态对了，停顿几秒钟完全没关系，对方也需要思考、回忆、组织语言和调整情绪。实践表明，被访者停顿和心理调适之后说的话有时反倒更有内容，所以不要害怕停顿，这时可以保持积极的眼神接触。

☕ 行为面试追问练习

1. 某汽车销售公司区域营销经理晋级评价，被访者经历过多次行为访谈，"训练有素，有备而来"，准备好很庞大的一个故事，一五一十、眉飞色舞地讲起来。作为访谈者你如何应对？
    A. 打断，要求控制语速：

"对不起打断一下。请语速慢一点，不用着急。"

B. 点到为止——准备很充分是好事，但不是说得越多越好："您的表达很流畅，但是请重点讲您在项目中的核心贡献，而不用把整个项目原原本本、一字不落地讲出来。"

C. 既然其有备而来，就试图打乱其"背诵"的节奏，并且重点关注其心得体会："特别想听您在这个项目中的得失分享，您有哪些收获与心得？"

D. 主动掌控进度和故事"剪辑"主动权："时间关系，请根据我的问题来展开回答。您刚才讲到……"

2. 空降到某民营企业一年多的研发总监，在盘点访谈中语速飞快，洋洋洒洒谈到一年来壮大队伍、组织架构和管理流程梳理、解决跨部门协作问题、生产管理信息系统建设、项目经理能力建设等多项工作。描述的是一种"百废待兴""热火朝天"的状态，根本停不下来，但几乎没有展现任何有效行为。你不会选择下列哪种方式进行追问？

A. 咬定青山不放松，一定要问出行为："我们对您是如何开展这些工作的很感兴趣，请选一项最满意的工作展开分享。"

B. 既然不说过程，那就先不管过程，确认结果也很重要："做了这么多事情，结果怎么样？哪一项工作取得了很好的效果？请详细介绍一下。"

C. 从感受上问一问，然后再找切入点追问："这一年多来您最有感触的是什么？有哪些酸甜苦辣可以分享？"

D. 放慢节奏，打断和质疑一下，问问出发点："这么多事要做，但人不能一口吃个胖子，这些工作是如何规划的？"

3. 某集团派驻到下属单位的总经理上任伊始，被免职的前任不配合工作交接，班子成员及中层团队阳奉阴违。一年后的盘点访谈中，提及此段经历，他欲言又止。你作为面试官该如何继续？

A. 停顿一下，"很理解您当时的不容易"。

B."接手这样一个企业肯定很不容易,您是怎样一步步过来的?"

C."当时特别恨前任总经理吧?"

D."现在是什么状态?"拉回到现在。

4. 在某银行管理人员盘点中,零售板块风险部总经理谈道:"零售去年出现大量的不良资产,有些指标考核到我们部门对分行的督导,压力非常大。我做了很多的工作,着力建设合规体系和合规检查,巡视了一遍,把问责工作落实了。去年分支行对总行的评价,我们部门不是倒数第一,就是倒数第二。心里很不服气。"你作为面试官如何追问?

A."到底是倒数第一,还是倒数第二?"

B."心里很不服气。"

C."分行的督导、合规体系和合规检查、问责工作是怎么做的?"

D."为什么评价不高?"

⊙练习解析

1. 建议做法是选项C。

 A. 直接打断有些生硬,且未必能达到目的。

 B. 仅仅算是轻点刹车,需要在语气、语速和表情等方面做好充分配合,给对方强烈的信号,否则难以产生效果。

 C. 打乱对方的计划,需要把握发问时机,进行必要打断后发问。

 D. 需要防范"一问一答"中出现不顺畅以及对方感受不佳的情况。

2. 选项C是不建议的做法。

 A. 有问行为的强烈意识就成功了一半。问困难,如果还不着边际,就更直接一点:"做了这么多事,有遇到什么困难吗?总经理、总工程师(汇报对象)以及团队对这些工作是怎样的态度和反应?请具体谈一谈。"

 B. 问结果,可关注并澄清是否存在空降高管常见的"水土不服"问题,重点问老板的评价和反馈、关注工作的落地性,以及是否过度包装和掩饰："落地最好的是哪项工作，总经理和总工程师有哪些反馈？"

　C. 问感受可以找切入点，但对方有可能继续避实就虚，效率相对不佳。

　D. 比较直接地追问上任后整体的 S 和 T，澄清工作思路与工作重点，关注务实性与落地性。

3. 建议做法是选项 A。

　A. 给被访者一个信号，期待被访者自主地继续下去——情感可以表露，如果可以，请继续。

　B. 对情绪有所呼应，但有一定的跳跃，不利于情绪的充分表露和恢复，没有鼓励被访者继续深入话题——"不想说就先不说了。说说后面的故事。"

　C. 对这段故事充满了好奇，语言很直接，但是可能忽略被访者情绪的细微变化。对被访者情绪感受的臆断和贴标签可能使被访者产生不安全感、反感等。

　D. 这样也行，但是被访者真的不想说吗？这里有故事，错过岂不可惜？被访者也许整理一下之后马上就要倾诉了。

4. 建议做法是选项 B。

　A. 潜在词："说实话！别藏着掖着，这都会忘了吗？"问题直接，给被访者一个小刺激，希望其澄清含糊其辞的说法。可以问得不露痕迹一点，避免加重被访者的避实就虚、包装掩饰。

　B. 潜台词："刚才说到不服气，具体说说看是什么让您不服气。"抓住"不服气"的表述，以复述的方式提问，不经意间进行挖掘，推动被访者更进一步描述心理感受和前因后果，逐步聚焦行为。同时，把握其工作心态及对得失的看法。

　C. 潜台词："服不服气不重要，关键看您做了什么，做得怎么样。"没有直接呼应关于心理活动的表述，"争分夺秒"问行为，但有可能错过关于工作心态和得失分析等相关信息的最佳获取时机。

> D. 潜台词："别人评价不高肯定是有原因的，您的看法是什么？有反思吗？"可以看到被访者对事件的理解和总结反思，对行为有效性判断提供依据。有时"明知故问"是必要的，而不是自行补充。但不如选项 C 更自然。

以上练习是实际访谈中的片段。各种问法并没有绝对的好坏之分，因人因地而异。而同样的问题，不同的语气、语调也可能产生不同的效果。最佳提问仅仅是一个传说，欢迎大家与我们联络告知高见。

在这里，我们重点想通过此种形式，强调访谈者应具备好奇心、人际敏感、敏锐的觉察力，而提问技巧其实是次要的。访谈者要做的是：听懂被访者的内容，保护被访者的情绪，鼓励和推动其讲出画面感，捕捉其心理活动。

情景面试：想法预测做法

思考
《你会把工作中的场景问题拿来问被评价者吗？
《你有屡试不爽的情景面试问题吗？
《你有使用情景问题的心得和经验吗？

企业要招聘大量应届生做管理培训生，但是在设计面试题目时遇到了棘手的问题。

一方面，应届生普遍缺乏工作相关的、可供分析和挖掘的个人经历，在面试中往往只能讲述学生工作、专业学习中的事件，难以充分展现出个人能力和素质。并且因为过往经历和工作场景差异较大，过去的能力技巧能否迁移到工作情景中也存在疑问。

另一方面，部分被评价者对于行为面试的常见问题，如"主动承担责任的一件事""最有成就感的一件事"等烂熟于心，可能有"背"而来。加上校招面试时间太短等，学生有可能通过对个人经历的精心包装，甚至作假，投公司所好，蒙混过关。

针对这一问题，有人提出可以借鉴公务员的面试形式：面试官提出在工作中可能遇到的具体任务，请被评价者围绕这一任务展开回答。"开发政务APP""举办民生工作成就展""养老工作调查"等都曾作为题面出现，被评价者的计划组织、分析判断等能力可以得到更充分的展示。

如果你是企业管培生招聘工作的负责人，会怎样设计面试题目？对于情景类面试题目，在施测过程中有哪些注意事项？

什么是情景面试

情景面试是一种人才评价方法，指给被评价者创设一个实际情景，考官通过提问、追问等言语交流及行为观察，评价其是否具有相关的能力素质。

一般来讲，一道完整的情景面试题由一个简明的任务描述作为题面，搭配追问问题、行为评价标准组成。情景面试在招聘测评中的应用非常普遍，各地公务员面试就大量采用情景面试的形式。比如："某中学食堂出现了食物中毒事件，同时学校有规定，不允许学生外出就餐或者点外卖。假如你是学校后勤管理人员，在食物中毒原因查明之前，你会采取哪些应对措施？"此外，日常生活中常见的"送命题"——"妈妈和女朋友掉进水里，你先救谁？"也是情景面试题的典型代表，只是由于曝光率过高，以至于有效性大大降低了。

通过面试形成对人的评价，依赖于对目标行为的收集。情景面试的设计逻辑是"如果目标行为不易从过往事件中挖掘，那么就提供场景让它发生"。这一设计逻辑有其心理学理论基础，可参见目标设定理论、场论和刺激反应理论等。

> **知识卡片：情景面试的理论基础**
>
> 目标设定理论、场论和刺激反应理论从不同角度解释了，为什么设置情景能够帮助被评价者展现出体现待测特质的、可被评估的目标行为。
>
> （1）目标设定理论（goal-setting theory）："目标的设定能够引发指向目标的行为"。一旦提出假设性的问题，被评价者就会将"解决这个问题"设立为目标，进而产生行为意向和目标行为。
>
> （2）场论（field theory）："行为是人的内部动力和环境因素的函数"。$B = f(P \times E)$，人所处的情景中的各种因素，通过影响特质的表现形式，从而影响人的行为。通过设置恰当的工作情景，能够诱发出可被评估的具体行为表现。
>
> （3）刺激反应理论（stimulus-response theory）："外界刺激导致行为反应"。其为源于行为主义的心理理论，指外界刺激会经过认知诠释、价值判断以及决策等一系列过程，最终引发行为反应。在面试中，特定的情景刺激会引发特定的行为，在行为中体现被评价者的价值观和认知过程。

情景面试的特点

情景面试的题目往往取材于日常工作情境，因此这一测验形式的一个显著的优点是表面效度高，即被评价者很容易认同面试题目和工作是相关的、面试是公正有效的。

下面，我们用情景面试和行为面试做一个对比，大家就能更好地把握其特点了（见表8-2）。

表 8-2 行为面试与情景面试对比表

	行为面试	情景面试
举例	是否组织过学习交流活动？能不能具体讲一讲？	如果由你作为领队，带领管培生参加为期一个月的下厂学习，你将如何发挥领队作用？

（续）

	行为面试	情景面试
原理	过去预测未来	想法预测做法
操作	过去行为事件的访谈回顾，问出来STAR；过去时，澄清还原行为及结果	设计S和T，通过追问来引发行动；界定条件，问出可能的行为和结果（一般将来时或一般现在时）
优势	应用最广泛，设计成本低	以小见大，短平快
劣势	面试官技能要求高、耗时较长	有一定的题目设计成本
难点	停留在故事梗概上，没有行为画面和心理活动；鉴别信息	停留在想法理念，落实不到行为

行为面试的原理是"过去预测未来"，其应用广泛，没有太多的限定条件。但当应届生是一张白纸，转岗员工缺乏直接经验，高潜人才、后备干部并没做过管理者时，对经验不够丰富的评价者来说，某些能力指标可能难以收集足够的行为证据。

情景面试的原理是"想法预测做法"。被评价者可以基于题目设定的工作情景和任务阐述自己的思路、展现自己的能力，这对相关经验不足的被评价者同样适用。但是知易行难，一个随之而来的问题是，被评价者的想法在工作中未必能够实落到行动上。这就需要评价者在题本开发和提问技巧上多下功夫。

行为面试和情景面试难点不同。前者难在"无招胜有招"的面试技能，而后者主要难在题本设计。事先设计好工作情景、提问追问等"埋伏圈"，并通过模拟演练等提高互动灵活性和形成评判参照，可以使评价者"有备而来"，现场要求因此有所降低。

情景面试的类型

情景面试题目类型可简单分为任务完成型、现场解决型和两难型三类（见图8-6）。

（1）任务完成型：情景多为某件项目性质的工作任务，需要被评价者回答"接下来打算怎么做"的问题。

（2）现场解决型：情景多为突发事件和棘手事件，需要被评价者立即做出应对。

（3）两难型：提供一个两难情境，被评价者需要权衡利弊进行决策。

这三类题型被评价者需要面对的主要对象分别为事、人、信息，因此可以重点考察的能力项、适用的岗位对象也有所不同。

（1）任务完成型重点考察"搞定事"的能力，比如计划安排、资源整合、风险防范和监控执行等能力。适用的岗位相对较为广泛，包括职能类、销售类等。

（2）现场解决型重点考察"搞定人"的能力，比如服务意识、沟通影响、灵活性和人际敏感等。适用的岗位多为"窗口单位"或"矛盾焦点"，如销售、客服、项目经理等。

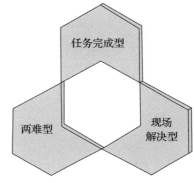

图 8-6　情景面试题型分类

（3）两难型重点考察信息分析与决策的能力，涉及分析判断、决策风格、价值观等，主要用于风格匹配、组织匹配和团队匹配等。

下面分别列举一些题目样例。

（1）任务完成型。

1）某化妆品品牌想要推出男士系列产品，并准备在明年暑假举办一场产品发布会。你作为公司的策划人员负责策划这个活动，你会优先考虑哪几个方面的事情，具体的活动思路是什么？

2）你是某公司的招聘经理，近日与某位专家人才约定一个月后入职。但技术总监今天找到你，说他两周后将出国一个月，希望你与专家沟通，请专家提早为一周后入职，以便安排工作。接下来，你会如何行动？

3）为期一周的入职培训刚刚结束，公司总经理就通过电子邮件给你布置了一项任务，要求你完成一份公司市场人员创新意识的调查报告，两周（10 个工作日）后交给他。对此报告，总经理表示了很大的期待。你怎样安排这两周的工作？

（2）现场解决型。

1）你是小区的物业管理员，住户王先生每次对你的态度都非常恶劣，意见也非常大。其楼上漏水的问题已经持续一个多月了都没有解决，现在你上门收取物业费，怎么解决？

2）你是某男装品牌的销售经理，某个业绩优秀的经销商向你要更低的进货折扣价，而你并没有这个权限，你如何应对这个要求？

3）你是某工厂设备管理部经理，工厂设备大修期间，某个技术骨干来向你请假，说爱人生病了，孩子也没人照顾。你知道现在大修进度已经有所延后。你是否该批准休假？

4）某研究生入职签订合同时约定，先在基层操作岗位工作半年，然后转设备技术管理岗。但半年后因现场缺人，还需要他在操作岗位继续工作，转岗时间待定。你作为负责人如何传达这个安排？

（3）两难型。

1）你刚到新公司一个月，现在是世界杯期间，你的老板是阿根廷的铁杆球迷，他邀请你下班后和他一起去酒吧看阿根廷对巴西的比赛，但他却不知道你是巴西球迷，你会怎么做？

2）为便于工作开展，新矿区的矿长要求机电、通风等技术人员一周内搬到新矿区办公，但老矿区矿长认为此事并未上会通过，不允许搬。作为机电负责人，你该怎么办？

情景面试的应用

在一场面试中，情景面试可以作为独立的面试环节，进行深度追问和量化打分，也可以和行为面试结合使用，作为结构化或半结构化面试的一部分。在实践中，情景面试通常作为行为面试的辅助手段，其所占比例不超过30%。

同时，面试官还可以结合心理测量工具探查个体稳定的个性风格和行为模式。多种方法相互印证，可以得到更客观、立体的把握。情景面试还可以和角色扮演相结合。在上面的例子中,面试官就可以扮演住户王先生,和被评价者进行互动,更好地了解被评价者在真实工作中的表现。

从招聘应届生到选拔高潜人才,甚至到选聘高管,行为面试可以应用在各种面试场景中。特别地,由于情景面试可以通过设计嵌入各种行为考察点,可测查的能力素质覆盖面很宽。如北京市公务员考试材料题,背景材料信息量大、情景复杂,面试官基于材料多角度提问,可以分别提出多个平行的考察不同能力的题目。一道情景面试题也可以在不断追问中挖掘出很多信息,对行为进行深入分析,对多种能力素质进行探查。这就需要在题目开发的过程中,埋藏足够多的线索和答题点,做好情境的整合,使得题目自然可信、难度合理。

☕ 情景面试应用举例:某民企管理干部选聘

⊙ 背景

金花味精是一家知名的民营企业集团,近几年发展很快,味精年产量已达到国内首位。随着公司的快速发展,家族企业管理基础薄弱、裙带关系复杂等遗留问题都逐渐暴露出来,迫切需要引进成熟的管理人才,迅速提升企业的整体管理水平。

集团下属A生产厂裙带关系问题突出:三个车间主任中除了小王是外招的,其他两个都是集团采购总经理的亲戚,而采购总经理是集团副总经理的姐夫。这两个车间主任在用人时明显偏袒"自己人":出现工作差错睁一只眼闭一只眼,而在薪酬待遇和学习机会方面却频频照顾。据传言,由于受到排挤和待遇不公,小王有可能带着手下班组长集体跳槽到竞争对手那里。

A厂原厂长一个月前离职。作为金花集团刚刚从外部招聘来的新任厂长,面对团队目前的情况,你如何开展后续工作?

> ⊙追问点
>
> 作为新到任的厂长,你认为亟待解决的问题是什么?
>
> 小王会推心置腹跟你沟通吗?他会信任你吗?
>
> 制度的建立可能不太难,集团也有相应的管理制度,但是如何保障有效执行?
>
> 如果快刀斩乱麻,可能会危及你的生存,若你都不能在金花"活"下去,如何保护小王?更何谈迅速提升团队整体士气和凝聚力?
>
> 如果不下猛药,可能解决不了问题,这样是不是太温和了?
>
> 你还有哪些可以利用的资源?
>
> 你的策略如何?如何调整?你会如何行动?

这一题目是情景面试综合应用的典型案例。其针对管理者设计,重点考察了团队建设、系统思维两个维度,题目中藏有线索和伏笔,在追问中可不断深入,多角度考察相关能力。

开发一道情景面试题

开发一道情景面试题需要从待测量能力素质和工作情景两个角度出发。在下面的内容中,我们将结合前面中提到的"管培生校招"任务,梳理出一个完整的情景面试题目的开发过程。

聚焦评价维度

人才评价是以胜任力模型为基础的。开发题目之前,命题者首先要明确题目需要测的能力素质项及其关键行为点。这是我们评分的基础,也有助于我们对应选取工作情景。我们以管培生需要考察的重要能力"计划执行"为例,开发情景面试题。

计划执行能力强调按时、按质完成指定的任务。这一能力可以拆解为四个关键行为点:

- 接受挑战。快速理解任务，面对挑战表现出应有的信心。
- 制订计划。基于工作目标，合理安排计划与时间进度。
- 资源调配。调配各种资源，如信息资源、人力资源等，寻找方法实现目标。
- 计划落实。监控和防范风险，灵活应对阻力、障碍以及各种变化和不确定因素。

根据这些行为关键点，我们可以预期，一个有挑战性的新情景，一个需要制订计划、协调各方资源、跟进方案落地的任务可以很好地考察出被评价者的计划执行能力。带着这样的假设，我们梳理了管培生的常见工作内容。

选取任务场景：案例萃取

管培生的典型工作内容有哪些？完成这些工作的关键点是什么？体现了哪些能力？我们对于这些问题或多或少都有些经验性的、片段性的认识。在日常工作中，有经验的工作者总能判断出某种做法是好的还是不好的。然而，如果要有条理地归纳出来做考题，或者进行经验传授，其却未必说得出来。这时候就需要应用案例萃取技术梳理工作内容，将隐性知识经过科学的步骤显性化，使之成为可以传递的经验。

> **知识卡片：案例萃取**
>
> 案例萃取是通过科学的流程、方法、步骤和工具，整理、提炼头脑中的隐性知识技能，将之显性化并指导实践的过程。主要用于培训提升、经验交流等方面，也可用于企业文化、品牌的宣传，以及测评题目开发。

案例萃取包括"基于行为提问技术的访谈和讨论""从六要素出发进行梳理""案例生成与验证"三个环节（见图8-7）。

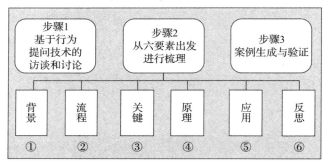

图 8-7　案例萃取环节

步骤 1：基于行为提问技术的访谈和讨论。一般我们可以通过访谈和讨论的方式收集典型案例。具体来说，我们可以采用基于行为事件访谈技术的个体访谈，也可以通过焦点小组研讨的方法组织群体讨论。在调研过程中需要注意，不但要收集概括性的挑战，还要记录具体的有代表性的事件，讨论出应对这一事件的最佳策略和诀窍。

步骤 2：从六要素角度出发进行梳理。梳理事件的六要素包括背景、流程、关键、原理、应用和反思，旨在回答以下几个问题。

- 背景：在工作任务产生的背景中遇到了什么样的困难？
- 流程：为了解决困难，先后做了哪些工作？
- 关键：其中最关键的一步是什么？具体采取了哪些行动？
- 原理：为什么这一步最能够帮助解决问题？其本质是什么？
- 应用：这个关键的工作举措还能够运用在别的什么地方？
- 反思：还有更好的解决方案吗？还可能有哪些潜在问题？

其中，背景、流程和关键可以通过分析案例直接得到，而梳理的难点在于原理和应用。事件的原理需要经过总结和概括，常常会落到测评的能力素质项上，即哪些关键行为带来了问题的突破并能够复制。应用指能力迁移的可能性——通过讨论关键行为的其他适用场景，能够帮助我们快速了解近似的工作场景，有助于举一反三设计题面。而反思可以帮我们寻找其他可能的最佳答案，便于题目在设计的过程中形成参考答案或打分依据。

在命题过程中，题面主要取自背景，而其他几个要素是我们确定可测能力项、设置追问的问题及形成参考答案和打分依据的参考。

☕ 案例萃取举例

⊙背景：在工作任务产生的背景中遇到了什么样的困难？

某集团组织三年一届的客户经理大赛，各省公司非常重视，各选拔三名选手进行封闭训练。

进入决赛阶段，在笔试环节，某省公司一名选手忘带身份证，按规定不能入场。该公司是前三名的有力争夺者，直接让该选手入场不符合考试纪律，而且对其本人和所在省公司是很大的遗憾。作为竞争对手的其他省公司都在关注如何处理。

作为现场组织负责人的你有点生气：强调了多次还不带证件！另外非常着急，有点拿不准该如何处理。

⊙流程：为了解决困难，先后做了哪些工作？

了解情况；明确规定；提出方案。

⊙关键：其中最关键的一步是什么？具体采取了哪些行动？

（1）快速提出方案，确认合理性与可行性。
（2）寻求上级指导。
（3）现场征求其他省公司意见。

⊙原理：为什么这一步最能够帮助解决问题？其本质是什么？

没有绝对的最佳方案，参考国考的相关处理办法。

毕竟是系统内的考试，获得其他兄弟单位的理解，保证公平的大原则，规避替考等嫌疑。

原理提炼：把握原则性和灵活性的平衡。

⊙应用：这个关键的工作举措还能够运用在别的什么地方？

其他大赛的组织工作、竞聘的组织工作、奖惩方案的执行等。

⊙反思：还有更好的解决方案吗？还可能有哪些潜在问题？

预案要充分，考虑各种情况。

迟到15分钟不能入场是否合理？未带证件是否要付出一些代价？是否拿来后再入场更符合规定、更公平？

步骤3：案例生成与验证。通过案例分析，我们得到了一个典型工作事件或挑战的全貌，包括事件的细节和深刻的反思。为了保证案例或题目的典型性、合理性，需要征求相关岗位人员、相关部门领导以及其他专家的意见。

在验证过程中，需要将案例成稿递交给相关人员或专家，要求其结合自身工作实际或常识判断以下几个方面。

- 案例描述的情景是否为该岗位典型的工作场景。
- 案例描述的冲突、矛盾是否属于该岗位的工作挑战。
- 案例中的处理方式是否得当。
- 案例中是否存在其他不合理或常识性错误。

案例或题目开发者接受建议进行调整后，便得到了案例或题目的成稿。

题面及追问点设计

前面我们对待测能力素质项和该职位的典型工作内容进行了介绍，接下来，我们需要依据这些素材命题。题面需要简明地描述任务情景，在追问中任务会被不断澄清，新的挑战会被提出，难度也会增加。前面我们谈到常见的题目类型有任务完成型、现场解决型和两难型。测量不同的能力素质项，适合的题目类型也不同。对于管培生招聘案例中的计划执行能力，最适合设计任务完成型题目。管培生的任务，通常包括发起内外部调研、协助组织会议、寻找供应商等，对于考察计划执行能力，这些工作任务都是可选的。我们不妨用寻找供应商的场景设计题目：

领导给你一项任务，为某项目室内装饰施工寻找并确定一家建设单位。领导给了你一周的时间，你会如何开展工作，确保找到合适的建设单位？

写好题面后，我们要设计追问问题。在设计追问问题的过程中，要把握完成工作事件的关键，对被评价者的回答进行设想和预判。注意追问点要围绕所测量能力的关键行为点，避免不分主次、过于散乱；追问中所补充的任务细节应结合实际，切忌刁难被评价者。

就前面提及的计划执行能力的四个行为关键点，我们可以分别提出一些追问问题。比如针对考察点1"接受挑战"，被评价者很可能提出没有任何相关经验，那么我们可以围绕"如何应对没有经验的新任务"的话题展开追问。计划执行的四个行为关键点所对应的追问问题举例如下：

考察点1，接受挑战："大家没有相关经验，经验是必需的吗？""以后工作中会有很多没有经验的任务，有很多不确定性，有什么办法让它变简单？"

考察点2，制订计划："你一周的时间会怎样安排？重点在哪里？""什么样的施工单位才是合适的施工单位？"

考察点3，资源调配："你从哪里获取资质信息呢？""有人帮助你核实信息吗？你平时遇到困难都怎么处理？"

考察点4，计划落实："施工单位投标条件怎么确定？""中意的施工单位未必制订方案并参与竞标，怎么办？""工作量是否太大了？一周时间能完成吗？"

题目试测与验收

一个好的情景题目，需要满足目标性、现实性、典型性、新颖性和区分性的五星原则（见图 8-8）——聚焦若干特定的能力项，源于生活，高于生活，有一定的难度，以区分被评价者的水平。其是测验信度和效度的重要保证。

图 8-8　情景题目设计的五星原则

目标性指题目应该严格围绕考察点设计，评分时要围绕考察点进行评分，避免无关因素干扰。题目要突出主题，以测量一项能力为主，附带测量其他能力素质，不能贪大求全。

现实性指题目应该符合拟任工作的规律性和发展趋向性，不能脱离实际、凭空想象。否则，被评价者会对题目和考核的公平性产生怀疑。

典型性指情景面试题目所涉及的事件必须是典型的，是被评价者未来工作中重要的、经常出现的、关键性的活动，而不是偶然发生的、次要性的活动。此外，工作事件应该经过归纳、概括，可以将多种情况集合成一件事，不能生搬硬套。

新颖性指题目应该能够激发被评价者的参与兴趣，尽量做到未来的工作相似不相同，减少过往直接经验的影响。一个新颖的情境在一定程度上控制了个人经验的影响，对不同被评价者较为公平。

区分性指题目应该为被评价者提供发挥的空间：不能过于封闭，也不能过于笼统，让人无处着手。我们可以在任务和目标答案之间设置埋伏、设计曲折，或在大问题中嵌套小问题，让不同水平的答题者都能够有所发挥。

从这几个角度出发，我们可以请命题专家、上级领导对题目进行评价，也可以选取类似的群体进行小范围试测，以检验题目是否严谨、难度是否合适。经过反复修改，最终可得到较为完善的题目。

如何用好一道情景面试题

虽然情景面试相对行为面试来说，对于面试官的要求不那么高，但为保证面试达到效果，很多具体实施技巧仍需注意。实施技巧可以分为面试前、中、后三阶段讲。

很多被评价者并不适应假设性问题，在回答问题过程中常常将自己现实的工作情况带入问题中。当情景面试在行为面试之后出现时，这种现象尤为明显。其可能会说"我不会让这种情况发生"，不接受题目中的假设性任务；还有可能套用行为面试中的答题技巧，习惯性地举例过往的工作经历。这时候，就需要面试官进行铺垫和引入，帮助被评价者调整到情景面试的频道中。例如，面试官可以直接说："下面，我们将提问一些假设性的问题，请您根据题目中所描述的情况进行回答。"

在面试进行过程中，常见的问题有"空对空""不够狠""打不开"，它们本质上都是问题问得不深（见图 8-9）。"空对空"和"打不开"是来自被评价者的挑战，而"不够狠"则来自面试官自身过于温和、习惯自行补充以及目标感不强等问题。

"老油条"容易在理论层面谈问题，给出一些大而空的答案。如果面试官被牵着鼻子走，顺着被评价者思路开始谈原则、谈理念、谈框架，即出现了"空对空"的问题。这时

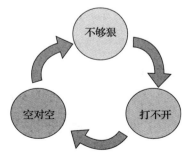

图 8-9　情景面试常见问题

为了破局，面试官需要坚持一个问题问到底，例如："告诉我你现在怎么做"；追问具体的行动与步骤，不断追问"还有吗"。

对话"打不开"的原因有很多，应该具体分析，各个击破。比如，题目中的任务过于封闭或笼统，区分度不高；被评价者回避问题，有矫饰之嫌；被评价者过于紧张，难以平复情绪来回答问题。这时面试官既要学会"温和地审讯"，也要学会像有经验的记者一样提问。对于夸大、躲闪、不愿诚实回答问题的被评价者，我们的提问可以更有压迫性，打破对方的防御机制，不猜测对方的含义，不断追根究底，直至得到清楚明白的答案。对于紧张无措的被评价者，我们要循循善诱，做好铺垫，建立好信任关系，用亲和耐心的态度为面试营造良好的氛围。

很多面试官过于考虑对方的感受，害怕看到被评价者尴尬或窘迫，追问时不敢问得太难太深，即出现"不够狠"的问题。此时，面试官要切记自己的目标是深入提问获取更多的信息，减少作假的可能。对于能力强的被评价者而言，有难度的提问不但不会让他难堪，反而是展现其能力的机会。所以，在一般情况下，面试官完全可以放下顾虑，放手去问。此外，面试官有时还需要明知故问、故意反问和质疑。

具体来说，当被评价者有图 8-10 所示的表现时，面试官需要有相应的敏感性，及时追问。

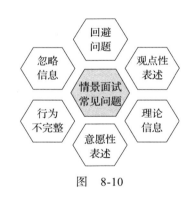

图 8-10

> ☕ Tips：当被评价者出现以下表现时，需要注意及时追问
> - 回避问题：我觉得市场部门的配合不会有问题……
> - 观点性表述：我认为选择合适的施工单位是非常重要的，这项工作一定要抓好。

> - 理论信息：关于授权，要分清楚哪些工作可以授权，哪些不可以，而且在授权后应给予有效的支持和监督，保证授权下去的工作能顺利地得到执行。
> - 意愿性表述：我会主动去承担更多的任务。
> - 行为不完整：我会在第二天把工作任务给各个方面分配下去。
> - 忽略信息：到时候我会组织相关人员来做评标工作。（有多少供应商来参与竞标？相关人员是否都能够来参加评标？）

此外，某些情景面试较为复杂，如大问题套着小问题、背景信息充实、追问繁复，让人难以理清脉络，对于主要提问者之外的面试官和观摩者来说，更是摸不着头脑。于是，在某国有企业内部选聘时，除了主面试官和企业内部面试官外，还有一个助手，在旁边的白板上写上追问的框架和回答的要点。答题者的思路一目了然，评分者能够清晰掌握评分要点，复盘更容易，也更能够赢得观摩人的认可。在情景面试接近尾声的时候，我们可以将题目升华一下，以"现实生活中遇到这样的问题时应该怎么办"这样的问题作为结束。

对于企业，情景面试能够有效减少被评价者作假、使用套路和有备而来产生的影响，更便于对被评价者进行横向比较，对于缺乏相关经历的被评价者来讲，预测效度更高。情景面试的题本开发虽难，但前期准备工作一旦做好，对于面试官的要求要略低于行为面试，且过程更为可控，在实践中更具操作性。

对于被评价者，情景面试看起来与工作关联度更高，更为可信。然而需要注意的是，并非所有被评价者都对情景面试持欢迎的态度，情景面试中常见的两难情境和复杂任务会让一部分被评价者感到受挫或自身能力受到了质疑。这就需要我们在实施环节中关注被评价者的感受，毕竟我们所有的评价手段都是为目的服务的，只有保证被评价者接纳并参与其中，才能使测评得到最好的效果。

情景模拟：引发行为，以小见大

思考

《 在商业、军事、文化教育等领域里，有哪些典型的情景模拟？
《 你知道的最逼真的情景模拟是什么？
《 企业为什么要花时间和精力做情景模拟？
《 在你所在的企业中，情景模拟的价值得到充分发挥了吗？

揭开情景模拟的神秘面纱

人才评价的方法，远不止对谈面试。情景模拟法，即观察法，是人才评价不可或缺的一类方法。电影《西虹市首富》中男主角继承巨额遗产的终极考验，就是一个典型的情景任务。在企业人才选聘的过程中，对某些职位往往会"不经意"地安排和老板共进午餐、打一场球等环节，被评价者在其中的行为表现，被老板"一览无余""眼见为实"。

情景模拟最早见于军事领域，军事演习是最逼真的情景模拟。在电视剧《士兵突击》中，有一段 A 大队特种兵选拔的故事，这是一个很好的综合情景模拟应用的例子：袁朗不惜一切代价营造了高度逼真的演习对抗环境，让参加者把这次演习当作真实，想让他们在没有经历战争的时候体验战争，并展示自己最真实的一面。在此次选拔中，参赛士兵需要经过两天三夜的战斗，最先到达终点的三人获得名额。许三多在濒临极限的情况下，不离不弃地帮助自己的战友，用自己仅存的力量支撑战友，筋疲力尽地拖着同伴前行，最终只获得了第三名。但是，与他同组的成才发现战友受伤后只是犹豫片刻，然后选择自己跑向终点，获得了第二名。

最后的结果公布与反馈非常精彩，成才被老 A 拒之门外，之后袁朗与成才的那段对话堪称经典，我们可以从这段对话看到老 A 的选拔标准。回顾整个选拔过程的行为观察与事实例证，我们可以看到结果公布与反馈过程中落选者的不服与挑战、观察员"摆事实、举例子"的充分依据以及振聋发聩的冲击力，甚至反馈技巧的汉堡包法则㊀。对于要一起上战场的战友，不仅仅要看其基本的射击、格斗等作战技能，还要看其阅读战争的能力，更要看其内心更底层的对人对事的态度和价值观。

这样不计成本、不惜一切代价营造的真实，把每个人都展示得立体全面，并能够促进参与者积极地反思，从而有更大的发展潜力。这就是一个完整的人才评鉴流程。

在企业的人才评鉴中，面对身经百战、训练有素的被评价者，传统套路化的面试方法有时会明显失灵。这时候情景模拟的价值就会凸显出来。情景模拟最大的特点就是以小见大，"是骡子是马拉出来遛遛"，在模拟的任务情景中，展现被评价者的能力特点。

常见的无领导小组讨论、公文筐、案例分析和角色扮演等，都是情景模拟类的人才评价方法。通过精心设计的题目，被评价者身临其境，面对在工作场景中可能遇到的困难和冲突。这种角色代入非常有利于被评价者的行为展现。此外，情景模拟也有利于被评价者体验挑战、练习技能，在反思中获得成长。

情景模拟的题目设计

以小见大和突出代入感

实施一场成功的情景模拟，题目设计至关重要。

为什么很多题目情景模拟的效果不强，被评价者表现出更多的避实就虚、信口开河？作为题目设计者，除了调侃被评价者纸上谈兵、应试痕迹明显之外，更要反思一下题目本身的改善空间。

好的情景模拟题目需要符合我们之前提到的典型性、现实性、目标性、区分性和新颖性的"五星原则"。在此基础上，我们要强调两个根本的要求：以

㊀ 指先指出优点，再明确待改进之处，最后给予鼓励和期望的法则。

小见大和突出代入感。

任何职位，其能力的体现、绩效的创造都要依赖于具体的行为，没有行为什么都是空的。情景模拟要想有效，是要"看到"行为的展现，而不是听到很有道理的基于经验、套路或管理学基本原理的方法论。再高的职位，也需要"从大处着眼，从小处着手"。以小见大，就是在具体的明确的任务情景下，观察被评价者具体的思维决策和行动，从而得出对其能力、风格和价值观的判断——从小事中的表现预测大事中的表现，从关键环节和片段的表现中把握其承担职责的独特价值与可能的风险。情景设计的难点往往不在于宏大背景和叙事的铺陈，而在于"小"的场景的创设。而只有当"小"的场景做到"似曾相识"和"情理之中"时，才能突出代入感，使被评价者设身处地、身临其境，而不是以事不关己的超脱状态坐而论道。

对于背景"S"需要做到以下几点。

首先，任务背景要聚焦某个片段、突出某个矛盾，甚至把镜头锁定在某个瞬间，比如新系统的上线、新规章制度的执行、谈判的关键环节、任务冲刺的重要节点、内忧外患的多事之秋等。

其次，信息呈现要围绕任务需要，合理取舍宏观、中观与微观信息，并逐层呈现。尤其是对于案例分析、公文筐等多依赖静态作答的工具来说，题目使用效果好，其任务背景的关键信息一定是清晰明确的，而不能任由被评价者"合理假设"。

最后，信息本身要合情合理，符合组织环境和人物设定，不能为了制造矛盾冲突而进行不合理的剧情设计。在保证"真材实料"的同时，还得贴近生活，符合一般职场生态和规则。此外，不能规定被评价者的情绪反应和心理状态，比如"你很失望""你很无助""你很生气"等。我们要呈现的是客观事实，而如何反应是被评价者的事。

对于任务"T"需要做到以下几点。

首先，任务要具体，密切联系背景信息和情景材料，拆解到一定的操作层面。比如一个巨大的项目或一项艰难的变革，可以被分解落实到一次会议的准备、关键人选的确定、一个具体的决策和指示等，让被评价者不光可以展示"抓大放小"的思维框架和经验套路，更可展示"从小处着手"的落地本事。大而空，就违背了情景模拟的初衷，变成一个大而化之的简答题，比如如何制定竞争策略、如何设计培养体系、如何推进企业文化落地，等等。

其次，任务的出发点、性质、难度要符合情景中模拟人物的角色定位。"不在其位不谋其政"，不能刻意安排越俎代庖的事情，以免合理性问题影响角色代入。

最后，要基本符合被评价者的认知范围，也就是不能过于偏门、出圈，否则很可能因为信息不对称而导致不公平，导致无法考查被评价者的能力水平。比如，曾经有一道题目关乎时空穿越：在历史、地理基本信息严重缺失的情况下，请被评价者解决斯巴达城邦规划建设的问题。作为校招无领导小组讨论的题目，它是有一定想象力的，但也会让不少被评价者摸不着头脑。

题目设计的流程

（1）聚焦考察指标。在开发题目前，要聚焦特定的能力项，明确具体的可以观察的关键行为点。这是评分的基础，也有助于梳理和分析工作情景。

（2）收集素材。情景模拟的特点需要根据相关岗位工作所需的能力素质进行测评，需要收集其工作中所遇到的典型事件。主要的收集途径和特点如表 8-3 所示。

表 8-3 典型事件的收集途径及特点

途径	优点	缺点
企业内部访谈	● 生动鲜活 ● 能够快速获取	● 碎片化程度高 ● 需要组合典型代表，有效性存在个人差异
企业内部资料	● 快速，点多面广 ● 贴近组织情境和业务方向	● 有时信息有滞后性 ● 需要与其他信息综合使用
行业新闻 （专家观点、热点话题）	● 具有热度与话题度 ● 外部信息角度开阔	● 通常偏宏观，使用面相对较窄 ● 与企业实际可能存在一定距离

应注意的是，一方面，要充分利用不同工具的特点搜集信息；另一方面，应在理解的基础上筛选和加工文件素材，切忌断章取义。

（3）编制文件。在开发情景模拟的题目时，一定要避免场景和任务的假大空。有的企业喜欢题目设计要尽量贴近企业实际，以便于观察评价；有的企业则喜欢跨行业进行情景模拟，以避免被评价者受到经验主义的束缚和影响。两种方法各有利弊，只要能够源于生活、高于生活，做到前面所说的以小见大和突出代入感，基本上就是好的题目。

（4）拟定评价参照。如果需要专门针对情景模拟的行为表现进行环节打分，则需要事先确定评分参照，对可能的好、中、差等各种程度的回答进行描述或举例，对应行为点，明确打分规则。

（5）题目试测完善。试测一般请在职的有关人员做答，收集疑问点，并征求改进意见，从而完善题目，明确实施的注意事项。也可以将题目施测于优秀任职者和经验欠缺者，并进行对比，检验题目的有效性。

情景模拟工具详解

在企业的实际应用中，由于考虑时间、成本、效果等要求，建议可以选用一两种情景模拟方法和行为面试结合使用，彼此相互验证。为了在测评工作中合理组合各种工具，需充分了解其特点。常见的情景模拟方法主要为表 8-4 所示的几种。

表 8-4　情景模拟方法比较

类别	个人任务			群体任务	
	案例分析	公文筐	角色扮演	无领导小组讨论	实战模拟
优点	● 开放性强 ● 公平性强 ● 操作实施简单	● 情景仿真性较强 ● 考察维度广 ● 公平性较高 ● 操作实施简单	● 仿真度较高 ● 被评价者个人风格特点展现充分	● 同时测评多人 ● 便于横向比较 ● 考察维度广，个体差异体现明显	● 同时测评多人 ● 真实或接近真实的任务场景 ● 开放性强

（续）

类别	个人任务			群体任务	
	案例分析	公文筐	角色扮演	无领导小组讨论	实战模拟
缺点	● 互动性不足 ● 考察维度不够全面	● 开发成本高 ● 对评价者要求高	● 开发成本较高 ● 对演员的一致性和灵活性要求高	● 对测试题目要求高 ● 某些被评价者不适应群体压力，影响能力展现	● 创新设计难度高 ● 实施成本高
适用对象	通用	中高层	通用，偏中基层	通用，偏中基层	通用，偏中高层
适用场景	招聘、选拔、竞聘	选拔、竞聘	选拔、培养	招聘、选拔、竞聘	选拔、培养

案例分析

案例分析是法学、医学和MBA（工商管理硕士）教学中常见的重要方法和手段，目的在于提高学生理论联系实际和分析决策的能力。哈佛商学院在1912年首次将其应用于商科领域，其关键在于抽取现实企业案例的某个片段引出研究探讨的核心问题：学生在课堂上面对真实公司所经历过的问题，在老师的引导下各抒己见，像开董事会一样代入性地进行思考，在探寻解决方案的过程中理解商业的基本逻辑与问题的本质，从而掌握知识、提高能力。

案例分析应用于人才评价时，往往会为了保证公平性而进行"改头换面"，隐去部分信息。与案例教学相比，其另外一个重要的不同是，在多数情况下只给被评价者呈现出背景"S"和任务"T"，而不是案例的全部内容。这样可避免被评价者仅仅依据已知事实评判得失，而让其以更强的代入感进行思考判断。总之，套路化的回答越少，我们越能看到被评价者的能力特征。

案例分析除了可以用纸笔作答，还可以用请被评价者先对题本进行二三十分钟的阅读，列好回答大纲后，再进入面试环节进行口头陈述和答辩互动。可以让被评价者更加充分地表现的特点，使口头陈述的方式以其更强的互动性越来越受到欢迎并得到广泛应用。

☕ 案例分析示例：总经理该如何决策

某市水务（集团）有限公司（以下简称"A集团"）是一家成立于20世纪50年代的老牌国有企业，同时也是一家地域性综合水务服务商。A集团主要从事自来水生产及销售、污水处理及排放、水务投资、水务工程设计与建设等相关业务。目前，集团日供水能力约为364万吨，日污水处理能力80万吨，为全市750多万人口提供优质、高效的水务服务。A集团的总资产约为53.3亿元，净资产超过39亿元，拥有完整的水务产业链，服务水平、运营效率和技术实力处于全国领先地位。多年来，该集团反映企业运营管理效率的主要指标，如人均供水量、人均污水处理量、人均创利及产销差率等均位于行业前列。

作为一家地域性综合水务服务商，A集团优良的技术能力与良好的政府关系一直是其最大的核心竞争力，各方面多年的资源积累也为企业发展奠定了良好基础。比如，A集团在本市拥有一定数量的地块，具有较好的品牌形象，并积累了大量资金。但是，进入21世纪后，A集团面临着很大的挑战：一方面，外资水务公司及一些大型全国化的水务公司期望进入该市，这将给A集团在既有领域的发展带来威胁；另一方面，水务业务由于其特殊性，长期受到多方面的影响与干预。另外，A集团面临的问题还有：当前组织内管理者与员工的司龄均较长，虽有人员稳定、技术能力强的优势，但综合能力相对较弱；高管团队多为老国企人员，虽有一些"空降兵"，但由于文化上的不适应，致使组织融合度不高。

面对当前的市场环境及企业发展现状，虽然A集团领导班子的目标是一致的，要把企业做大做强，但在具体举措上却出现了不同的意见。一些高管希望利用自身技术实力的优势做水务产业投资或者专业水务项目的运营管理业务，比如做实"水务一盘棋"，毕竟从长远看水务业务仍有较大的发展空间,但这方面的举措也有一定的劣势,水务业务盈利较慢,难以实现资本增值,这将使企业整体发展速度缓慢。另一些高管认为可以走多元化道路,以利益最大化为原则,寻找新的利润点。A集团走这一路线的优势是当前已积累了一定可运用的资源,但不足是缺乏这方面的经验,并且如果选择此路径必定会分散组织现有的资源,在一定程度上影响主业,并要承担相应的风险。

⊙主干问题

假如你是A集团新上任的总经理,董事会希望可以听到你在集团战略规划上的思路与建议,请你具体陈述,并从整体计划、具体措施和风险管理等方面阐述你将怎样保证战略的实施。

⊙追问问题

(1)如果候选人选择多元化发展路径。

追问一:由于该行业特点,在A集团明确走多元化道路的同时,如果恰逢政府领导班子换届,而对于A集团新的战略规划,市委领导迟迟没有表态,相关办事部门在与企业业务沟通过程中十分不配合,并且据多方信息了解,由于政府期待本市水务公司专注主营业务,因此在考虑引入竞争对手至本市,并对部分原有优惠政策考虑再分配。这对A集团发展十分不利,这时你怎么办?

追问二:最近A集团在多元化发展的过程中,收购了一家新兴业务领域的民营企业,但此企业明显从企业文化、管理制度到业务开展流程都与A集团本身有较大的分别,并且此公司的员工也对集团国有化的管理方式较抵触,你负责将其整合到集团,为了尽快实现资源整合、组织优化,你将怎样做?(请你从整体计划、具体措施等角度进行阐述。)

(2)如果候选人选择专注水务业务发展路径。

追问一:由于该行业的特点,在A集团明确走专注水务业务发展道路的同时，如果恰逢政府领导班子换届，市委领导班子对于 A 集团新的战略规划并未明确表态，此外据多方信息了解，由于政府对于 A 集团赋予了较高的期望，正在筹措推动 A 集团改组，将一些多元化业务国有资产并入集团，这时你怎么办？

追问二：A 集团作为老牌国有企业，集团内部管理有一定的优势，比如流程规范、人员稳定、制度完善等，但是，也相应有一些不足，如管理机构臃肿、流程烦琐、氛围相对沉闷、员工工作积极性较低，这些使 A 集团较难实现水务业务的目标。面对这种情况，为了支持战略落地，在组织内部优化上你会做哪些工作？

（1）案例分析的适用场景。案例分析对实施的要求不高，适合大规模实施，且在测评时可以根据职位特点对案例的内容和呈现的方式进行适当调整，是一种性价比较高的评测方法。

从被评价者的角度看，案例分析更适宜测评中高层管理者，较少用于基层管理者，不适用于普通员工。

从测评内容的角度看，案例分析更适合用于测评能力而非知识。在做测评工作之前，需要先根据岗位胜任力确定测评标准，然后判断案例分析是否是测评的最佳方式。一般来说，常见的评估能力项包括：分析判断能力、战略决策能力、风险防范能力以及书面表达、沟通影响等能力。

（2）案例分析的关键技术要领。案例分析主要分为三个阶段：题目设计阶段、组织实施阶段和结果评估阶段（见图 8-11）。

图 8-11 案例分析的三个阶段

1）题目设计阶段的关键技术要领。案例分析的题目往往来源于实际的市场背景或工作场景，且要求信息相对充分、叙述清楚明确。通常案例分析的题目中所包含的信息可分为背景信息、任务情景、数据信息等，案例内容应难度适中，且案例内容应不能对回答有直接提示。此外，还需要特别注意以下几点：

- 在解决案例情景时被评价者有机会展示出相关能力，因此案例在编制中需要注意所给信息、相关问题要与考察的能力项相对应。
- 每个案例均是独立的实际问题，通常具有非确定因素，不能用固定的程序来解决。案例可以有多个解决方案，而不是只有一种，每个方案存在利弊，甚至风险，需要被评价者进行权衡和取舍。
- 案例分析的作答时间根据材料的难易及复杂程度会有所不同，一般为 30 分钟，在正式实施前最好进行试测。

2）组织实施阶段的关键技术要领。案例分析的操作可以采用笔试和口述两种形式。前者操作简单，效率较高，可多人同时进行测试，但是缺乏对被评价者想法的深入了解。后者操作相对复杂，需要时间更长，但是能够与被评价者深度互动。在具体操作中，可以根据测评的实际情况在两种方式当中灵活选择。

笔试形式的主要步骤如下：

- 主考官宣读指导语：介绍案例分析的作答时间、规则要求及注意事项等。
- 被评价者进行读题思考和笔答。
- 收取答卷并装订：考试时间到，监考官收取答卷、答题纸和草稿纸，请被评价者离场。
- 集中阅卷：所有被评价者的答卷集中在一起，按评分要求，统一评分。

口述形式的主要步骤如下：

- 被评价者场外读题：被评价者在面试室外独立阅读和思考题目，可将自己的思路写在草稿纸上，供场内阐述时参考。
- 被评价者场内阐述并回答追问：被评价者进入面试室，根据自己的理解回答案例分析题，并回答测评师的提问与追问。一般阐述和追问均为 10 分钟左右。

3）结果评估阶段的关键技术要领。测评师需要对每位被评价者的答卷或陈述按照各项素质进行打分，如有争议点，可以与其他测评师或主测评师合议，进而形成针对每位被评价者的最终分数。

打分时通常先锚定评分级别再具体评分。对照参考答案，根据被评价者作答情况可以分为"优秀""合格""待提升"3 种评分级别。评分采用 10 分制，最小计分单位为 1 分，其中：

- 8～10 分表示优秀，出现合格行为且同时出现优秀行为。
- 5～7 分表示合格，出现合格行为，但未出现优秀行为。
- 1～4 分表示被评价者在该能力项上有待提升，未出现合格行为。

公文筐

公文筐（in-basket），又称为文件筐测验。它将被评价者置于某个模拟环境中的特定管理职位，要求其在规定时间内处理一批随机排列的工作文件，包括内部传阅文件、备忘录、电话记录、上级指示、工作通知、调查报告和请示报告等。这些文件来自组织内外部，包括上级单位、平级同事或下属、外部客户、供应商，以及相关监管单位、行业协会等组织，轻重缓急不同。

公文筐测验要求被评价者代入工作情景，在规定条件下（通常是较紧迫困难的条件，如时间与信息有限、独立无援、初任要职等）处理各类公文材料。文件处理一般以纸笔方式进行，要对来自各方的通知、请示和投诉等做出尽量明确的工作安排，给出决策意见、指示或建议。除了回复发件人以外，还可能有多个不同的回复对象及不同的回复内容，包括向上提请决策、向相关部门做出提案、向下做出指示。有的文件需要转交相关人员处理，或仅知情了解即可；有的文件中的事项需要综合多个文件相关信息做出决策；有的文件信息不全，不足以做出决策，需要被评价者发现问题，提出进一步获取信息的要求。为了更好地了解被评价者的思考过程和决策依据，测评师会要求其说明如此处理的理由、原则或依据。此外，测评师一般还会要求其对各项事件进行重要性排序。

（1）公文筐的适用场景。公文筐被认为是评鉴中心应用较广且有效的一种测评形式，但同时其题本开发和阅卷难度大、成本较高。它的测试时间比较长，一般约为2个小时，主要用于中高层管理人员的选拔与培养等。

公文筐考察内容十分广泛，全面覆盖管理者正确处理普遍性的管理问题、有效地履行主要管理职能所应该具备的能力，包括计划、授权、预测、决策和沟通等，特别是对综合把握业务信息、审时度势全面运筹的能力能够很好地考察。从业务内容来看，公文筐的材料涉及财务、人事、行政和市场等多方面信息。从管理事务的角度看，其需要被评价者展现搜集和利用信息、整合信息、优先紧急事项处理、文字写作、计划、分析与判断、系统思考等能力。从管理他人的角度看，其需要被评价者展现对文件有关人物的敏感、理解他人的意图、对人物关系的把握、组织与授权等能力。

（2）公文筐的关键技术要领。

1）题目设计阶段的关键技术要领。公文筐测验的题本开发难度很大，题目的质量直接决定了测评效果。

就公文筐测验的编制来说，背景和角色的设定相对容易，但任务背景、组织架构、时间点、人物关系影响着各个公文的轻重缓急和关联关系，也是不容忽视的。比如年初、年末对于不同的行业企业而言，其工作重点和主题可能有明显不同。

公文包括信函、报表、备忘录和批示等形式，要来自内外部、上下级不同的主体，在情景任务设定中，要考虑微观事件和独立事件、宏观问题和系统问题的组合，以及文件之间的相互关联。当然，还需要注意不同公文与测评能力维度的对应关系。

公文素材的来源，包括企业内真实邮件往来、访谈素材的整理加工与编撰、跨行业或跨领域相关角色管理场景借鉴。在选择和组合公文时，需要把握测试材料的难度：材料难度过大，大"材"小用，所有人都答不完或回答很差，出现"地板效应"；如果过于简单，则会普遍分高，出现"天花板效应"，同样也没有区分度。

一个好的公文筐设计，主要有系统性、真实性和合理性三个特点。

- 系统性。公文筐所涉及的材料文件应成体系，通常10个左右的公文交叉错落，需要一系列管理动作的组合应对，以此检验被评价者的系统思考能力。
- 真实性。文件内容应当典型、现实，形式与来源尽量全面，更加贴近被评价者的实际工作场景。文件中涉及不同角色的语言表述应符合相应的人物层级和职场人设，避免过于突兀的内容。同时，文件格式也需要贴近真实情况，让被测试者有代入感。
- 合理性。题目的情景设置一定要注意合理性，如某些紧急事件一般下级不会仅仅通过邮件的方式传递信息，可以设置成紧急邮件和电话；某些事件下级在上报的过程中应该带着一些解决的方案供其选择。

下面以 TVD 快递公司为例讲解，表 8-5 是其口岸经理公文筐测评组合。

表 8-5　TVD 口岸经理公文筐测评公文组合

核心胜任力	关键行为点	公文一 接待参观	公文二 客户投诉	公文三 三年规划	公文四 绩效周报	公文五 抵触培训	公文六 清关员工问题	公文七 政府阶段性政策	公文八 供应商决策
帮助客户成功	流程执行		○			○	○		○
	绩效达成				○			○	
	换位思考	○						○	

（续）

核心胜任力	关键行为点	公文一接待参观	公文二客户投诉	公文三三年规划	公文四绩效周报	公文五抵触培训	公文六清关员工问题	公文七政府阶段性政策	公文八供应商决策
引领发展	科学决策		○					○	○
促进高绩效	有效化解		○			○	○		
促进高绩效	重次有序		○	○				○	
促进高绩效	跟踪监控	○		○	○	○	○		
发展他人	激励潜能				○	○	○		
发展他人	助人成长				○	○			

☕ 公文筐示例：枢纽管理的新起点

⊙ 背景信息

TVD是一家中外合资快递企业集团，主要从事国际航空快递业务，网点覆盖全球190多个国家和地区，服务聚焦在限时限日快件。其每五年会有一个发展规划，战略目标包括3个方面：以最丰厚的利润回报股东；让TVD成为客户首选；建设最佳雇主品牌。2015年年初，TVD（中国）公司高层明确提出了12字管理方针——"服务领先，销售价值，人员发展"。2016年TVD（中国）升级为大区，集团对中国大区的利润提出了更高的要求。作为TVD全球发展战略的一个重要组成部分，中国大区需要进一步提升效率并加强成本控制。

TVD（中国）员工目前近8000人，业务涉及工业制造、电子商务、医药化工、外贸服装、高科技等多种行业，有5300多辆运输车和513 000平方米的仓储与物流中心。2008年，TVD在大型口岸W市建立了亚洲枢纽，经过近10年的逐步发展，该口岸已经成为集团最具规模的枢纽之一，服务覆盖北亚、东亚、南亚的多个国家和地区。杜海英上个月刚刚由枢纽作业值班经理提升为枢纽作业总监，之前一直从事枢纽作业管理工作,对这里的作业团队、设施、仓库、办公区域等各方面都很熟悉。

(组织架构图略。)

⊙ **任务说明**

在这个模拟任务中,您将作为枢纽作业总监杜海英来处理他的相关工作。

现在是9月26日星期一8:50,上周因公出差一周,现在您回到自己的办公室。由于10:30有管理例会,您需要在100分钟内处理完所有出差期间收到的未处理邮件或相关工作文件,给出处理意见并说明处理理由。

请在答题纸上作答,确保尽量展示您的工作思路,字迹清晰可辨。

☕ 文件一

文件类型:电子邮件
邮件主题:接待外国参观团
发件人:总经理助理 孙梅
发件时间:9月26日 8:37

杜总:

您好!

上周四袁总接到海关的电话,我们口岸被推荐为物流企业窗口单位,下月初将接待应海关邀请来我国参观的非洲海关代表团,届时海关总署的副署长刘长青也会前来。海关领导表示这次参观不仅能够展示我们物流的发展水平和口岸实力,而且对改善我们的进出口贸易环境、增强区域发展竞争力都具有重要的意义,希望我们认真对待,提前做好接待准备。

考虑到您这边比较熟悉口岸情况,而袁总那时正在总部开会,因此他希望我协助您共同做好此次接待工作。我建议这个月末找一天时间对办公区和库区组织一次彻底的卫生清扫，接待日前要求全体职员清洗工服，显眼处布置鲜花条幅，会议室放置果篮。另外，这次接待还需要准备一个 15 分钟左右的汇报演讲。

  其他还需要做哪些准备工作，需要协调哪些总监或经理陪同参观并提前准备汇报，请您随时告知我。

孙梅

优先顺序：

处理方式与处理意见：

理由与依据：

☕ 文件六

  文件类型：电子邮件
  邮件主题：徐晓明旷工问题
  发件人：枢纽作业值班经理 李大海
  发件时间：9 月 22 日 11:37

杜总：

  您好！

  叉车工徐晓明 9 月 17 日（星期六）以后就一直没来上班，也没和组长、主管请假说明。叉车工作人手原本就不充足，这件事影响了近几天的作业速度。我们联系不到他，只能通过劳动合同找到他的家庭住址，邮寄旷工处分的通知，并附送信件告知公司对于突发重病的情况有可以补办请假手续等的公司制度。昨天徐晓明给他的组长微信留言，说自己生病住院了。我们得知后告知他补办请假手续需要提交正规医院开具的证明，结果今天徐晓明回复说自己借了高利贷，和前来追债的人发生了一些冲突，目前躲了起来。

叉车工的替补人员招聘工作已经完成，预计下周三到岗。但这两周的业绩指标是无法完成了。

以上情况，请知悉。

李大海

优先顺序：
处理方式与处理意见：

理由与依据：

文件七

文件类型：电子邮件
主题内容：政府阶段性政策
发件人：网络控制经理 林旭
发件时间：9月23日 17：39

杜总：

10月12～17日在本区二级口岸Y所在地桓安市举行第十二届国际贸易与投资合作大会，目前省政府管理部门出台了一系列管理要求，包括：

（1）在 B 口岸配置安检机。

（2）Y 口岸自 9 月 30 日起所有进口快件必须有安检标签，否则退运不允许派送，且所有进口快件服务中心需要进行二次安检并粘贴标签。

（3）二级口岸 X、Z 及其他六个城市的客户必须安装 APP，录入非协议客户的快件。

（4）9 月 30 日～10 月 25 日，桓安市所有车辆单双号限行。

（5）10 月 8 日～10 月 18 日，外省 A 牌照车辆禁行。

以上内容除交通管制未正式发文公布，其他已经得到正式通知。

林旭

优先顺序：

处理方式与处理意见：

理由与依据：

2）组织实施阶段的关键技术要领。被评价者的书面表达是测评表现的重要影响因素。有的被评价者将大部分时间花在思考上，而写下的文字却很少，比如极端者大笔一挥"已阅"便"万事大吉"；有的则多写一句"交由某部门处理"的意见；有的时间过去大半只处理了两三份公文，而后面的公文由于时间紧张，寥寥数语匆忙了事。

为了解决诸如此类的问题，评委在公文筐测试前应给予充分的指导，强调并要求被评价者在处理文件的过程中，必须将自己的决定或行动方案以文字的形式表现出来。可以为其举例说明，例如，邮件回复的对象与内容，需要电话沟通的对象与内容，想要召开会议的主题、时间与参加者，要召见的人与时间，要发文的文稿等。即使需要授权，也需要把授权对象、授权过程中的注意事项及监控重点等写清楚。

此外，如果条件允许，可以增加与被评价者面对面的互动沟通，了解其处理公文的整体考虑，让其对作答情况和疑问点进行澄清。

3）结果评估阶段的关键技术要领。公文筐测评对评委的要求较高，它要求评委了解测试的本质，通晓每份材料之间的内部联系，对每个可能的答案基本做到了如指掌。因此，评分前要对评委进行培训，以保证测评结果的客观和公正。公文筐结果的评定，通常可采用维度评定评分法。

第一步，评委需要熟悉角色与场景设定，熟悉各个公文的关联，了解能力项与公文的对应矩阵。评委要知道从整体去看被评价者如何把握工作主题、明确任务处理主线、明确轻重缓急的划分，从而确认被评价者的重要性排序是否正确。同时，紧急重要的事项也是阅卷重点。

第二步，根据能力项与公文的对应矩阵，将同一能力项下的多个公文的作答集中浏览，把握该能力项的优秀表现与不佳表现。为保证多名评委打分尺度一致，评委可以随时报告所看到的优秀表现，大家通过合议快速取得共识。

第三步，评委根据参考答案及优劣回答的把握批阅公文，在给能力项打分的同时，也要写出能力项相应的书面评语。

第四步，评委小组的组长，可以安排评分一致性检查，可重点复查高分和低分。如有较大的评分差异，需要评委小组合议或由组长裁定。

角色扮演

角色扮演（role play）是通过创设与工作场景有一定相似度的情景，观察被评价者在情景中的角色行为，从而预测其相关能力的一种测评手段，具有逼真性强、表面效度高等特点。

角色扮演一般是以甲乙双方对手戏的方式实施，可以由观察员扮演一方，也可以由专门的工作人员担任"演员"，还可以由两名被评价者分别扮演甲乙双方。当然，最后一种方式变数较大，在严格的选拔类项目中很少使用，但在发展类项目中较为常用。

在角色扮演的施测过程中，对手"演员"按照事先的场景和人物设定完成自己的角色任务，而被评价者则在相应的任务和刺激下，处理两难问题、突发事件等。在整个角色扮演过程中，被评价者表现出来的各种具体行为，含肢体动作、语言、表情变化等，就是测评师观察、记录和评分的依据。

> **角色扮演示例：业主代表会谈**
>
> *您的角色：A 物业公司项目经理*
> *您的任务：与业主代表会谈*
>
> ⊙背景信息
>
> 您是 A 物业公司的项目经理林丹，负责 B 小区的物业管理。因为在长安街沿线，毗邻一些重要的党政机关，小区的治安和服务状况一直是您重点关注的。但是近一个月，业主汽车被划的事情频发，且多发生在小区摄像头难以覆盖的区域。虽然已经报警且加强了小区的夜间巡逻，但是问题仍未解决，业主们意见很大，小区的住户人心惶惶，对这件事议论纷纷。这件事情已经影响到了物业管理委托合同的续签问题，公司高层领导非常重视，但警方介入到现在也没有一个明确的调查结果，业主委员会的代表李想约您今天下午会谈。时间马上就要到了，您想好好跟他聊聊，通过他安定业主情绪。
>
> 此前您已经了解到了这些信息：
>
> （1）李想，32 岁，男，法学专业，是业主委员会的重要成员之一，爱张罗事，因曾带领没有地下停车位的车主成功拒交停车费而在业主中颇有威望。
>
> （2）业主们对此事件有不同的声音：有的要求返还物业费；有的认为小区安保设施应该更换；有的认为是外来租户对常住业主造成了威胁；有

的甚至认为是小区保安监守自盗……

⊙任务

您作为项目经理林丹，如何取得李想的支持，从而解决汽车划痕问题？（限时15分钟）

（1）角色扮演的适用场景。和其他情景模拟形式相比，角色扮演的特点主要有针对性、真实性和开放性等。

针对性表现在测评题目都聚焦于行业特色，并与工作岗位密切相关，测评着眼于被评价者未来可能担任的岗位对其能力特征的实际需求。

真实性表现为被评价者在测试中所做的、所说的和所想的，与未来担任岗位的内容有直接联系，其犹如一块试金石，使被评价者的工作状态让人一目了然。

开放性表现在测评的手段多样、内容生动，被评价者发挥的自由度高、伸缩性强，其面对的不是一个封闭的试题，而是一个可以灵活自主甚至可以即兴发挥的工作场景。

角色扮演需要被评价者扮演"剧情"中的某一角色，通常情况下会与其他人（其他被评价者或专门的工作人员）共同完成既定任务，因此角色扮演更适合测评一些"与人相关"的能力指标，如组织协调、情绪控制、下属辅导、激励他人和客户导向等。

常见的角色扮演应用有以下两个类型。

类型一：沟通类。最常见的是一对一的方式。被评价者是主角，要跟上级、下属、同级、其他部门员工、客户和供应商等就某一话题展开沟通，以达成预期目的，具体场景包括申请资源、挽留或辞退员工、绩效反馈、处理投诉和商务谈判等。还有一种形式是一对多的方式。被评价者是主角，通常扮演管理者角色，面对多位下属、同事、员工、客户进行面对面沟通。具体场景包括宣贯改革措施、解读一项制度、发布一个通知等,往往涉及利益冲突、思想分歧等。

类型二:应变类。与沟通类的区别在于,这不仅仅是"坐下来谈一谈",而是要求被评价者面对突发状况,动用多种手段及时处理,更能考查其采取行动的灵活性和有效性。空间选择、现场环境、道具准备都会更加丰富,对手演员的戏份也会更多一些。比如,4S店有客户坐到引擎盖上维权,有员工为反对某项改革发起签名,闭门会议时有人通过微信现场直播。总之,这种角色扮演更加逼真,对被评价者的调动更充分,但有时需控制对手演员的戏份。

需要注意的是,角色扮演具有一定的局限性,部分被评价者不适应这种接近于演戏形式的测评方式,不能很快地进入角色,从而降低测评效果。因此,需要注意角色扮演的题目和被评价者特点的匹配性。

(2)角色扮演的关键技术要领。

1)题目设计阶段的关键技术要领。角色扮演成功实施的关键是情境和脚本的设计水平。题目设计需要包括:

- 被测者任务书:背景、任务说明。
- 演员脚本:背景、演员任务、扮演原则和关键提示。
- 评分参考:可能出现的不同表现的合议参考。

设计者需要调研该职位的典型工作场景、重要的业务问题,需要熟悉相关领域的术语。其中,情境设计需要关注以下三点。

第一,情境的合理性及一定的难度。为支撑对手演员诉求的合理性,避免仅有一个点,情境本身应相对综合,多种要素交织在一起,不是一步到位就可以圆满解决的。否则,很容易出现套路化的、刻板的"标准答案"。

第二,信息要相对具体。要实现代入感强,需要更为具体的信息,不能大而化之、模棱两可。比如事件发生的起因、经过、矛盾点、各方立场、人物关系等信息应阐述清晰。

第三,"对手角色"的"人设"要明确。如果是对下属的沟通,可能其画像是"擅长业务""有个性",或者"油盐不进""不自知"等。如果是客户,可能是维权经验较为丰富、知法懂法且会理论联系实际,也有可能是认定道理、意志坚定。确定角色人设后,要预想被评价者可能的多种反应,设定回应策略:什么时候娓娓道来,什么时候绵里藏针,什么时候准备不欢而散。演员的心里要有杆秤,要在合情合理的范围内发挥,该适可而止的时候要注意收口。这个非常关键,其分寸的拿捏直接影响测评的真实度。

在某大型集团高级管理者后备选拔的项目中,我们设计了一个多幕串联的情景模拟,其角色扮演题本样例节选如下。

☕ 被评价者任务说明

接下来,我们将为您提供一个模拟的工作情景。在这个模拟中,您的名字是何威。请您扮演一定的角色,并按照该角色的工作职责以及情景要求在规定的时间内处理相应的问题。

(企业背景、组织架构和部分业务及人物角色信息略。)

2019年春节前夕,哈途公司总经理由于个人原因离职。作为GT集团的储备人才,您被通知要调往深圳接任哈途总经理一职。在此之前,您一直在GT北京总部工作。

哈途会员积分兑换的风波刚刚平息,研发部负责人赵伟向您提出离职。此前,他曾单独向您反映,哈途部门间存在合作壁垒,联动效果差,许多研发部门的新想法、好点子得不到支持,推行不下去。人力资源部HRD杜丽也曾向您反映,赵伟的研发进度多次推迟,绩效考核结果不尽人意,但简历更新非常频繁。您对赵伟的情况还是有些了解的,他曾经在BAA的技术团队工作了8年,负责过多个旅游平台的开发和体系搭建项目,是不可多得的技术人才。当前正处于哈途APP开发和MTS架构搭建的攻坚阶段,不管赵伟最终是走还是留,您都计划跟他进行一次深入的谈话,因为他对您确实很重要。

您将利用集团会议前的10分钟与赵伟沟通,所以请注意时间安排。

☕ 演员任务说明

⊙ 说明材料

在本次角色扮演测评中，您饰演赵伟这一角色，候选人将以新到任总经理何威的身份与您进行一次历时约 10 分钟的谈话。

关于如何表演好"赵伟"这一角色，后面会有一些注意事项，请您务必仔细阅读，参照执行。

⊙ 背景材料

您现在是哈途 APP 研发部负责人。在本次沟通之前，您已向新上任的总经理何威递交了离职申请，他将在今天与您进行 10 分钟的沟通。

总经理何威之前曾在 GT 集团北京总部工作，属于集团储备干部，因为表现优秀，年前被任命为哈途总经理。在这之前，你们还没有深入交流过。

⊙ 角色扮演注意事项

您需要熟悉整体的背景材料，尽量确保每一个候选人面对尽可能相同的情境。具体需要关注以下几点：

（1）参考角色性格：强烈的目标导向，希望何威能够给予您实质性的支持。

（2）整个谈话应该由候选人主动发起，您只是被动的参与者。您没有特别好的解决方案，非常需要候选人从公司层面调动资源解决。

（3）注意倾听，适当地制造些小麻烦（冲突）。

（4）严格遵守时间。如果被测者说不够 10 分钟，需要您主动引出话题，引导候选人多表达。10 分钟时间到，准时结束。

⊙ 制造冲突

（1）制造必要的冲突有利于测评目标的实现。

（2）冲突主要由您制造（通过语言，适当配以情绪）。

（3）关于如何制造冲突，可参考表8-6。

开场语参考：何总您好！好久不见，我发发您的陪伴您看了吗？

表8-6 制造冲突

沟通情境		您的设定反应	言语参考	对应指标
情景一	被询问原因	不直接表达，内心根本不想法是以辞职来谈条件，希望留下，但要解决问题： • 人少任务重，激励不到位 • 研发进度多次延误，绩效奖金拿不到	家庭原因：其实主要还是家里压力太大了，老婆（老公）为了支持我事业，跟我两地分居，最近家里父母身体也不好，她（他）还要照看孩子，一个人忙不过来，让我尽快回去 工作原因：和我之前擅长的工作存在较大差异，团队和部门间的沟通方式也与之前存在较多不同。这么长时间过去了，对我自己来说也不了。这样下去对公司、对我自己都不好 实际的支持不到位： • 过去的这两年，我们部门没有得到实际支持，团队和经费都不用我操心。毕竟我们是干事业的，该领的，其他部门平时跟我们抢资源，遇到问题的时候又要在我们身上推。得不到其他部门的支持和配合，我跟底下的人都解释不了	影响感召策略：沟通风格与表达 是否能换位思考，了解本质原因
情景二	被挽留（画大饼）	不相信，表示怀疑	远水解不了近渴：您说这些我都懂，咱们现在还在创业阶段，应该是在家里吃苦耐劳的精神。但现在家里困难这么多，爸妈年纪都大了，孩子还小，总让我爱人来承担也不是个事儿，我自己觉得特别对不起他们，更何况还不能承诺什么。换了您在家里既要带孩子还要照顾四个父母，您怎么想	影响感召策略：体现用人策略 识人用人的基本判断 对人际冲突是合理避还是合理应对

第八章 人才评鉴的技术建设

			影响感召策略
情景三	不被挽留	表示不服，要个说法	表达不满：何总您也知道，我来之前是付了很大代价的，又辞职又搬家。虽然其他部门都是顺利配合，不尊重我们的工作，但我们还是坚持下来了。这两年时间就这么浪费了，请您给我个交代	影响感召：沟通 体现用人策略 识人用人的基本判断 对人际冲突是回避还是合理应对
情景四	心里有不满	谈条件，想得到支持	要权力：当初在BAA，各方面都很顺利，要不是集团领导来自联系夺我，跟我说MTS模式前景广阔，我也不会出来。来了倒好，人少任务重，其他部门还不配合。两年时间了，进度多次延误，我觉得我都被荒废了 要权力：事情推进艰难，我一个外来又没有发挥作用的集团老人，希望能客观原因导致我们进度有延误。我一个人可以象征性地涨30%，这样好的人能快一点招过来，我跟家里也有个交代 要福利：希望能够有足够的人手，其他两个部门的负责人都是D公司过来的时候就是客观原因导致我们进度有延误。基本的生活都不能保障。我的要求不高，绩效考核不过关，团队就对标行业75%的薪酬就行了，我个人可以象征性地涨30%，这样好的人能快一点招过来，我跟家里也有个交代	影响感召：沟通 是否能安抚情绪，合理拒绝 如何平衡团队间的资源投入 有理有据地表达自己的观点，并获得他人理解与支持
情景五	希望得到上级指导	询问建议	询问建议：您这样跟我说了，我也跟您交个心，不是我想留下，其他部门没有实际支持，我要往他们身上推，就像上次我们开会员积分兑换，等遇到问题的时候又要任凭他们是什么态度！按理说我应该满足需求，全力支持市场和运营，但是他们自己都没想清楚，三番五次更改需求，任凭他们不是软柿子。我也不是软柿子。我想听您期限设置还很着急。的建议	影响感召：赢得信任与支持 助力他人，助人成长，助人成功

2）组织实施阶段的关键技术要领。简而言之，角色扮演的实施就是根据测评的目的和前期设计，由主考官宣读角色扮演的任务和指导语，让被评价者扮演情景中所设定的角色。一场角色扮演一般控制在 20 分钟以内。

其中，实施的难点是需要演员和评价者（观察员）的相互配合。

演员的操作要点如下所示。

①测评前：

- 熟悉任务设置，熟悉自己的角色。
- 设计人物的语言、语调、语速、肢体动作、情绪等。
- 假设可能遇到的情况并准备应对措施，做好心理准备。

②测评中：

- 根据人设灵活互动，引发被评价者行为表现。
- 营造合理的沟通氛围，推动剧情发展。

评价者（观察员）的操作要点如下所示。

①测评前：

- 提前熟悉测评题目。
- 正确理解测评标准，形成标准行为。

②测评中：

- 客观、准确记录（语言与非语言信息）。
- 观察和评估要在时间和内容上严格分开。
- 适当补充提问。常见的追问问题有："请问在刚才的角色扮演中，您觉得遇到的最大困难是什么？""对自己刚才的表现满意吗？还有哪些不足的地方？""请对刚刚的问题情境进行分析，矛盾冲突点是什么？问题解决的关键是什么？"

3）结果评估阶段的关键技术要领。角色扮演通常和其他面试环节结合使用。在每位被评价者完成角色扮演之后，应分别根据其表现进行打分，同时尽可能对所覆盖的考核项写出简明扼要的评语，如突出的特点、明显的不足和评定意见等，以便综合其他环节给出综合的评价。对于评价者而言，要做到的就是正确理解观察内容，对照测评标准进行独立评分，严谨地进行分数合议。

无领导小组讨论

无领导小组讨论（leaderless group discussion，LGD）是情景模拟方法的一种，是通过松散型群体讨论的形式，快速诱发人的行为表现，并通过对这些行为的定性描述、定量分析以及人际比较来判断被评价者能力与个性特征的人才评价方法。

之所以被称为无领导小组讨论，是因为其在实际操作中会将任务交给一组被评价者（一般6～8人），让大家在规定的时间内发言、讨论、得出解决方案，而在讨论时，不指定谁是领导，不指定发言顺序，小组成员地位平等。

无领导小组讨论有三个显著的特点，这是其技术核心，也是使其区别于其他测评技术的主要特点。

- **赛马场效应**：无领导小组讨论在实施时会同时测评几位被评价者，从而提供了一个"赛马"的平台。在"赛马"中选"马"，更易进行横向比较，测评效率更高。
- **人际互动效应**：在讨论过程中，通过小组成员的频繁互动，可以更直观地呈现出被评价者的人际互动风格，便于考察其人际技能和个性、风格。
- **真实诱发效应**：讨论中的偶然因素很多，包括成员之间会出现的观点碰撞、分歧与差异，这就要求被评价者进行快速反应，诱发更多的真实行为，减少行为的伪饰性。

（1）无领导小组讨论的题目类型。无领导小组讨论的题目类型可以分为开放式、两难式、排序式、资源争夺式和操作式（见图 8-12），不同题目类型在设计时需要注意的事项及观察要点略有不同。

1）开放式题目。开放式题目，顾名思义，是给出一个开放式任务，要求小组共同制订方案。其无固定答案，需要被评价者多角度地思考、解答。方案质量的差异体现在思考问题是否全面，方案是否有针对性、可操作性以及创新性。如果小组整体目标导向不强，有可能变成四平八稳的意见堆砌，能力及特点观察可能会受限。

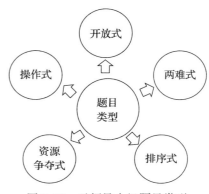

图 8-12　无领导小组题目类型

☕ 开放式题目示例：入职培训毕业典礼方案设计

⊙ 背景

A 集团是一家国内大型上市公司，业务涉及多个行业。2019 年校园招聘结束后，共招聘应届毕业生 200 名，他们于 7 月 15 日正式入职，补充到各个部门。A 集团一向非常重视新员工的入职培训工作，每年新员工入职之后，都会组织为期 14 天的新员工全封闭式集中培训。在培训结束后，按照惯例，会组织一个比较隆重的毕业典礼，邀请集团主要领导参加。往年入职培训和毕业典礼都是由集团人力资源部派专人负责组织的，每年的形式都比较一致。今年集团人力资源部领导希望有所突破，使形式更为新颖、内容更加丰富，从而更加全面地调动新员工的参与度。

⊙ 任务

假定在座各位是本次活动的组委会成员，请经过讨论，形成一套完整的活动策划方案。

2）两难式题目。两难式题目需要被评价者在两种方案中选择一种，并说明理由。设计时需要关注方案间的差异性和排他性，两种方案的矛盾点需要做到集中和突出。观察和评价时需要关注决策依据是否明确、思维主线和框架是否清晰，以及是否考虑了风险因素、是否防范和弥补了方案弊端。

☕ 两难式题目示例：财务经理的难题

⊙ 背景

老张是公司的技术经理，也是公司的大忙人。他周一刚从国外出差回来就被总经理叫去汇报情况，接着又和各个部门开会，就这样一直忙到周五下班。

周六的时候，他突然想起财务部几个月前曾公布了一项新规定，要求"差旅费必须在出差返回后五个工作日内报销，延迟则不予处理"。老张赶紧打开 OA 准备填报报销单，却发现系统中本次出差的报销已经关闭，无法填报。

毕竟是 3 万多元的差旅费，老张把这个事情反馈给财务部。财务人员回复他：为了维护财务规定的严肃性，原则上这笔费用无法处理。但财务人员建议说，可以试着找总经理进行书面签字特批。

老张只好先找到财务经理，一方面寻求理解和建议，另一方面对这项规定的不合理之处提出了意见。如果你是财务经理，你会如何面对此问题，如何彻底解决类似的问题？

⊙ 任务

请小组充分讨论，并派代表进行方案阐述。

讨论时间：30 分钟。

汇报时间：3 分钟（请选一名代表进行发言）。

3）排序式题目。排序式题目需要被评价者对众多要素或方案进行取舍或者排序。小组需要明确几个标准作为排序依据，从而形成方案。在设计时，此类题型需要关注要素或方案的差异性和多样性，且能够从不同角度看到不同的优劣利弊。

> **☕ 排序式题目示例：影响成功的因素**
>
> ⊙材料
>
> 有人总结了影响成功的几个要素：机遇、智商、家境、勤奋、情商、性格、失败。
>
> ⊙任务
>
> 请通过讨论，对这些影响成功的要素按重要程度排序，并说明理由。
> 讨论时间：30分钟。
> 汇报时间：3分钟（请选一名代表发言）。

4）资源争夺式题目。资源争夺型题目会提供有限资源，由小组进行分配。在严格意义的资源争夺题型中，每个被评价者都会收到背景信息之外自己独有的信息和设定立场，各自代表某特定方面利益进行方案建议和理由阐述，同时要兼顾小组共同利益（即共识）的达成。这种题目的设计，由于信息不对称和先天立场差异，会带来沟通困难和必然的冲突，因此题目设计会略微复杂一些，比如被评价者各自代表不同的部门、项目或公益组织争夺某项用途的经费；代表不同部门争夺某项荣誉等。

与此相对应的是非严格意义的资源争夺题型。这类题目资源同样有限，但信息是共享的，大家站在共同的组织立场或客户立场进行资源分配或匹配，争夺的意味不大。比如在下面的例子中，被评价者作为评优小组成员进行讨论形成推荐意见。

资源争夺式题目示例：年终评优

⊙ 背景

上海华明车灯技术有限公司是一家本土公司，创建于1992年，位于青浦工业园区。公司占地124 688平方米，年销售额40亿元。年底，公司年度评优活动正在紧锣密鼓地进行，各部门已经上报了候选优秀员工资料。在座各位作为评优小组成员，需要经过讨论确定两名人选。候选人资料如下。

王霖是销售部业务员，业务能力很强，已经连续两年因超额完成任务得到表彰。但因以前在工作中出现过严重失误给企业造成过一定损失，所以一直没有得到晋升机会，销售部经理认为有必要通过评优活动来保持其工作积极性。

陈天明是研发部去年引进的留学归国人员，一年来其带领的研发团队为研制新产品做出了比较突出的贡献。虽然他进入公司时的薪资水平已高于其他研发人员，但并未满足他本人的要求，部门经理认为迫切需要给予其更多激励。

曹强是市场推广部去年新进的一名硕士毕业生。一年来，其表现出较强的工作能力和发展潜力，提出了多套品牌推广方案，在市场上引起了不错的反响。由于此公司起薪较低，他目前的收入明显低于同班同学。部门经理认为必须想办法留住这样的高潜人才。

李浩任职于行政后勤部，在公司效力多年，一直以来勤勤恳恳。去年，由于他和另两位同事共同提出了一套有效的节能方案，使公司每年可以节省近10万元费用，部门经理认为有必要奖励他的特殊贡献。

王涛是生产部主管，已在公司工作10年。其妻子患慢性肾炎，家中负担较重。一直以来他克服家庭困难，工作兢兢业业，长期加班加点，其所在部门已经连续4年未出现产品质量问题。生产部经理认为有必要在公司层面表扬其敬业精神，体现公司对他的关怀。

陈琳是财务部资深专业人员，已经从业15年，在业内小有名气，曾经有大公司想出高价聘请他。如果失去这个人才，几项重要工作难有人快速接替，而财务信息安全也可能受到一定影响。财务部经理认为有必要通过奖励或授予荣誉来留住这个成熟人才。

⊙任务

请在座各位充分讨论后达成一致意见，并由一名代表总结发言，介绍评选结果并阐述理由。

5）操作式题目。操作式题目会给被评价者一些材料、工具或者道具，要求小组根据要求设计制作一件或多件作品。在动脑、动手又动口的过程中，考察被评价者多方面的能力：动脑，主要体现在设计构思以及命名点睛等方面；动手，体现在把图纸变成实物的过程和成果；动口，体现在和他人分工协作完成设计及制作的过程中需要高效沟通促进达成共识并密切配合。此外，有时可以要求小组派代表进行"产品"推介。限于时间，题目一般是制作一个建筑物或交通工具的简易模型，不会特别复杂。这类题型对于某些设计类、动手操作类职位有独特的价值，有实力的"沉默者"不至于完全被淹没。当然，如果更看重个人的创意和操作技能，那么独立作业竞争的方式会比小组作业的方式更可取。

操作式题目示例：设计展馆

⊙背景

中国某地举行地产企业博览会，进入中国地产企业排行榜前30名的企业都将参加这个博览会。博览会规定每个企业要设计自己的展馆。每个受邀企业都对这次的博览会非常重视，这是企业对业内企业展示自己的一道窗口，因此大家对展馆的外形设计各出奇招，力图在展现自己企业的风采与理念的同时，也展现自己企业的创意。

⊙任务

桌上有一些白纸，还有剪刀、胶带、胶棒和彩笔等。大家的任务是用这些材料在 30 分钟内共同制作一个展馆。希望大家能够做出一个美观、牢固、精良的作品。另外，你们还要为这个展馆取一个名字。

30 分钟结束的时候，请推选出一名代表来展示你们的作品，说明创意思路及名字的意义。展示的时间和形式不限。

（2）无领导小组讨论的适用场景。无领导小组讨论具有真实诱发效应、人际互动效应和赛马场效应，每组测试 6～8 人，如果需要进行大批量的快速评价和筛选，无领导小组讨论是一个不错的选择。因此，此种情景模拟最常用于校园招聘、后备人才选拔等工作。如果题目本身设计能够调动被评价者积极参与，分组实施时能够注意避免原有工作关系的可能影响，那么在中高管竞聘、盘点等工作中其也能够发挥很好的作用。

通常，无领导小组讨论侧重评价的能力项如下：

- **管理事务的能力**：逻辑思维能力、分析能力、创新能力、解决问题能力和信息收集与处理能力等。
- **管理他人的能力**：沟通能力、组织协调能力、团队合作能力、团队领导能力、人际技巧和冲突管理能力等。
- **个性特征和行为风格**：自信心、进取性、责任感、灵活性、独立性和情绪稳定性等。

其中，沟通能力、逻辑思维能力和团队合作能力是在无领导小组讨论中必然能够观察到的。我们根据小组讨论中的常见表现把这几项能力做了关键点拆分和分级描述，以更好地观察被评价者的行为水平差异。

对于沟通能力，可以从倾听和表达两个方面关注（见表 8-7）。

表 8-7 沟通能力关键点拆分和分级描述

能力	维度		行为标准
沟通能力	倾听	1	拒绝倾听：拒绝倾听他人阐述，不关注他人的表达（听了吗）
		2	表面倾听：关注他人的表达，并能给予一定的反应（听到了吗）
		3	把握主旨：耐心倾听，基本把握他人谈话的主旨（听明白了吗）
		4	深入理解：准确理解他人观点，积极给予反馈（听进去了吗）
	表达	1	沉默不语：不愿表达自己的观点或无法让他人理解自己所表达的观点（说了吗）
		2	主动表达：有表达意愿，基本阐述自己的观点，但表达技巧不佳（说完整了吗）
		3	清晰明确：能够清晰、准确、有条理地表达自己的观点（说清楚了吗）
		4	富有感染力：适当使用沟通技巧，表达富有感染力，有效影响他人（能影响吗）

对于逻辑思维能力，可以从思维的深度、高度和速度三个方面关注差异（见表 8-8）。

表 8-8 逻辑思维能力关键点拆分和分级描述

能力	维度		行为标准
逻辑思维	深度	1	逻辑不清：分析问题条理性不强，观点不清晰（观点清晰、逻辑分明吗）
		2	浅显分析：关注到表面联系，能够做简单分析（抓住问题本质了吗）
		3	深入推理：推理有层次、有深度，揭示背后的原因（是否揭示了原因）
		4	洞察本质：透过现象看本质，发现规律（把握规律和本质了吗）
	高度	1	就事论事：关注眼前和当下内容，陷入细节（是否就事论事、陷入细节了）
		2	关注影响：跳出当前问题关注可能的影响，但洞察有限（是否关注影响）
		3	考虑全面：关注到事情发展对内外部、当前和长期的影响（是否清晰预见影响）
		4	统筹全局：关注长远的多方面影响，明确思路（是否高屋建瓴、引领方向）
	速度	1	反应迟缓：不能快速理解材料，不能快速理解他人观点（能否把握材料和信息）
		2	跟上节奏：参与其中，基本属于跟随者，贡献有限（能否持续跟随并略有贡献）
		3	快速回应：清晰、准确地把握他人意图，高效回应（能否紧密互动并高效回应）
		4	多点贡献：自始至终深度参与，多点贡献（能否紧跟节奏并多点持续贡献）

对于团队合作能力，可以从参与、推动和组织三个方面关注差异（见表8-9）。

表 8-9　团队合作关键点拆分和分级描述

能力	维度		行为标准
团队协作	参与	1	沉默或张扬：过于沉默被动，或过于张扬（是否表现为团队的一员）
		2	主动融入：主动参与，积极发言并呼应他人发言（是否参与和呼应）
		3	关注目标：围绕团队目标行动，而非其他因素（关注团队目标达成了吗）
		4	开放包容：心态开放，接纳不同于自己的立场和风格（是否保持开放积极）
团队协作	推动	1	阻碍进程：是否起到阻碍作用
		2	出谋划策：提出独立观点但不能推动其成为团队共识（是否提出观点和意见）
		3	合理引导：积极影响他人，推动达成共识（是否推动达成共识）
		4	化解分歧：在僵局和困难情形下打开局面，求同存异（是否打破僵局、推动进程）
团队协作	组织	1	自我中心：注意力在自己的展示上，不关注他人和团队目标（为组织而组织吗）
		2	关注他人：关注他人的表现，关注小组整体的效能（组织带来了更多参与吗）
		3	规划安排：有清晰的目标意识和时间观念，关注进程（是否推动和把控进程）
		4	营造氛围：关注团队气氛，采取措施带来正向影响（是否促进团队营造良好气氛）

以上内容是无领导小组讨论在通常情况下可以设计到的考察内容。在企业具体使用时，会因题型不同而在具体适用范围上存在一定差异（见表8-10）。

表 8-10　无领导小组讨论各题型考察要点及适用范围

题目类型	考察要点	适用范围
开放式	分析能力、计划性、执行力、创新能力	适合各类岗位
两难式	分析能力、语言表达能力、说服力	更适合综合管理类、职能类等岗位（如行政、人事）
排序式	分析问题实质、抓住问题本质的能力	适合各类岗位
资源争夺式	分析问题能力、概括总结能力、影响他人能力、反应的灵敏性、组织协调能力等	更适合营销类、管理类等岗位
操作式	行动力、合作能力以及在实际操作任务中所充当的角色	更适合开发类、工程类等岗位

(3) 无领导小组讨论关键技术要领。

1) 题目设计阶段的关键技术要领。无领导小组讨论的题目内容要具体，使小组成员共同解决一个问题，切忌将无领导小组讨论变成一场辩论赛。设计无领导小组讨论题目可以参考图 8-13 所示的流程。

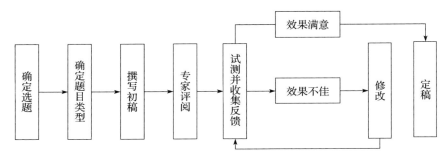

图 8-13　无领导小组讨论题目设计流程

步骤 1：确定选题。题目设计可以接近本企业工作场景，以便于内部评测师更为直观地观察和评价；题目设计也可以远离本企业工作场景，避免直接经验的影响，更好地考察能力的迁移性，而不是比拼套路和打法。两种题目设计方法，都需要收集和选取不同的素材：利用案例萃取技术，定向收集工作案例；从已有的案例库中选取相应主题；选取有相通性的行业、企业和领域，选取相当的职位和任务场景。

步骤 2：确定题目类型。基于目标职位的特点和需要考察的能力项，结合开放式、两难式、排序式、操作式、资源争夺式五种题目类型的特点，确定无领导小组讨论的题目类型。

步骤 3：撰写初稿。对于无领导小组讨论"S"和"T"的设置，通常不建议进行大而不当的背景铺陈，罗列大量冗余的宏观和中观信息。在有限的篇幅里应尽可能直奔主题，交代清楚来龙去脉即可，关键信息点到为止。任务设置有时可以一题两问，一问关于方向决策，一问关于执行落地。

步骤 4：专家评阅。邀请相关部门领导或外部测评专家进行评阅，主要考察以下几方面问题：

- 题目是否与岗位实际工作密切相关。
- 题目是否充分涵盖待考察素质项。
- 题目中各话题是否均衡（尤其是资源争夺问题）。
- 题目中是否存在常识性错误需要修改。
- 题目中是否存在需要完善的地方，以及其他方面更好的建议。

2）组织实施阶段的关键技术要领。一般来说，无领导小组讨论的实施流程分为图 8-14 所示的几个步骤。

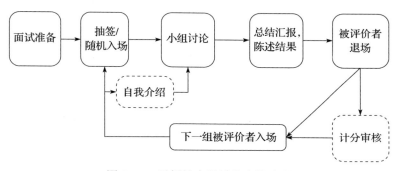

图 8-14　无领导小组讨论实施流程

第一步：面试准备。被评价者在候场区等候，如指定首轮发言顺序，被评价者需提前抽签；如多组进行，需事先进行被评价者分组。分组原则为"均衡化"，即确保不存在个别人员明显不同于其他多数成员，比如在校招中应尽量避免一个组中有一个本科生、六个研究生，或一个男生、六个女生等情况。对于企业内部的选拔或竞聘等工作，除了要确保被评价者的部门类别、年龄段、职位层级的均衡性以外，也要注意避免原来的上下级关系等可能产生的影响。组员之间相对陌生，一般更有利于真实表现。

第二步：抽签 / 随机入场。

第三步：小组讨论。主持人介绍无领导小组讨论的流程安排和规则要求。之后被评价者阅读题目，进行独立思考，准备个人发言。此环节一般是 5～10 分钟。

再之后进行观点陈述和讨论。有时第一轮发言会要求被评价者依次轮流陈述个人观点。第一轮依次或随机发言结束后，进入自由讨论。被评价者可继续阐明自己的观点，或对别人的观点做出呼应和反馈，或者管理和推动讨论进程。自由讨论环节一般25～35分钟，时长可以根据题目难易程度、人数多少而调整。一般可按人均发言三五分钟计算总时间。

☕ 无领导小组讨论过程中的意外情况及控制技巧

（1）讨论材料没有引起被评价者的观点交锋，争论不多，他们很快达成一致，完成任务。

对策：评委根据讨论情况进行干预，指出尚未完成的任务，或者提出新的相关任务请其继续讨论。

（2）在讨论过程中，小组成员中无人关注时间，导致任务无法完成。

对策：主持人在宣读指导语时应强调时间限制和不能按时完成任务的后果；评委在讨论过程中可视情况适当提醒时间进行干预。

（3）小组中出现一个非常强势的人主导整个讨论，使得其他被评价者没有机会表现。

对策：主评委可在小组讨论结束后增加一个评委和小组成员互动的环节，抛出补充问题请其他成员发言，为评委提供补充观察证据。

（4）评委由于观察不足无法评价，出现未打分情况。

对策：主评委应该引导评委对不能打分项进行充分讨论，如果仍不能打分，需在最终的记录表中注明未打分原因。

第四步：总结汇报，陈述结果。按照要求得出一致性意见后，小组推选一名代表向评委总结汇报陈述结果，时长一般为3分钟。

之后，评委可就讨论情况提出问题，请被评价者回答。提问主要分为评价类和方案类两种。

☕ TIPS：无领导小组讨论后的评委追问

⊙ 评价类

（1）小组整体做得好的地方是什么？有待改进的是什么？

（2）对个人的表现满意吗，如果10分满分，给自己打多少分？扣分在什么地方？

（3）如何评价自己的表现？自己在讨论中最值得肯定的表现是什么？

（4）认为组内表现最好、贡献最大的是哪位？为什么？

（5）如果选择两位组员成为同事，你的选择是哪两位？

（6）你的个人意见和最终小组讨论结果差别大吗？你内心更倾向于哪个方案？

（7）大家（没有）推举你做发言人，你的感受是什么？

（8）你最想对哪位组员的表现给一些反馈意见？你的反馈意见是什么？

（9）整场活动（小组讨论）陷入僵局时，你的心理感受是什么？你对自己刚才在小组讨论中的表现满意吗？

（10）请你客观评价一下 × 号考生在小组中的表现。

（11）（针对发言少的人）你刚才发言很少，能否告诉我们原因？你是如何考虑的？

（12）如果再来一次，你会如何改进自己的表现？

⊙ 方案类

（1）你认可刚才你们小组总结的结论吗？

（2）你原来的观点是什么？为什么？

（3）你对于刚才你们小组总结的结论还有补充吗？

（4）如果让你做总结，会有哪些不同？

（5）你能分析一下目前的方案存在哪些风险吗？

（6）你为什么改变了自己的观点？你为什么赞成最后的方案？

（7）你为什么非要坚持你自己的观点？如果一直达不成共识怎么办？

（8）你为什么放弃自己的观点？为什么不继续说服他人？

3）组织实施中如何识别关键行为。无领导小组讨论作为最为常用的情景模拟评价技术之一，经常会使众多被评价者在结束后还意犹未尽、热烈讨论，也会出现众多所谓的"面经"或者"宝典"。很多"过来人"乐此不疲地传播着经验，而这些经验直接催生了众多应考"演技派"。所谓的演技派，最明显的就是"言不由衷""言行不一"，或者发言时过于关注测评师的反应，或者口头上肯定他人的观点但紧接着就"另起炉灶""另立门户"。作为人才测评的实施方，应避免被其"演技"所迷惑。其实，只要掌握好观察和记录这两个技巧，就能拥有"火眼金睛"，识别被评价者的关键行为。

通常来说，无领导小组讨论中会有以下几个角色：领导者、时间控制者、建议者（推动者）、记录者和总结者（见表8-11）。这些角色在小组讨论中通常会自然形成，有时还会灵活转换。各种角色都有机会展现出自己的能力和特点。有的人认为领导者通过率会更高，便费劲心力去抢占"有利地形"，可到头来充分暴露短板的也大有人在。一场高质量的无领导小组讨论，一个优秀的小组，必然是团队高效，每个人都找到了适合自己的位置，都为团队目标贡献了自己的力量。

表 8-11 无领导小组讨论的不同角色

名称	团队角色	常见误区示例	匹配行为示例
领导者	思路引导、团队协调	强行控制流程，打断他人正常发言	思维清晰地引导进程，对他人有影响力
时间控制者	时间划分、时间管理、推动讨论、协助领导者	仅做时间记录和时间提醒	合理划分时间，在关键时间节点影响他人，起到推动作用
建议者（推动者）	推动讨论、协助领导者，提出自己的建议和见解	不能提出建设性意见，发表观点理由不充分	选择坚持或放弃观点时有理有据，对题目能够提出个人见解
记录者	记录所有成员的观点，并整理总结给总结者	仅做发言记录	在记录他人发言的同时能够进行整理和归纳，根据他人观点提出系统而全面的观点
总结者	代表小组充分陈述方案，展示方案的优势与亮点	仅简单罗列团队讨论结果，或更多陈述个人观点而非团队观点	对他人观点不遗漏，有逻辑、有条理地进行表达，重点突出

①清晰每个阶段的观察重点。无领导小组讨论实际上是一个团体决策的过程。决策形成通常会经历不同的阶段,图 8-15 所示的"钻石模型"就是不同时间阶段的缩略图,代表了团队为了找到最佳解决方法而必须经历的过程。

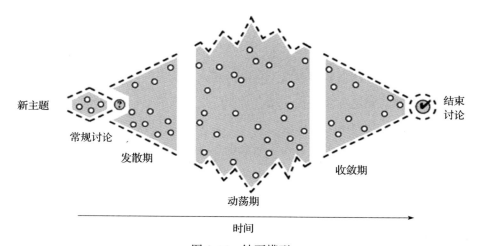

图 8-15　钻石模型

资料来源:山姆·肯纳,雷尼·林德,凯瑟琳·陶蒂.结构化研讨:参与式决策操作手册[M].间永俊,王洪君,译.3 版.北京:电子工业出版社,2016.

阶段 1:常规讨论。

- 常规表现:每个人陈述自己的观点,这时候的观点是对题目的初步考虑,很有可能是不够成熟的想法,或者会提出显而易见的解决方案。
- 观察重点:应当注意讨论中的破冰者和推动者,同时要关注每个人对题目最开始的分析和判断,了解其对问题最初的思考能力。

阶段 2:发散期。

- 常规表现:团队成员开始更深入地探讨题目,表达他们不同的观点。这个阶段如果不够开放、讨论的发散程度有限,团队成员很可能浅尝辄止后又回到原点,导致不能形成高质量的或突破性的解决方案。
- 观察重点：应当注意成员表达观点的广度，团队是否形成了可以自由发言的氛围，大家能否各抒己见，谁从内容上或规则上有力地促进了这个过程。

阶段 3：动荡期。

- 常规表现：团队成员表达了各自的观点以及观点背后的原因后，不同的观点就会发生碰撞，就有可能产生不理解或矛盾冲突，出现难以决策、僵持不下的局面。
- 观察重点：应当关注每个人面对观点碰撞时的反应——是坚持自己还是顺应他人，在处理冲突时的行为、语言是什么以及团队观点能否更有深度地进行探讨。

阶段 4：收敛期。

- 常规表现：动荡期过后，是趋于平静、回归问题本身的过程。成员需要找到突破口，打破僵局、化解矛盾，需要求同存异，做出必要的妥协，产生一致的结论。
- 观察重点：应当关注成员是否围绕目标统一了意见、问题收敛是否有了明确的标准、是否为方案继续优化做出了努力、是否为讨论结果进行了相互鼓励。

②根据观察重点进行讨论记录。无领导小组讨论的记录可以结合钻石模型的几个阶段，在记录表中以不同的"列"代表不同的互动轮次，轮次数量不限，根据需要可以自行添加（见表 8-12）。

同时，可对重点互动及发言做标记，比如将观点交锋与呼应用不同符号标记，在用电子表格记录时，可将有含金量的发言单元格以绿色等颜色填充。这样既能够看到不同成员的发言次数和不同阶段的参与度，又能看到其发言质量和对小组讨论的贡献度，一目了然。

表 8-12 无领导小组讨论记录表示例

序号	姓名	第一轮发言顺序	第一次	第二次	第三次	第四次	第五次	第六次
1		4	大家说得特别好，对我个人有启发。下面，我和大家交流一下，从经验、性格特质、岗位匹配程度三个方面来看……	2号提醒了我，不光考虑人和岗位的匹配，还要考虑人选之间的匹配和合作	3号的建议特别好，更多是面对对象的，和××相似有合作	他要了解对象。我接受你的意见。任何人放进去都会有小瑕疵	（略）	（略）
2		3	办公室，对外交流强一些，选××，其在对外交任时，有强有力的手段和态度	不仅要和性格能力匹配，还要看他们四个人能不能配合。归院长管理，为内部是否和谐，为学院发展服务	（略）	（略）	（略）	（略）
3		2	我们六个人在这里，要给院长当好参谋和顾问，应该定一个选人标准	（略）	（略）	（略）	（略）	（略）
4		1	教务处统筹安排，从已有的工作经验、性格特点来看，××是否重视人才的安排，需要对其进行发挥这方面作用……	着重说一下不一样的，从学工部、和学生打成一片，要有给学生立规矩的能力，处事的能力	（略）	（略）	（略）	（略）
5		5	（略）	（略）	（略）	（略）	（略）	（略）
6		6	（略）	（略）	（略）	（略）	（略）	（略）

记录的内容是语言信息的原话，以及非语言信息的白描。非语言信息有时会被忽略，比如说话的方式、肢体动作、眼神与表情和情绪变化等。记录过程切忌"夹叙夹议"，将原文记录和过程评价混杂在一起。

4）结果评估阶段的关键技术要领。在结果评估阶段中，最重要的就是多位评委基于白描的观察和记录进行合议，澄清不一致信息，避免不全面和不客观。合议过程本身，其实也是几位评委之间的无领导小组讨论。评委们根据对"两个过程""两种机制"和"两个结果"的把握，充分沟通，输出人选推荐意见或本环节分数（见图8-16）。

图8-16 无领导小组讨论评委合议内容

"两个过程"指任务互动过程和人际互动过程。评委不仅要关注任务本身的信息交互，也要关注组员关系建立、小组互动氛围的形成与变化，包括谁来破冰暖场、分工的形成与角色转换、组员之间的互动关系。任务互动和人际互动一般是相伴发生的，不要顾此失彼。

"两个机制"指有的人靠自己的聪明才智和经验能力等对决策和方案制定发挥重大作用；有的人则依靠自己的人际影响力，制定规则规范、推动合作、凝聚组员和发挥他人作用，对小组效能和结果产生重要影响。个人贡献者和团队管理者都有其重要价值。

"两个结果"指评委除了要关注讨论任务本身的决策质量、方案质量，还要关注讨论结束后小组成员之间的人际关系结果——是增进了了解、增进了互信，还是互相不服气、不认可。

需要说明的是，无领导小组讨论有时会作为深度行为面试之前的初步筛选环节，或并不单独打分。如果进行单独打分，需要关注不同小组间打分尺度的一致性。如果作为筛选环节,选择一定比例进入下一轮,则要关注组内公平和组间公平,而非要求相对一致的小组通过率。但这样有时会出现某组"全军覆没"的情况。

实战模拟

实战模拟是情景模拟中更加综合、更加贴近现实的一种人才评价方式。其通常根据考察要项,在现实场景中创设一项工作任务,由小组共同完成,很多时候还会引入多组竞争。

实战模拟作为情景模拟的一种测评方式,其复杂程度是评鉴中心技术中最高的,但是它的测评效度较高。实战模拟的优点是它能突破实际工作任务在时间与空间上的限制,通过设计使任务要素全面、对象真实、环节紧凑、集中度高,同时富有竞争性。缺点就是需要花费大量的时间与精力进行前期设计和精心的组织准备,现场实施需确保人员安全,预防应对某些突发情况等。

下面以某企业集团选拔分公司和子公司高管后备人才的项目为例,介绍两种实战模拟的设计思路。

(1) 下设机构的特定课题任务。以下设机构为阵地机构,明确该机构现实业务或管理课题,并以此为任务,邀请候选人组成多个小组在规定时间内进行调研,并提出方案(见表 8-13)。

表 8-13　实际下设机构的特定课题任务安排

时间		任务	备注
第一天	9:00～10:00	任务导入(规则讲解、任务提出与澄清)	顾问介绍规则;当地负责人提出任务与课题并答疑
	10:00～11:00	小组目标分解并达成共识;讨论工作路径与分工	小组研讨共识信息;根据实际情况时间可适度调整
	11:00～18:00	机构内调研、资料调研、访谈调研等	小组获取资料,邀约访谈与座谈;当地机构相关工作人员需在场准备授受邀请,限定人次和职级等,注意保密,适度提前通知
		外部调研(实地考察、市场调研等);方案制订	小组提交调研设想;评委在不影响调研的情况下适度跟踪记录
	18:00～19:00	小组同步工作进展与讨论推进	小组成员汇合,通报分工完成情况并讨论推进
	19:00～22:00	方案制订与实战准备	方案制订与实战准备

（续）

时间		任务	备注
第二天	8:30～12:00	实战准备；规定动作的方案落地实践	物料准备、人员准备及场地等资源协调等；在特定场所进行方案规定动作的落地实践
	13:30～15:00	方案汇报与答辩；投票、复盘与点评	可邀请当地负责人与部分管理者参与投票并提问
	15:00～18:00	个人面试与组内合议	各评委小组分组进行
第三天	9:30～10:30	组间合议，确定推荐人选	可邀请当地负责人与高管参与

☕ 步骤1：选择阵地机构

⊙ 明确选择条件

（1）负责人上任或调任不久的机构，新、老机构均可，新负责人与资深负责人均可。

（2）创新试点机构或面临新竞争挑战的机构，无论业绩水平如何。

（3）负责人能够提出重点特定课题，创造交流机会，乐意为集团选才做出贡献。

⊙ 邀请与确认

（1）集团人力资源部拟定邀请函（书面说明需配合的工作内容、时间、要求和风险提示等）。

（2）集团人力资源总监通过电话进行意向征询与邀请，征询意见范围控制得越小越好。

（3）正式邀请与确认，签订责任书与保密承诺。

⊙ 明确工作要求

（1）课题要求：课题总体要求、信息提供与审核确认要求。

（2）场地设施需求：主会场、各组独立讨论室、公共活动区域等。

（3）课题活动支持需求：一定层级的代表人员接受调研，参与开题与展示环节。

（4）监控协调与行政支持需求：现场必要监控协调、交通食宿等接洽配合。

⊙ 荣誉颁发准备

（1）结束前的感谢环节设计。

（2）荣誉证书与纪念品准备。

步骤2：课题设计

⊙ 课题要求

（1）当地机构现实的重要课题，具有一定的代表性和普遍意义。

（2）课题具有综合性，各条线、职能候选人均可参与其中，能够考察候选人多方面能力素质。

（3）课题需要明确背景，提供必要信息，提出成果要求。

⊙ 课题示意

（1）面对××机构的激烈竞争，如何打好关键一役（目标、策略与战役）。

（2）如何找准切入点，实现业绩增长（团队提升）方面的突破（分析与方案）。

（3）××（下辖区域）经营诊断与改善方案。

⊙ 课题材料

（1）任务书：任务目标、成果要求、流程说明、注意事项。

（2）经营信息：市场信息、机构经营情况、竞争对手经营情况。
（3）团队信息：组织架构、人员基本情况、组织氛围调查结果、敬业度调查结果。

⊙ 流程安排

（1）开题与任务分解：背景介绍、提问澄清、小组讨论。
（2）内外部调研：各组在规定的时间与活动范围内自主展开调研。
（3）方案制订与实践（小组讨论、宣讲、体验活动等）。
（4）方案成果展示与答辩。
（5）点评反馈与总结反思。

步骤3：组织与实施

⊙ 实施资料

（1）信息材料：候选人及评委人手一份。
（2）流程说明：候选人、评委及工作人员人手一份。
（3）其他资料：内外部相关机构地址、联系方式等。

⊙ 场地

（1）主会场：1个。
（2）讨论室：每组1个。
（3）公共区域：1个，调研活动等备用场地。

⊙ 人员

（1）候选人：20余人，分为3组。
（2）评委：6名入组内部评委，2名全场评委，6名入组顾问。
（3）内部调研对象：本企业一定级别人员配合进行限时沟通与其他形式

调研。
（4）实践互动对象：根据课题需要，组织员工代表和管理者代表等。
（5）监控协调者：活动场地、方案等必要的审核与协调；安全监控协调。
（6）行政支持人员：交通食宿等接洽配合。

⊙其他保障

（1）物料支持（海报、投票工具、投影、音响、录音录像设备、白板和油笔等）。
（2）必要的资金支持。

步骤4：明确重点观察环节

⊙开题与任务分解

（1）开题：任务理解、提问、澄清问题、观察互动过程。
（2）任务分解：小组讨论理解任务、明确目标，制订小组计划与分工。

⊙内部和外部调研

（1）内部调研（资料分析、座谈、问卷等）：小组讨论、座谈等现场观察。
（2）外部调研（客户访问、拜访交流等）：必要的跟组观察、候选人复盘过程的观察。
（调研工作可组内分工进行，为便于观察，小组成员需在规定的时间汇合进行交流与推进。）

⊙方案制订与实践

（1）现场实践：内外部实战互动的现场观察，为确保观察的充分性以便于组间对比，需设置必要的规定动作。

（2）方案完善与定稿：小组讨论过程的观察。

⊙展示答辩

（1）方案成果展示与答辩：展示与提问过程的观察。
（2）总结反思：观察候选人个人表现、小组整体表现、候选人相互反馈。

（2）产品营销推广实战。

作为集团人才选拔活动，其各候选人来自集团下属不同企业的不同业务条线。要选取外部企业直接面向消费者销售的某产品进行营销推广，一方面保证对所有候选人相对公平，避免某些人员的经验优势；另一方面，该产品对于大家来说都有机会接触，但总体而言相对陌生，且其客户群体与该集团主要客户群体应一致。比如，产品可以是电子课程、一年有效的会员服务等，避免实体物资的采购、仓储和运输等环节。

☕ 总体任务

针对该产品策划和实施推广方案，包括线上视频推广（至少一条抖音视频）和线下活动及产品销售。

⊙总体规则

（1）活动结束时，所有承诺与现场服务需兑现完毕。
（2）活动过程中不可使用本集团商标等，不可利用集团品牌影响力。
（3）维护推广产品的品牌形象。
（4）活动全程需注意安全、遵守法律法规。

⊙环节设置及日程安排

活动计划在一天半内进行，三个半天分别完成方案设计、线上推广与线下活动准备以及线下活动与回顾展示等内容（见表 8-14）。

表 8-14　产品营销推广实战安排

时间	环节	时间	任务
第一天上午	方案设计	9:00 ～ 9:30	澄清规则
			推选组长
			各组领取物料
		9:30 ～ 11:30	规划方案
		11:30 ～ 11:45	评委点评
		11:45 ～ 12:00	小组复盘
		12:00 ～ 12:10	推选组长，第一次资源拍卖
第一天下午	线上推广与线下活动准备	13:30 ～ 16:30	推广活动准备
		16:30 ～ 17:00	视频展示
		17:00 ～ 17:30	第二次资源选购
		17:30 ～ 17:50	评委点评
		17:50 ～ 18:05	小组复盘
		18:05 ～ 18:15	推选组长
		18:15 ～ 18:30	澄清线下活动规则
第二天上午	线下活动与回顾展示	8:00	各组集合
		8:00 ～ 10:00	线下活动
		10:30 ～ 10:40	公布成绩
		10:40 ～ 11:10	小组复盘
		11:10 ～ 12:00	小组展示
		12:00 ～ 12:30	评委点评

项目组提供的资源及获取途径如表 8-15 所示。

表 8-15　项目组提供的资源及获取途径

阶段	资源	获取途径
项目启动	启动金 1 000 元 团队 T 恤 信息资料：产品介绍、测评账号 20 个、其他资料	启动金不限制购买范围；不得使用个人资金购买相关资源

（续）

阶段	资源	获取途径
第一次物资拍卖	室内场地若干、易拉宝等	依据拍卖环节的支出多少，决定第二次资源选购顺序
第二次物资选购	必有：条幅、宣传页、装饰品、书签、产品账号 或有：第一次拍卖剩余资源	
线下活动	产品账号	线下活动期间可向项目组购买账号

⊙ 活动竞争规则

（1）考核指标：视频浏览量、视频转发量、视频点赞量、线下活动满意度（线下活动满意度＝感到满意的人数－感到一般的人数）、毛利（毛利＝销售收入－商品成本）和销售额。

（2）计算总成绩的方式：纵向排位后将各排名相应分数相加（见表8-16）。

表 8-16 活动计分规则

环节	考核指标	各指标排名及对应得分					说明
		第一名	第二名	第三名	第四名	第五名	
线上推广	视频浏览量	10	8	6	4	2	客户投诉1次扣5分 现场活动每拖延10分钟，扣20分 线下活动需满足：至少持续20分钟，参与人数不得少于10人（不包括小组成员及评委），否则废除线下活动的评分资格 使用个人资金购买资源如被发现，废除全组终试资格 单项分数并列，取高分；总分并列，优先考虑销售额、毛利和线下活动满意度
	视频转发量	15	12	9	6	3	
	视频点赞量	25	20	15	10	5	
线下活动	线下活动满意度	10	8	6	4	2	
	毛利	15	12	9	6	3	
	销售额	25	20	15	10	5	
满分		100					

（3）各环节细则。（略）

360 度评估反馈、述能会等其他人才评鉴方式

思考

«你所在的企业，每年会进行 360 度评估反馈吗？
«你认为给员工述能展示的机会重要吗？
«360 度评估反馈、述能会怎样才能不流于形式？

前面介绍的人才评鉴方法，都是在相对较短的时间内，针对性地收集人的能力、特质、知识技能等信息，而日常观察的方式也是不能被忽视的。

本节要介绍的 360 度评估反馈，是基于日常工作观察，由周边人员做出评价反馈，是人才评鉴的补充验证手段。而述能会由员工本人进行能力检视和举证，通常在 360 度评价反馈或人才盘点会之前举行，帮助管理者和其他相关人员更好地了解被评价者，从而更加客观全面地基于事实信息做出评价反馈。此外，人才盘点会是多种人才评鉴信息的综合应用，将在第九章详细介绍。

360 度评估反馈

360 度评估反馈（360 degree feedback），是指由员工自己、上司、下属、同事甚至顾客等从各个角度评估人员的方法。评估内容可以包括工作技能、专业知识、工作态度和领导能力等。通过这种评估方法，被评价者不仅可以从自己、上司、下属、同事甚至顾客处获得多种角度的反馈，也可基于这些不同的反馈清楚地知道自己的不足、长处与发展需求。

在《财富》评出的全球 1000 家大公司中，超过 90% 的公司应用了 360 度评估反馈（以下简称"360"）。正如该杂志评论所说，"老板、同事和下属对你的真实看法可能会刺痛你，但面对事实能使你成为优秀的管理者。"这正是 360 的价值所在。管理者的层级越高，获得有效反馈的机会越少，360 在集中的时间内开展，他人以匿名的形式给出评价，这成为管理者聚焦反馈的绝佳机会，

也是其停下来反观自我的绝好时机。

360 的过程和结果对被评价者可能充满挑战，而这也容易激发被评价者产生改善自我的动力。借助 360，企业可以在整体上充分认识组织的培训及发展需要。然而这一看似成熟简单的管理技术，在实际实施过程中却屡遭挫折——有人发现它难以驾驭，投入很高却产出很少。我们需要认清其价值和局限，避免误区和雷区。

如何设计 360 问卷

在做 360 评价的时候，很多时候是由于题目本身的原因造成分数失真，因此问卷设计就显得尤为重要。

（1）题目数量。360 问卷设计以胜任力模型为基础。问卷题目过多会使评价者疲惫、注意力下降，从而影响评估质量。在通常情况下，每个关键行为点编制三五道题目即可。如果可以的话，一套 360 问卷的题目尽量控制在 30 题以内。

（2）题目描述。360 问卷的题目必须是行为化的、贴近被测者工作实际的，每一道题目只描述单一的正向的行为，同时要避免过多使用形容词、副词等修饰性词语。

首先，问卷题目应该具象化、简单化，描述行为动作而不是描述行为的结果。比如"在短时间内掌握大量知识"，这其实是说行为的结果；而"参与行业重要交流活动，并关注行业动态"所描述的就是行为。

其次，要注意不要一题多问。比如"了解下属的特点，并给予锻炼机会"，其实是两件事情，应该改为"充分授权，为下属提供锻炼机会"，这样就是一题一问。使用负向行为描述会对计分产生干扰，因此 360 问卷通常只使用正向行为描述。

（3）题目试测。360 问卷编制完毕后，可以邀请他人试测，请作答者发表感受，检验题目是否容易被理解、是否可评价。

如何解决打分问题

（1）等级表述形式。通常使用五点量表进行360打分，常见的有两种等级表述形式，一种是"非常不符合、不符合、中等符合、符合和非常符合"，另一种是"从未发生、很少发生、偶尔发生、经常发生和一贯如此"（见图8-17）。我们在实践中发现，用第一种表述形式，评价者更容易做出过高评价，导致结果缺乏区分度；而第二种形式则可以使评价者给出更接近真实的反馈，且容易拉开差距。

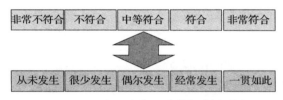

图 8-17　五点量表的两种等级表述形式

（2）作答方式。如果一位评价者评价多人，可以逐人对多题打分，评价完一个人，再评价另一个人；也可以逐题对多人打分，对同一问卷的人员一并作答。通常来讲，使用第二种方式（即矩阵式打分法），效率会更高，人员排名的结果会更加合理（见表8-17）。当然这种方式会用到IT系统。

表 8-17　矩阵式打分法示例

	从未发生	很少发生	偶尔发生	经常发生	一贯如此	无法评价
张三	○	○	○	○	●	○
李四	○	○	○	●	○	○
王五	○	●	○	○	○	○

（3）评价者关系。对于每位被评价者，其评价者人数以8～20个为佳，上级一两个、同级3～8个、下级3～10个。国外有的研究将工作绩效和他评结果进行相关性分析，相关系数分别为：上级0.45，同级0.28，下级0.20，自己0.10。基于这个研究结果，在计算他评的平均分时，可以将上级、同级、下级的权重比例设定为5∶3∶2或者4∶3∶3。

在设定评价关系时，如果以发展为目的，可以尝试让被评价者自己确定评价关系，或者可以由 HRBP 拟定，再由被评价者的直接上级确认。

如何应用评价结果

360 主要应用于图 8-18 所示的四个方面。

（1）绩效。有的企业会区分行为绩效和结果绩效，360 是行为绩效评价的重要手段，但更多是作为结果绩效的印证信息。为使评价者打分更加慎重，可以要求在给出最高分或最低分时给予事实说明。

（2）晋升。可以把 360 作为晋升或者选拔入池的否定性指标，而非择优指标。换言之，设定百分位或他评分数的门槛值，低于门槛值就不具备晋升或入池的资格。

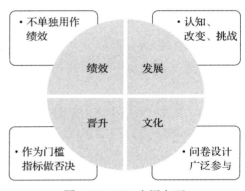

图 8-18　360 应用方面

（3）文化。360 对文化的传播有落实和强化作用，员工广泛参与，可以检视自己的行为，获得他人的反馈。

（4）发展。360 评价结果可能存在片面、主观的现象，但那就是别人眼中的被评价者本人。重视 360，有利于被评价者缩小自我认知的盲区，找到提升和改善空间。

如何看待评分差异

对比自我评价和上级评价、下级评价的分值差异，可以得出以下几种分数组合类型（见图 8-19）。一般情况下，如果是 5 分量表，当分差大于 0.5 分时这个差异才更有意义。

- 自我评价低，上下级评价高。自身标准把握严格，比较谦虚，被称作"结满果实的稻穗"。有时也是自信心不强的一种表现。

- 下级评分高，上级评分低。被称作"革命家"，是员工利益的代表，这些人从管理的角度应当让其认识到自我差距。
- 上级评价高，下级评价低。被称作"向上看的鱼"，有的"空降兵"向上管理的能力强，与上级经常沟通并能影响上级。另一种就是"秘书"，和领导接触多，而领导看到的只是身边人的成绩。
- 自我评价高，上下级评价低。这种现象相对占比较高，在通常情况下，上级给分会低于自评。

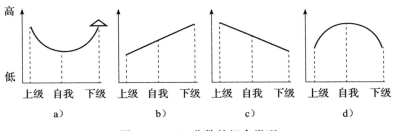

图 8-19　360 分数的组合类型

述能会

述职、述廉是国内企业通常采取的一种人员考核、盘点方式，一般在年中或年末定期进行。如果将述能与述职、述廉等工作相结合，可以在一定程度上解决"空话套话多，事实依据少""走过场""难以量化评价"等问题，有利于更科学、深入、准确地评价员工。

述能会是能力举证的过程，强调用事实说话。在述能会中，员工陈述工作中的关键事件并回答提问，评委集中地补充、修正日常工作观察中获得的其行为信息，从而更客观全面地进行人才评价。对组织而言，述能会是评价人才、发现人才、塑造人才管理文化、检视人才工作成果的管理手段；对员工而言，述能会是总结反思、展示自我、相互学习的平台和机会。

述能会实施流程

第一步：明确标准与规则，发布通知。明确各层各类岗位能力素质要求，与述能会的流程、规则一同发布。如此前采用的方法与此次差异较大,建议对员工集中培训,介绍述能会的目的、实施方法,尤其要向员工讲明如何理解能力素质要求和举证内容方法(包括事件背景、本人行动及取得结果),并让其填写《事件举证表》(见表 8-18)。

表 8-18 述能会事件举证表

年度述能事件举证表			
姓名		单位	
职位		专业领域	
述能事件			
事件一	事件名称:		
	事件对应能力素质:		
	事件证明人:	事件发生时间:	
事件背景:			
事件过程(我主要做了什么,怎么做的,可详述):			能力素质备注
关键行为 1:			
关键行为 2:			
关键行为 3:			
事件结果:			
我的核心贡献:			
我的反思总结:			

根据需要,述能会通常分序列、分职级多批次进行。同一场述能会评委与汇报人应有相对较多的工作交集,或专业相近,或协同密切。述能会更多起到对日常工作观察的补充与修正作用。通常来说,一场述能会的时间应控制在 3 小时以内,每位述能员工的述能时间根据职级等不同可以有长有短,例如,中层管理者或骨干人员的述能时间以三四十分钟为宜,中基层级职位的述能时间应控制在一二十分钟以内。

第二步:评分者会议。述能会的评分者通常为员工的上级或隔层上级,需在会议前向他们介绍会议流程、岗位能力素质标准与评价规则,以确保评分者达成统一共识,统一打分尺度。

第三步:现场述能。述能会现场一般不刻意安排回避,既能给述能员工一次公开展示的机会，又能增进员工间的互相了解。此外，同事的参与，能在很大程度上避免述能员工将他人工作归为个人功劳的情况出现。

汇报人应突出能力检视和事件举证。关键事件的选取应聚焦本人的核心职责与重点工作，一般选取2～4个。而事件描述的重点在于"我"的所思所想所做，而不是"我们"，要实事求是，避免假话、空话和套话。

第四步：评分者提问并评价。评分者依据述能信息并结合实际工作情况对述能员工进行客观、公正的独立打分，并且遵守保密原则；对述能员工的发言进行追问以澄清事实，但不进行过多现场点评或反馈，以免影响公平；根据打分规则进行独立打分，需要注意体现人员能力水平的差异。

第五步：形成报告。会后，工作人员将述能员工的能力得分、年度优劣势分析等形成报告、建议，提供给管理者。同时，结合绩效考核结果绘制"能力－绩效"九宫格，为员工能力提升、岗位调动、薪酬调整和人才储备等人事决策提供依据。

述能会成功的关键

以上五个步骤有助于述能会的有序开展，而能否达成预期成果，还需把握以下几个关键。

首先，述能会的成功进行与组织氛围相辅相成，需要将述能会的顺利推进与组织氛围的塑造同等关注。平等、开放的组织环境能够促进述能会顺利开展，组织者可运用微信公众号文章、海报、通知等多种形式，用正式与非正式途径宣传述能会的目的、方式和方法，并在实施后进行公示、宣传、走访了解，促进员工正确认知、评分者秉公评价，将工作做深做实。

其次，述能会评分阶段需做好对评分者的引导。敢于要求管理者阐述评价的具体原因与依据，引导其完整陈述理由，逐步培养管理者的评价习惯，使能力标准不是仅仅停留在纸面上，而是真正成为评分依据，是能力评价的"一杆秤"。

最后，述能会的结果运用是其价值发挥的关键环节。敦促管理者根据员工表现进行坦诚沟通，就工作完成情况与能力表现达成一致评价，结合个人发展诉求与组织发展需要制定人员培养、任用和激励等相关举措。

第九章

由点及面的人才评鉴

思考

《 在你所在的企业中,人才评鉴主要的应用场景有哪些?
《 人才评鉴工作是否形成了一定的品牌和口碑?
《 在招聘、竞聘、盘点等场景下,人才评鉴有哪些痛点?
《 在不同场景中,评鉴要素、方法和注意事项有哪些不同?

　　为了满足持续健康的人才供应的需求,企业人才管理很重要的两个课题就是如何盘活存量、做优增量。盘活存量靠内部人才盘点、选拔和聘任,是内部挖潜;做优增量靠外部人才引进。对于很多集团型公司来说,内部和外部候选人同场竞争不少见,两个渠道、两种资源都要为其所用。人才评鉴工作应紧紧抓住"盘活存量,做优增量"两大主题。

人才评鉴的"点""线""面"

人才评鉴的"点"

　　人才评鉴在很多时候是急用先行,即满足一时一事的需求去发现人才或抓住一时一事的机遇去收割人才,是一事一议的"点"上的工作,如特定岗位的竞聘或定向招聘。

人才评鉴的"线"

将某些人才评鉴工作串点成线，滚动做，就能做成企业的品牌项目，做成高关注度的保留节目。若继续坚持，则能成为组织人才管理的一道风景线，为组织持续地储备和发现人才。这条线或者是时间线，不同年度串在一起，如年度管培生招聘、年度后备干部选拔等；或者是职级序列线，不同职级串在一起，如分期分批进行初级、中级和高级项目经理的选拔储备，以及启航计划、远航计划和领航计划等。

人才评鉴的"面"

为了让人才评鉴更加有效地支撑企业的业务发展，很多企业做了"连线成面"的工作，在时间上将不同的人才评鉴工作在一年当中合理分布，从职位序列上将重要序列和主要职级全面覆盖。结合人才通道建设、基于分层分类的任职资格体系和完善的人才评聘机制使得人才评鉴的"面"成为企业人才管理基础和例常性的工作，并逐步实现人才大数据的挖掘和利用，支撑关键岗位人才管理和组织整体人才规划、识别、配置与培养发展的循环。

不同企业在不同时期的人才评鉴工作的重点不同，随着实践的积累，不断建立和完善人才评鉴及其配套机制，形成体系是水到渠成的事。在这个过程中，我们需要检视自身企业的评鉴工作是否多年以来还在简单地重复，是否形成了人才工作的口碑和品牌项目，是否在打造人才脱颖而出的机制，是否为人才内生和增值做出了应有的贡献。

本章将从人才招聘、人才竞聘和人才盘点三个应用场景进行阐述。人才选拔与竞聘有类似之处，有时也是人才盘点的直接输出，因此不再单独介绍。

人才招聘：以精准引才做优人才增量

如何帮助企业快、准、稳地找到并引入合适人才，是一个系统工程，人才评鉴在其中能够起到哪些作用？我们从招聘工作"找到人""吸引人""用好人"

三个方面的痛点，来谈一谈如何更好地发挥人才评鉴的价值。

痛点一：如何找到人——"人才捡漏"怕没谱

一提起"找到人"，大家首先会想到招聘渠道。确实，我们会有很多新尝试：定向寻访，利用微信、社群等非正式渠道，参加会议、培训和论坛等活动，内推等。创新渠道已经成为人才招聘尤其是某些特定岗位招聘的主战场。

但我们想谈的"找到人"是关于"人才标准"方面的。找什么样的人？用人部门的描述通常是"完美的"——心态好、适应力强、要价还不要太高的标杆企业的成熟人才。这被人力资源部门称为"不存在的人"。选人标准过高可能会导致盲目的人才高消费现象，大家迷信候选人身上的"标签、背景、经验"等光环，造成供求关系畸形，抬高市价，同时也为激励保留的公平性带来一系列问题，老员工心理不平衡、新员工难融入和不稳定，而市场上"过水的阳澄湖大闸蟹"会越来越多。

在这种情况下，除了"人才掘金"之外，尝试"淘沙捡漏"更是必须的，招聘人员要去发现更隐秘的人才宝藏。作为人力资源总监，里贾纳·哈特利（Regina Hartley）在 TED 演讲时分享了一个观点：在候选人都符合基本要求的前提下，和家庭、教育背景都很优越的"含着金汤勺出生的人"相比，**我们更需要的是那种经历了挫折、荆棘甚至命运多舛的"拳击手"，他们有更加明确的目标导向，意志力更强**。

寻找"拳击手"？对于招聘人员来讲，这不仅仅是一个技术问题。很现实的是，招聘部门不愿意去做"人才捡漏"的工作，他们对"无背景、无经验和无资质"的"三无人员"的潜质和能力看不准，害怕被用人部门退回而被质疑他们的专业性，因此他们更愿意推荐看起来更"安全"的候选人。

分享一位招聘经理的做法。面对很多难招的岗位，他先会做些功课：第一步，先自己思考，对于这些人，我的核心关注点是什么；第二步，看在哪些渠道可以找到，如果没有现成的人才，有哪些更接近的渠道；第三步，在此基础上很有效地与用人部门探讨，确立分级入选标准，有门槛条件，也有择优标准，形成人员筛选的字段，实现分级筛选。这位招聘经理曾经招过一个史上最难招的岗位——"国际化的某一个新兴领域的复合型人才"，因为是新兴领域，高校并没有相应的专业，市场上也没有直接的挖角对象。面对类似岗位时，他会想是否有跨行业、跨领域"人才捡漏"的可能性，基于对"潜力"和"能力"的准确把握，大胆发现"拳击手"，并大胆地向用人部门推荐。很重要的一点是，在此过程中，他和用人部门的沟通做得非常好。

总之，对于"找到人"的难题，**招聘者要敢于"捡漏"，避免被一些硬性条件所束缚，在"人才掘金"的方法外要有"淘金"的意识，基于对人的潜质的把握发现"拳击手"。**

痛点二：如何吸引人——成熟人才价难谈

在吸引人这个阶段，会有几种现象："请不动""价难谈""放鸽子"。

（1）"大鱼"请不动。要请动一些成熟的、在标杆企业做出业绩的人才，**组织首先要有自己的过人之处，在某些点上能够打动他**。另外，要关注候选人的职业理想的变化、个人生活与工作重心的变化等。在此基础上，如果还不行，可以考虑采用一些更灵活的柔性引才的合作方式。

（2）成熟人才价难谈。某位高管很苦恼，他所在的领域高科技人才供不应求，外面招来的人的能力远不如团队现有成员，要价却高出50%。骑驴找马的求职者期望偏高的现象很正常。招聘人员要做到尽量减少信息不对称，摸准对方的需求，发现对方的长板和短板，从而拥有谈判的筹码，达成一个合理范围的薪酬水平。此外，还可以用公司的优势，或者技术、管理大师的魅力对面试者进行魅力征服和专业碾压，让候选人知道，除了薪酬之外他还可以得到很多非物质收益。

（3）候选人反悔，"放鸽子"。这类事让很多管理者头疼和不理解。人的决策过程说到底是趋利避害的过程，心理学家研究发现，在决策的不同阶段人的决策偏好会发生微妙的变化。求职选择也是一样，在选择的前期，趋利的想法会占据上风，而在后期，避害的想法会占据上风。所以，**招聘人员要理解求职者的各种纠结，并做出必要的关注甚至干预**。这其中的促进和阻碍因素，比如家庭的因素、交通便利性、工作环境优劣等，都有可能导致决策结果的改变。

总而言之，对于招聘人员，"吸引人"过程的核心是减少信息不对称，主动掌握信息，从容应对。

痛点三：如何用好人——外来和尚难念经

很多管理者说招来的人不好用，而"外来的和尚"却觉得原来会念的经到这里不会念了或念不成了，原来能做成的事到新的环境就推不动、做不成了。招聘人员表示他们对此也很苦恼。我们经常讲"三分选人，七分用人"。关于"用好人"，对面试官来讲，要发挥的还是"预测力"。**一方面，提示可能的风险，帮助用人部门跟踪三个月的关键适应期；另一方面，要判断候选人发挥价值、创造绩效和对外在条件的依赖性。**

一个植物移植到新环境时，需要一个适应的时间来扎根成活，对于职场人更是这样。有的企业喜欢用外来人才，这就要求有健康包容的文化土壤；需要用人部门和人力资源部门共同营造开放的氛围。我们在给很多企业做高管社会招聘的时候，会重点将面试评价报告完整呈现，向管理者提示可能存在的用人风险。另外，根据需要我们也会对求职者做有必要的建议、跟踪和反馈——多做一步，而不是任其"自生自灭"。

总之，面试过程本身未必能够面面俱到，但招聘人员要积极获取多方面信息，提高对人才绩效和绩效创造条件的预测力，帮助其更好地落地生根。

为了实现找到人、吸引人和用好人这三个结果，人力资源部门要做经验和能力素质评估、动机偏好及适应性评估、阻碍因素和促进因素分析，还要做一些展示及信息公开的工作，让候选人明白工作的优势、亮点以及工作可能带来的挑战和要求（见图9-1）。有时还会评估平台给他的价值，做一些职业前景的探讨。基于以上动作，能够更有效地预测候选人未来的绩效、判断可能的风险、做入职吸引或隔离以及进行入职谈判铺垫等工作。

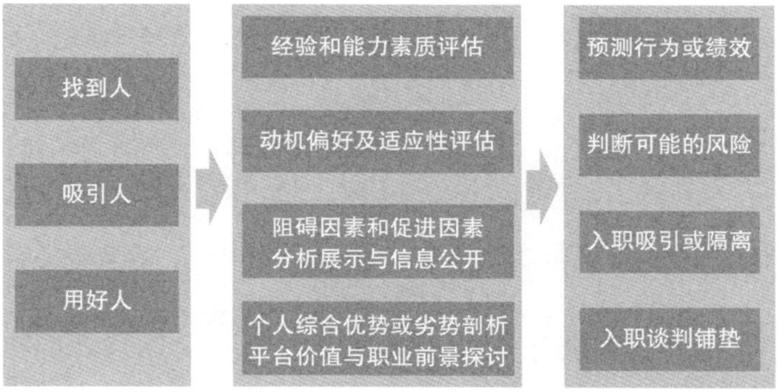

```
找到人  →  经验和能力素质评估        预测行为或绩效
吸引人      动机偏好及适应性评估      判断可能的风险
用好人      阻碍因素和促进因素        入职吸引或隔离
            分析展示与信息公开
            个人综合优势或劣势剖析    入职谈判铺垫
            平台价值与职业前景探讨
```

图 9-1　招聘中的人才评鉴

在招聘过程中，这一系列动作环环相扣。**招聘人员要做的事，重点还是用工具、技术和流程设计减少信息不对称，从而看得准，做到心中有数、有的放矢。**

保险集团招聘高管案例

企业对中高管的招聘经常陷入这样的局面：招聘周期过长、退而求其次或者不经仔细考量就匆忙允许入职。相对于其他模块的工作，中高管招聘成为人力资源总监最有心无力的工作之一。

一个早年的研究显示，中高管在加入一家新公司 18 个月之内的离职率高达 30%～40%。在人才流动加剧的今天，这个数字恐怕还会进一步增加。是因为水土不服？或因为做不出业绩？如图 9-2 所示，我们总结了文化融合问题、工作行为问题、人际适应问题和心理适应问题四个影响外聘高管离职的主要原因。

空降的中高管只有做到文化适应、工作行为适应、人际适应和心理适应，才有可能充分融入环境，发挥作用和创造价值。

B 保险集团经营各类人寿保险、健康保险、人身意外伤害保险及养老保险等。因启动全国性战略布局，其急需招聘事业部总经理和各地分公司总经理。

下面，我们以 B 保险集团招聘 A 业务事业部总经理为例，介绍高管招聘评鉴的完整过程。

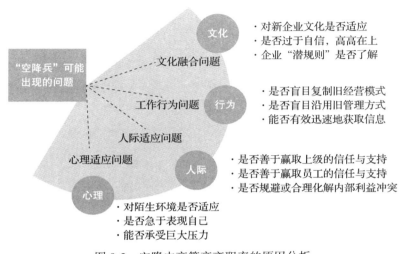

图 9-2　空降中高管高离职率的原因分析

界定岗位招聘标准

在本次招聘中，B 保险集团的董事长提出了明确的希望：希望招聘到的管理者能够带领团队实现快速的业务拓展和突破，能够相对长远地与企业共同发展；希望招聘评鉴环节能充分帮助企业了解候选人，也帮助候选人了解未来的工作环境。

为了快速构建兼顾任务匹配、团队匹配和文化匹配的招聘标准，项目组进行了快速有效的调研，了解空降者将面临怎样的业务环境、团队环境和文化环境，其中部分调研问题如下：

（1）A 业务事业部总经理社会招聘工作的背景。

- 请回顾 A 业务在中国的发展，现状如何？未来的发展目标是什么？
- A 业务在集团事业中的地位如何？对标企业是谁？
- A 业务未来发展的挑战是什么？

- 前任总经理的工作有哪些需要继承和发扬？有哪些需要加强和改善？

（2）对未来 A 业务事业部总经理的期望。

- 你最看重他短期内实现哪些目标？中期目标呢？
- 你认为新的事业部总经理加入后，面临的最大挑战是什么？
- 未来事业部总经理加入以后，会得到哪些支持与帮助以帮助他更好地融入企业，胜任岗位？
- 你对候选人的哪些能力素质最为看重？

经过调阅资料、访谈调研，项目组清晰地了解了该岗位面对怎样的汇报关系，未来有几个"婆婆"，集团对短期和中期业务的期待是什么，有哪些业务上的难题需要去面对，哪些"坑"需要去填，目前的人员配置情况如何，以及文化适应中最重要的内容是什么，也快速输出了书面的人才招聘标准（见表9-1）。

表 9-1 A 业务事业部总经理招聘评估标准

评估指标	评估维度	维度定义	关键点	关键行为
能力匹配度	统筹规划	具备战略眼光，能够从全局出发，较为长远地思考业务的发展，根据各方信息，进行科学判断，并敢于向上级提出专业化建议或必要时敢于决策	前瞻规划	略
			科学判断	略
			决策建议	略
	高效执行	追求业绩目标达成，勇于挑战，能够顶住压力，快速行动，全力付出，进而不断获得更好的业绩结果，并在工作完成的基础上，能够不断总结分析、持续提升	快速行动	略
			卓越执行	略
			总结提升	略
	资源整合	为了促进整体绩效的提升，能够敏锐发掘可利用资源，并不局限于固有模式与经验，根据实际所需灵活利用资源，并关注持续维护	发现资源	略
			利用资源	略
			维护资源	略
	协调推动	通过多种方式方法与各方建立良好关系，形成通畅的沟通平台，促进工作的开展；当出现矛盾或形成僵局时，可及时灵活地采用有效措施化解分歧，促进共识	获取信任	略
			说服影响	略
			推动达成	略
	团队建设	建立和保持一支高效率、高士气的团队，提高团队凝聚力；在适当的资源条件下，使团队成员获得激励与鼓舞，并不断在团队中学习成长	知人善任	略
			团队激励	略
			团队发展	略

(续)

评估指标	评估维度	维度定义	关键点	关键行为
文化匹配度		通过个人的个性特征、行为风格、性格特点等角度的分析，评估被测者是否适合集团的企业文化、价值观及团队工作氛围，是否适合岗位的需求	文化融合	略
			正直	略
			热情	略
			创意	略

设计并实施招聘评鉴过程

在招聘高管的过程中，需要特别注意帮助候选人保密。因为候选人都是行业内的稀缺人才，免不了相互认识，所以面试安排应尽量避免候选人之间碰面，无领导小组讨论的考察方式更是不能使用。此外在高管招聘的过程中，需要充分展现招聘方的诚意，充分尊重候选人，在保护商业机密的前提下创造更多机会增进双方的了解。流程安排和衔接等方面，可尽量从候选人角度出发进行必要的优化。

在本次项目中，首先是心理测评，以及由外部顾问主持，企业副总经理和人力资源总监参与的综合面试。在综合面试中，除了行为事件的提问、追问以外，对于每一位候选人还结合企业和行业特点设计了综合性更强的问题，以探查候选人经验与资源的质量和价值，及其对行业的理解和洞见等。例如："对于××行业来说，您认为理想的营销成本比例、人工费比例各应该是多少？理由和判断依据是什么？""和××相比，××目前还是一个很小的品牌，为了提升在中国国内的品牌认知度，您有什么计划？最关键的几步是什么？"

综合面试之后，是依针对性设置的案例分析和现场互动环节：向候选人呈现某个区域现实的拓展问题或管理问题，要求其梳理解决思路并对下一步整体做法给出方向，之后现场与当事人进行互动与可行性验证。一方面通过现场的提问互动和专业交流，增加对候选人实际业务管理经验和工作理念的把握，同时也帮助候选人更多地了解企业现状，增进与未来下属的交流。以上多个环节交叉进行，相关人员各负其责。

提交评鉴结果

评价结束后,项目组与参与评价的公司高层对所有候选人进行点评和意见交流,提出推荐建议,并探讨后续如何吸引相关人员加入以及入职后的相关注意事项。之后,以书面报告形式提交正式建议,报告内容包括推荐等级、综合评价、优劣势分析、风险提示及用人建议等部分(见图9-3)。

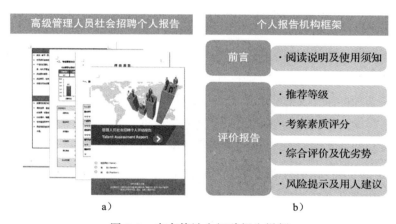

图 9-3　中高管社会招聘报告样例

个人评价报告的主体部分,开篇就要给出明确的推荐等级(见表9-2),等级一般划分为五级。

表 9-2　推荐等级分级描述

重点推荐 ☆☆☆☆☆	候选人各项能力素质突出,有较好的求职动机,个人风格匹配于企业文化与团队特质,建议企业在进行最终决策时可优先考虑
一般推荐 ☆☆☆☆	候选人各项能力素质较好,能力与风格基本匹配岗位所需,无明显短板,企业可以综合考虑其他相关因素做出任用决策
谨慎推荐 ☆☆☆	候选人能力素质相对较好,但有一定短板;或在个人风格特征、求职意向等方面存在不匹配或不明确,建议企业合理预期并考虑风险应对策略
暂不考虑 ☆☆	候选人能力素质或特质风格与岗位所需匹配度低,如录用可能难以胜任工作,带来较大风险,建议企业暂不考虑
直接淘汰 ☆	候选人能力素质或特质风格与岗位所需严重不匹配,如录用可能无法胜任工作,带来巨大风险,建议淘汰

报告结论应不惜笔墨揭示候选人可能存在的风险，并基于其优势、不足，对未来用人、留人做具体、有针对性的建议和探讨，帮助企业在充分掌握信息的基础上进行理性决策，促进磨合，做到"用人之长，补人之短"，从而实现相对长时间的共赢发展，避免"蜜月期"结束即迎来分手时刻。

人才竞聘：以竞争上岗盘活人才存量

对于竞聘，不同的组织和个人有着不同的态度。有的组织在特定的阶段大张旗鼓地"凡岗必竞"，认为竞聘对于"能上能下"的推进大有益处，有助于形成公平开放的组织文化；有的组织则认为竞聘是形式大于内容，或认为"凡岗必竞"说明人才储备工作不到位，"两眼一抹黑"才不得不依赖竞聘。

物色和培养人才、观察与考验干部，需要比较长的时间周期。只有平时下功夫，面临用人需求时才不至于"一问三不知"。越来越多的企业投入大量精力做后备选拔和梯队建设的工作：选苗子，进池子，观察培养。有时候我们也帮助企业通过在培训中隐蔽测评的方式——即人才双引擎的方式，选拔人才、提拔干部，避免公开竞聘带来的某些负面影响。

与此同时，我们也应该看到竞聘的必要性和独特价值。在一段时间里，竞聘被过度批判了。客观地说，竞聘是发现人才的有益的补充手段，"谈竞色变"大可不必。在企业的某些特定阶段，特定职位虚位以待，等米下锅、蓄水养鱼是来不及的，这就需要通过竞聘手段快速发现人才、审视人才，扩大组织的人才可视范围，实现组织与人才的良性互动。而即使这些人就在视野范围内，有时也需要集中展示的流程：一方面为其创造公开公平的同台竞争的机会，另一方面促进高层管理团队对人员任用达成共识。

与外部招聘相比，内部竞聘对评估方法和操作流程的要求更高。必须牢牢把握"三公"原则，在竞聘前要制订完整的竞聘方案，并公开竞聘岗位、选拔标准、流程设置和决策机制等；在竞聘中要根据实际情况，安排纪检监察人员履行监督责任，邀请员工代表现场观摩竞聘过程；在竞聘后要进行必要的民主评议和结果公示。

总之，一个成功的竞聘活动要做到标准明确、方法科学、流程规范和决策公正，不仅要确保对候选人做出全面客观的评估，为目标岗位选拔最合适的人选，还要传递企业人才任用选拔的公开、公平、公正，起到激励人员发展和塑造组织人才管理文化的作用（见图9-4）。

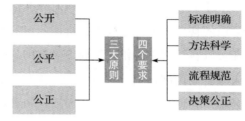

图9-4　内部竞聘成功的关键

能源集团中层干部竞聘案例

某能源集团发展一项新业务，几年时间逐步形成了集成能力和项目管理能力等核心竞争优势，业务量直线增长，而中层的不少岗位出现了断层和短缺。由于是新兴行业，市场上的人才储备同样有限，而此前外部聘请的中层干部难以适应企业文化，且短期内难以扭转和改变。总经理想得非常清楚，虽然内部年轻人在技术和管理上的培养历练并不系统全面，但好在适应企业文化、熟悉公司制度流程。故与其在外部苦苦寻觅，不如从内部快速发现并大胆使用人才。经总经理办公会研究，公司决定通过公开竞聘选拔一批30～35周岁的员工撑起十余个急缺岗位，让其边干边学边成长。

总经理对项目的总体要求是做到"三公"、选优任用，希望此过程给候选人充分展示和"比武"的机会，让评委看得更加清楚；同时，也要使候选人自己看清楚，认识到自己的长板和短板，认识到被聘任的人与自己相比有哪些优势，这有助于降低落选者的失落感。我们以此项目为例，介绍竞聘工作如何开展。

竞聘工作前期：方案设计

如前所述，高管团队认为这些年轻人的组织认同是过关的，因此本次竞聘更重视技术能力和管理素质——技术上基本过关，重点是要能够"哄着团队往前冲"。"从下面找，虽然有一定程度的揠苗助长，但是希望选出来的人能够挺得过来、挺得住。"总经理还希望项目组运用专业手段进行评价,帮助员工找出差距,为后续的帮扶和培养提供参考。

基于本次竞聘不仅关注当前的准备度,同时需要关注发展潜力和综合管理素质的特点,项目组调阅分析该公司的发展战略、业务特点和竞聘岗位职责等相关资料,并访谈相关领导,梳理确认岗位评价标准,确保其立足现在、着眼未来。该标准包括管理胜任力、岗位准备度以及个人品质和公信力三个方面。其中,管理胜任力又分为管理知识和管理能力两个方面,管理能力评价标准如表 9-3 所示。

表 9-3 管理能力评价标准

中层管理干部竞聘面试选拔标准		
素质名称	定义	关键行为
积极进取	不满足于已有的知识、经验和工作成绩,主动学习各类知识,为自己设立更高的标准和目标,并能创造性地解决问题	主动学习:具有强烈的学习愿望,并能积极通过多种方法与渠道进行学习
		追求卓越:主动思考工作中仍能提高的地方,力求精益求精,高标准、高质量地完成工作
		创新意识:不受陈规和以往经验的束缚,不断改进工作方法,提出具有价值的新观点、新方法和新措施
战略导向	准确理解企业和业务目标,将组织的长远战略体现在日常工作安排中	目标理解:正确理解公司战略、业务战略和部门目标,不局限于任务本身,充分认识到工作对组织的意义
		前瞻思维:积极审视环境变化,或善于从现有工作中找出提升和改进之处,为公司未来可能面对的挑战提前做出判断和准备
		高效执行:对于组织安排的任务,不推卸、不敷衍、不拖延,不折不扣地完成工作任务,注重结果,务求实效
沟通协调	本着双赢理念,积极坦诚地与相关人员沟通,准确判断其需求并积极协调推动,从而实现整体协同推进	倾听理解:通过耐心倾听和适当提问,准确把握对方的意图、需求及核心思想
		影响说服:能够使对方清晰理解自己要传达的意思;运用文献资料、具体范例、数据等工具,或通过个人魅力,说服、影响或感动他人,以赢得他人的支持,使其接受自己的观点或使其产生预想的行为
		有效协调:调动必要的资源,正确处理组织内外各种关系,使各项工作及各位人员的活动互相协调

（续）

中层管理干部竞聘面试选拔标准		
素质名称	定义	关键行为
团队建设	在团队中配备并培养人员，有效运用制度和流程进行管理，营造积极的团队氛围	培养下属：为下属的工作提供正确的指导和必要的支持，通过分享经验、评价反馈等方法提高其工作绩效
		有效激励：关注团队成员的个人需求，针对不同的情况，灵活采取不同的激励手段，激发下属的热情
		维护团队：营造积极向上、良好互助的团队氛围，及时有效地化解团队中的矛盾和冲突，维护团队整体的良好运作

明确了"评什么"之后，就要选取与之相对应的人才评鉴工具方法。岗位准备度中的工作经验和工作业绩是报名条件的一部分，可以通过履历分析审核；对于管理知识、岗位知识技能，可以通过资格考试（笔试）进行筛选，并在后续面试环节进一步考察；对于管理能力和目标岗位认知，可通过团队任务和综合面试进行评价，其中，对于管理能力可辅以标准化测评，为后续个人扬长补短和成长突破提供参考；对于个人品质和公信力，可通过民主评议和公示环节进行风险防范。各考虑维度与评价环节的对应关系如表9-4所示。

表 9-4　考察维度与评价环节对应矩阵

考察维度		履历分析	笔试		团队	综合面试			公示（民主评议）
	评估环节		专业知识	心理测验		竞聘演讲	半结构化面试	专业问答	
管理胜任力	管理知识		√				√		
	管理素质		√	√			√		
岗位准备度	知识技能		√			√		√	
	工作经验	√				√			
	工作业绩	√							
	目标岗位认知					√		√	
个人品质和公信力									√

竞聘的整体流程，其实是一个过筛子的过程：从报名筛选、笔试筛选，到综合面试输出推荐名单后经民主评议、总经理办公会或党政联席会确定拟任人选，再到最后经公示无异议后走马上任。

在整体方案设计形成之后，需要及时向员工发布竞聘通知，明确告知整体流程安排和环节设置，开启报名、审核等工作。对于以下事项都需要有相应的规则明确告知：过程中是否有淘汰；履历分析、笔试等环节是通过即可，还是要占一定比例计入最后成绩；报名人选不足或报名人员过多是否影响竞聘流程安排；未尽事宜如何决策等。

员工在报名期间，项目组需准备笔试试题、设计面试实施具体流程、明确评委打分及分数统计方法，以及推荐人选产生办法等，并对评价实施进行充分细致的组织准备工作，包括各种物料以及保密协议、候选人须知、评委须知、竞聘试题和评分表等工具表单。

通常，工作经验、工作业绩和专业知识等因素作为门槛条件和参考因素，可不参与最后的量化计分。面试打分规则需事先确定，如：本次竞聘中面试得分由管理能力和专业能力按照 8∶2 的比例计算，$S=$ 管理能力分 $A \times 80\% +$ 专业能力分 $B \times 20\%$。

所有评委管理能力打分权重有所不同（见表 9-5），专业能力由相关专业的评委打分，需事先明确打分标准。管理能力分由加权计算得出：$A = (A_1 \times a_1 + A_2 \times a_2 + \cdots\cdots + A_n \times a_n) / (a_1 + a_2 + \cdots\cdots + a_n)$。专业能力分由算术平均得出：$B = (B_1 + B_2 + \cdots\cdots + B_n) / n$。

表 9-5 管理能力打分权重

评委	权重系数 a
公司总经理	2
公司分管副总	1.5
人力资源部	1
外部顾问	2

根据实际需要和评委总人数，亦可使用"体操计分法"，即去掉若干最高分和若干最低分后加权计算分值。此外，可要求评委明确推荐意见（推荐、备

选或不推荐等），即以投票多少作为推荐人选及最终决策的参考。推荐人选产生过程示意如图 9-5 所示。

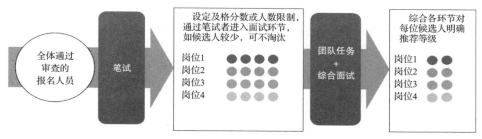

图 9-5　推荐人选产生过程示意

竞聘工作中期：评估实施

前期方案设计环节重点是要想得全、想得细，而实施环节要把所有想到的落实到位。这需要提前做好工作细化。有时是甲方全权委托乙方独立实施，有时是甲乙双方配合完成。本项目属于后者，其笔试环节、评委沟通环节、面试环节及后续环节的分工配合安排如表 9-6 所示。

表 9-6　分工配合安排表

项目环节	×× 项目组（甲方）	睿正项目组（乙方）
笔试环节	专业知识试卷组卷与打印	管理个性、风险因素试卷的组卷与打印
	考场安排、候选人通知	打印候选人保密协议
	对号入座及证件核查	竞聘环节说明、抽签和签订保密协议
	收发试卷与监考	辅助收发试卷与监考
	专业知识判卷	管理个性、风险因素作答录入并出具结果
评委沟通环节	安排场地、通知评委	分发评委材料，说明与答疑
面试环节	安排面试场地、候场室	制作题号卡片（1～5）两套，一套备用
	一人负责引领候选人进出考场	分发评委记录表与打分表
	一人负责笔记本电脑操作（计时与投影）	发放小组讨论试题，主持面试环节
	评委提问，记录打分	提问，记录打分
	录入评委打分	录入复核分数
后续环节	对面试得分前两名进行民主测评	撰写各岗位前两名评价报告

实施当日，候选人集合之后，要进行整体安排和注意事项的介绍。根据环节设置，安排面试顺序抽签、签订保密协议等。常见的竞聘整体流程如图9-6所示。各环节需要发挥各自价值，使候选人的经验、知识、技能以及能力素质等得以展现，实现较为充分的信息收集以及交叉验证，以衡量候选人的独特价值和可能风险。

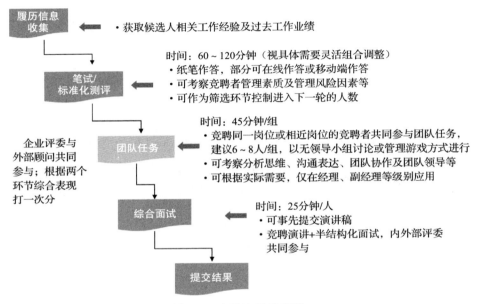

图9-6 竞聘流程示意图

团队任务和综合面试，是企业内部评委和外部顾问共同参加的重要环节，内外部评委优势互补，快速收集信息并形成判断。必要的时候，对于更高职级和更为重要的岗位也会增加第三方独立进行的更长时间的行为面试。

团队任务开始前，需要召开评委沟通说明会，介绍如何提问、如何打分以及保密原则和其他注意事项。在本次项目中，总经理还专门组织内部评委开会，提前梳理面试提问重点，明确评委间的分工安排。团队任务由竞聘相同或相近岗位的候选人组成，每组通常6～8人。

团队任务结束后，该组候选人按抽签顺序依次进行综合面试。综合面试由外部评委主持，包括竞聘演讲（5分钟）、顾问提问（10分钟）和内部评委提问（10分钟）三个部分（见图9-7）。根据现场具体情况，每位候选人的面试时间可适当调整，上下浮动不超过5分钟。

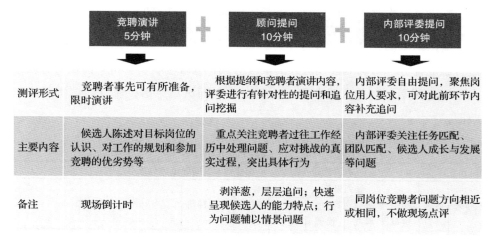

图9-7 综合面试流程

综合面试对于不同的候选人，提问方向一致，但具体内容相对灵活。不同评委间通过密切配合，可以使候选人的展示更加立体全面，同时能够使其有一定的总结反思，增进自我认知。具体参考提问如下：

- 给自己设定的今年的工作目标是什么？如何实现？目前的完成情况怎样？
- 当前业务的关注点是什么？业务拓展方面应关注哪些市场信息？有哪些工作心得和好的经验可以分享？
- 团队情况怎么样？带团队有哪些好的方法和心得可以分享？
- 近两年让自己反思最多、收获最大的事情是什么？
- 个人这一年来有什么变化？
- 职业发展的设想是怎样的？
- 最想突破的能力是什么？有哪些学习拓展的渠道？

- 目前个人最需要哪些方面的支持和帮助，是工作方面还是个人成长方面？
- 参加这次选拔是抱着什么心态来的，是志在必得还是重在参与？
- 如果竞聘成功，在新的角色上，自己要完成什么转变？

面试结束后，评委可进行简短合议，各评委在面试评分表（见表9-7）上进行独立评分，明确对各候选人的推荐等级，并现场签名。每一岗位所有候选人面试完毕后，工作人员收取一次评分表。面试结束后，所有面试资料统一收回。

表 9-7　竞聘面试评分表

中层管理干部（×× 部经理）竞聘面试评分表							
序号	姓名	能力素质			专业知识技能	总体评价	评价等级
		积极进取	战略导向	沟通协调	团队建设			
1								□推荐　□备选　□不推荐
2								□推荐　□备选　□不推荐
3								□推荐　□备选　□不推荐
4								□推荐　□备选　□不推荐

评分说明：1. 优秀：8分及以上；良好：6～7.5分；待发展：4～5.5分；较差：3.5分及以下
2. 评委在打分过程中可先定性（确定等级），再定量（打分）。打分精确到0.5分

签名：_____

现场竞聘结束时，如果管理者做一个言辞恳切的现场小结，将会有非常好的凝聚团队、传递信息和激励成长的作用。在本次现场竞聘结束时，总经理对所有参加竞聘的候选人和工作人员表示了感谢，对候选人的整体表现进行了点评和鼓励，对公司组织本次竞聘的出发点和后续工作安排做了说明，勉励大家无论结果如何都要更好地展现自我，把握机会，积极参与公司的发展。

竞聘工作后期：收官与开启

竞聘之后，睿正顾问通常会与企业高管沟通对候选人的评价意见。根据设计，有时强调背靠背独立打分，以及提供第三方独立意见，这就需要以竞聘评

价报告的形式把评价分数、推荐等级和优劣势等清晰呈现出来。

接下来，人力资源部门组织对拟推荐人员进行民主评议，广泛征求意见，避免视角片面。然后，总经理办公会综合评鉴结果和民主评议结果，基于候选人员的优势及可能的风险，以及团队搭配等考虑，确定拟任用人选，并确定"扶上马送一程"的帮扶培养配套方案，举重若轻地制定聘任决策。

结果公示之后，人力资源部门需要组织对落选者的沟通反馈，传递尊重、感谢、期待和建议；对新任者做岗前沟通，开启"扶上马送一程"的重要过程。

一次成功的竞聘活动，是企业与员工的良性互动：促进员工进一步认识竞聘岗位的任职标准和职责范围；激励员工的自我发展愿望，促进其客观地自我认知；增进企业对参选员工的能力、风格与意愿的了解，并将竞聘产生的相关成果应用于人事决策和其他管理举措。

一次成功的竞聘活动，还是组织人才管理长期目标与短期目标的有机统一：选出能够胜任岗位要求并乐于奉献、勇于承担责任的中坚力量；发现有思考、有干劲和具有潜质的后备人才；对于参选人才进行积极反馈与发展跟踪，保护员工积极性，促进员工持续成长。

人才盘点：业务发展从盘清人才家底开始

最近几年"人才盘点"可以说是人力资源管理领域的持续热点，众多企业不断追捧，是否开展过人才盘点已经逐渐变为现代企业人才管理成熟度的重要标准，但想要精准且高效地开展人才盘点工作并非易事，将人才盘点结果合理应用更是难上加难。本节我们将结合过往开展的人才盘点项目实践，从"盘不盘""盘什么""怎么盘"三个方面来解答在人才盘点中最为常见的问题。

"盘不盘"：为什么要做人才盘点

人才盘点，源自企业的管理实践，正处于逐步形成理论体系的阶段，因此各家对"人才盘点"的认识都不一样，做法也五花八门。但是其核心用途和希望达到的效果，都离不开几个关键词汇：企业战略承接、业务需求对应、人才现状摸底、高潜人才识别、核心人才储备等。我们认为人才盘点是一个广义概念，是结合企业业务需求与人才需求，综合运用各类人才评鉴方法与工具，对组织整体人才情况、个体人才特点进行全面评估，为后续人才供给提供明确指引的系统性工作。

人才盘点是业务发展与人才管理的重要纽带。人才盘点可以帮助企业根据业务需求，全面梳理对各级各类人才的质量与数量要求，形成明确具体的盘点标准，从而实现业务目标和人才目标的连接，同时，人才盘点还能连接业务现状与人才现状，使企业能结合业务和人才综合分析当前的问题与挑战，更为深入和全面地探寻原因，寻找对策。

人才盘点是人才管理中的基础性工作。人才盘点作为人才评鉴方法和工具常见的使用场景之一，也与人才评鉴一样，是一个手段而非最终目的，多数企业都将它作为人才管理工作的起点，分析人才现实状况与理想状况之间的差距，定位人才供应目标，从而牵引出后续各类人才管理措施，使企业的人才管理工作实现有据可依，避免"拍脑袋"和"想当然"，提升针对性和实效性。

人才盘点能够帮助企业重塑用人文化，提升管理者的管理技能。人才盘点的过程也是管理者系统性思考未来人才定位、内部人才标准、人才评鉴方法、现存人才问题和后续人才措施等一系列问题的过程。通过这一过程，不仅能够提升管理者对人才管理的重视程度，还能够促进他们对于上述问题形成统一认知，保证在后续人才管理措施落地的过程中实现良好的内部协同。此外，管理者还能够通过这一过程全面学习实践人才评鉴的方法与工具，助力后续识人、用人。

所以，不论企业处于什么样的发展阶段，面对什么样的人才现状，在是否开展人才盘点这一问题上，答案都是肯定的。换一个角度说，当企业面对类似下面的具体问题时，都可以尝试从组织人才盘点开始，逐步解决：

- 公司处于战略转型期，现有人员能否支撑未来发展需要？
- 关键岗位人才竞争愈发激烈，如果他们流失，谁来继任？
- 公司有了新增业务，可以派谁去做？
- 公司规模不断扩大，人员来源广泛，如何统一评价和活用？
- 员工活力不足，怎么通过"能上能下"机制提升员工工作的积极性？

"盘什么"：人才盘点到底可以盘点哪些具体内容

人才盘点的具体内容是根据企业对于人才盘点的定位决定的，常见的盘点定位有以下几种。

选拔高潜员工支撑继任。 这是当前企业最为常见的盘点定位。在业务规模不断扩大、关键岗位人才流失率大、外部人才竞争激烈等多种情况下，大家优先想到的措施就是通过人才盘点选拔各级各类高潜人员，做到随时能够填补岗位空缺。

识别后进员工支撑淘汰。 当出现岗位现有人员不符合要求、员工活力不足、缺乏晋升机会等情况时，通过人才盘点适当淘汰掉一部分后进员工，将极大地增加员工的急迫感，也能够为员工创造更多的发展空间。

分析人员现状支撑使用。 在充分分析现有人员特点和所在岗位业绩的基础上，调整部分人员的岗位，最大限度地实现人岗匹配，或者为新兴岗位配置组织内部最为合适的人员。这也是较为常见的人才盘点定位。

分析人员现状支撑培养。 有别于以上三种基于人才使用导向的定位，现在有越来越多的企业更加关注人才培养导向。为了能够更加充分地把握人才特点、梳理人才培养需求与目标，企业会在设计人才培养方案之前开展人才盘点。

分析整体水平支撑队伍建设。 这种人才盘点定位是从全局的视角出发的，企业希望通过人才盘点，全面分析各级各类人员储备状况和规划目标之间的差距，从而支撑后续整体性人才梯队建设方案的设计。通常，已经开展过一些简单的人才盘点工作、内部管理基础相对较好的企业，会考虑该种定位。

基于以上几种盘点定位，可以从个人和组织两个方面来选择盘点的内容。

其中，个人类维度从员工个体出发，盘点能力、潜力、业绩和经验等内容，还包括员工个性化的使用和发展建议，这部分盘点维度是相对基础性的维度，盘点难度不大，在各类人才盘点定位下，多数都需要盘点。需要注意的是：第一，个人类维度容易出现理解认知的差异，且能力、潜力不容易直接定量化比较，所以为了保证人才盘点顺利实施，首先需要建立盘点标准，如能力模型、潜力模型等；第二，组织中常见的业绩评价方式，往往因"强制分布""轮流坐庄"等情况而失真，同时，不同岗位因岗位价值不同，业绩产出也很难直接对比，如需盘点业绩维度，建议不要单纯直接使用已有绩效数据，应考虑额外设计业绩评价的标准和方式。

组织类维度是相对高阶的维度，最能够体现人才盘点和业务的衔接性，但盘点难度较大，通常在需要设计企业整体性培养方案或梯队建设方案时才需要重点盘点。

不过，若脱离了业务达成而只谈人的特点，容易使管理者怀疑人才盘点的价值，失去参与热情，同时也很难达到人才盘点价值的最大化，所以在条件允许的情况下，建议简单结合组织类维度进行盘点（见表9-8）。

表 9-8

维度分类	盘点维度	维度说明	常见盘点定位下的盘点内容				
			选拔高潜员工支撑继任	识别后进员工支撑淘汰	分析人员现状支撑使用	分析人员现状支撑培养	分析整体水平支撑队伍建设
个人	能力	可包含通用能力、专业能力、领导力	★	★	★	★	★
	潜力	针对未来关键岗位的发展潜力	★	☆	☆	★	★
	业绩	当前岗位的实际产出业绩	★	★	★	☆	★
	经验	过往在组织内部的各类历练	☆	—	★	☆	☆
	使用/发展建议	未来的使用方向和培养措施	★	—	★	★	★

（续）

维度分类	盘点维度	维度说明	常见盘点定位下的盘点内容				
			选拔高潜员工支撑继任	识别后进员工支撑淘汰	分析人员现状支撑使用	分析人员现状支撑培养	分析整体水平支撑队伍建设
组织	业务需求	关键业务问题与挑战	☆	☆	☆	★	★
	人才需求	基于业务需求的整体人才定位	☆	☆	☆	★	★
	人才数量和结构	现有人才数量，储备状况	☆	—	—	—	★

注：★代表建议重点盘点，☆代表根据具体需要选择是否盘点。

"怎么盘"：人才盘点的方法和工具有哪些

盘点形式

人才盘点的形式根据领导的参与程度和组织的公开程度可以分为四个象限（见图9-8）。这四种不同的做法，没有优劣之分，只有适合不适合。企业在进行人才盘点设计的时候，首先需要分析自身特点，选择盘点形式。管理成熟

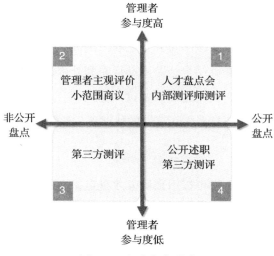

图 9-8　人才盘点形式

度高、有人才盘点基础的企业，管理者不论是对人才盘点的重视程度，还是对人才盘点方法的理解都处于相对良好的水平，可以让管理者更多地参与到人才盘点工作中。在盘点公开程度上，涉及敏感人事决策或会带来负面舆论影响的人才盘点不建议过度公开。

第一象限是结合"人才盘点会"和内部测评师测评的盘点形式。"人才盘点会"能够通过同层级对比和多视角评价，形成相对可靠的盘点结果；内部测评师因更了解企业情况，能够更好地通过人才评鉴工具实施测评。此种方式组织难度大，对企业自身的管理成熟度和内部测评师的专业程度都有较高要求，但能够盘点的内容最为丰富，也最容易连接业务和人才。

第二象限是由管理者直接进行主观评价，在必要时进行小范围会议讨论的盘点形式。适用于管理层级较少、管理成熟度相对一般的小型组织，其操作简便、盘点效率高。对于结构复杂、人数较多的大型组织来说，业务流程变长、岗位要求繁多，管理者的主观评价很难全面反映人员情况，不建议采用此种形式。

第三象限是目前企业中最普遍的做法，一般以单一项目制的形式出现。由外部咨询公司作为第三方，使用专业人才评鉴工具进行独立的评价，并向管理者汇报，一般是向董事长、总经理或某一业务条线、部门的业务领导者汇报。这种形式适用范围比较广，第三方独立的立场和客观的视角可以大大提高结果的公信力。

第四象限将第三象限的做法与公开述职、演讲答辩等形式结合，让盘点对象公开展示。此类形式能够结合企业内部评委和外部测评专家的结论，并争取业务管理者更多地参与，促进达成人才盘点的共识。此种做法在需要强调内部公平性、鼓励员工参与、打造内部氛围的情况下，比第三种做法更有优势。

盘点工具

所有的人才评鉴工具都可以用来做人才盘点，本书前面已经介绍过的工具不再赘述，下面简单介绍一下"人才盘点会"。

"人才盘点会"是由各层级管理者参与，现场讨论企业人才管理问题，形成管理共识的一种盘点会议。会议从解决业务需求与问题入手，讨论当前人才如何支撑业务发展，定位明确、价值清晰，更容易获得业务部门管理者的认同与支持。会议研讨过程重视统一所有参会者对人才标准的认知，便于达成一致性的评价结果，并能够进一步明确管理者在后续人才管理过程中的具体责任和具体任务，促进业务部门管理者积极参与后续人才管理工作，能够保障盘点结果的有效利用和落地。

（1）会议角色划分。

1）盘点人：被盘点人的直接上级，现场研讨和实现产出的主体。

2）观摩人：被盘点人的隔级上级，旁听研讨过程，促进达成共识。

3）主持人：外部专业顾问或内部 HR，引导盘点流程，控制产出规范。

（2）会议流程如图 9-9 所示。

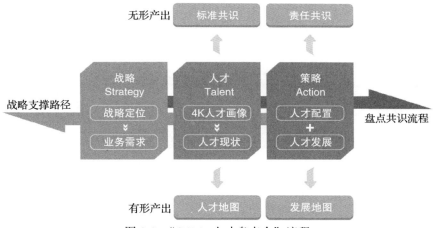

图 9-9 "S.T.A. 人才盘点会"流程

第一阶段：战略盘点。

- 澄清公司战略目标与当前业务重点。
- 分析当前业务问题与挑战（业务需求）。

第二阶段：人才盘点。

- 分析当前业务需求对人才的需求与定位。

- 研讨并确认 4K 人才画像。
- 全面盘点现有人才状况。

第三阶段：策略盘点。

- 分析人才现状与业务需求匹配性。
- 明确后续人才配置策略。
- 分析后续人才发展策略。

各类人才评鉴工具适合盘点的内容有所差异，在最为常见的盘点工具中（见表 9-9），"人才盘点会"可盘点的内容最多，且只有人才盘点会可以实现对组织类盘点维度的盘点，如果能够充分实施，其盘点结果的准确性也较高。

表 9-9 常见盘点工具

维度分类	盘点维度	盘点难易度	常见盘点工具						
			内部数据分析	在线能力测评	业绩模糊评价	行为面试	360周边访谈	述职答辩	人才盘点会
个人	能力	中	☆	☆	—	★	★	☆	★
	潜力	难	—	☆	—	★	☆	☆	☆
	业绩	易	☆	—	★	—	★	★	★
	经验	易	★	—	—	☆	—	★	★
	使用/发展建议	难	—	—	—	—	☆	—	★
组织	业务需求	难	—	—	—	—	—	—	★
	人才需求	难	—	—	—	—	—	—	★
	人才数量/结构	难	★	—	—	—	—	—	★

注：★代表结果准确性较高，☆代表结果准确性一般。

"内部数据分析"是通过企业内部已有的考核数据、简历数据和人才结构数据进行盘点，只适合作为盘点的前期输入。

"在线能力测评"主要是通过在线自陈式问卷进行能力或潜力评价，因在线测评工具的信度和效度有限，必须配合其他工具进行校准。

"业绩模糊评价"是通过直接上级对被盘点人业绩完成度、个人投入度、期望符合度和同级领先度等维度进行评分的业绩评价方法，主要用于校准现有绩效数据。

"行为面试"作为测评信度和效度最高的工具，能够产出较为可靠的能力和潜力评价结果，但多数企业需要依靠外部测评专家进行面试，成本较高，常用于高层级或关键岗位员工盘点。

"360周边访谈"是通过对被盘点人的上级、同事、下级进行深入访谈，搜集能力评价和业绩评价的方式，在访谈范围足够大的情况下，可以得到比较准确的评价结果，但组织难度和成本均相对较高。

"述职答辩"作为公开性最高的盘点工具，宣传和引导性较强，但因现场述职答辩时间和内容的限制，建议主要参考业绩和经验的评价结果。

结果应用

由于无法很好地使用人才盘点结果，导致人才盘点烂尾，失去内部的认同与支持，是企业在实施人才盘点时常常遇到的问题。要避免这一问题的产生，需要从产出设计、周期性实施与跟踪、多机制配合三个角度进行思考。

首先，要避免盘点产出过于单一。"九宫格"是最为常见也是最容易获得的直接盘点产出，但它只是一个阐述相对位置的评价结论，而真正可以带来价值的是对于不同格子里的人员采取的差异化使用或培养策略，这些策略必须作为"九宫格"的配套材料一同产出，才能让盘点结果真正被使用起来。除此以外，基于不同的盘点定位，还应有其他针对性的产出生成，这些需要在盘点设计阶段就进行规划。

其次，需要将盘点作为周期性常规工作来开展。一次盘点结果只代表当下时间节点上人员的情况，组织的业务需求和人才需求在不断变化，人才的能力也在不断成长，定期开展盘点才能实时把握最为准确的人才情况。同时，在两次盘点之间还应该有一系列的跟踪措施，对盘点结果和后续人才策略的准确性进行评估，不断改善盘点过程。

最后，盘点结果的应用需要多种机制的共同配合。人才盘点产出的各项策略与措施都很难独立实现，需要公司领导在认可和重视盘点产出的基础上，在人才任用机制、激励机制、考核机制和培养机制等多方面配合联动的基础上，积极使用盘点产出。

汽车企业集团一级子公司人才盘点案例

C 公司是某大型国有汽车集团下设的一级子公司，下辖十余家二级单位，包括主机厂、研究院所、销售公司等多种类型的企业。自 C 公司成立以来，一直保持着较快的发展速度，但由于受汽车行业整体下行的影响，公司首次出现了负增长，急需进行业务破局、盘活现有人才，为企业发展提供持续动力显得尤为重要。下面我们以 C 公司开展人才盘点项目为例，介绍人才盘点会成为核心工具的人才盘点过程（见图 9-10）。

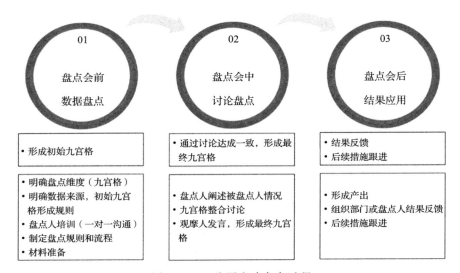

图 9-10　C 公司人才盘点过程

由于 C 公司要求快速产出盘点结果，而盘点对象涉及多个层级、多家下属单位，近千人规模，且 C 公司和我们合作多年，已经建立并运用能力模型和人才评价工具进行了两年的人才评价工作，具备较好的人才盘点基础，所以我们直接建议 C 公司使用"人才盘点会"这一盘点工具。

盘点会前：为人才盘点会准备前期资料，形成初始九宫格

根据 C 公司盘活现有人才的盘点定位，确定盘点内容主要聚焦在关键岗位人员的业绩和能力两大维度上。盘点会前，主要统计过往数据形成初始九宫格，业绩数据来自过往绩效考核数据，能力数据来自干部年底述职答辩考核结果。

为确保正式人才盘点会的实施效果，盘点会前项目组召集所有盘点人和观摩人开盘点说明会，就本次盘点的意义、价值、后续结果使用方向、盘点流程、参与要求等做了全面的说明和培训。为进一步加强盘点人对此次盘点的理解与认同，项目组在形成初始九宫格后，又与盘点人进行了一对一沟通，再次明确了人才盘点会的标准和流程，简要说明了初始九宫格的内容，促进初步达成共识。此外，为提升正式人才盘点会实施效率，项目组还为盘点人、观摩人和旁观人准备了一系列工具表单和辅助材料。

盘点会中：专业顾问现场主持，确保达成共识

在正式人才盘点会实施阶段，盘点人通过讨论达成一致意见，形成了最终九宫格。项目组根据 C 公司盘点对象的层级和人数，划分了各场人才盘点会的时间和场次，由我们的专业咨询顾问担任主持人和记录员，把控人才盘点会实施流程，保证所有产出结果。

盘点会开场环节，首先由观摩人进行动员讲话，为人才盘点会奠定基调，提升盘点人的参与度和重视度，并要求现场所有人签订保密协议，保证所有信息在会上充分交流、会后严格保密。之后，主持人简单介绍会议流程和规则，明确会议的重要程度，宣布人才盘点会正式开始。

正式盘点环节，所有盘点人根据阐述规则和标准依次阐述被盘点人的行为例证，其他人进行信息补充，一是让在场人员熟悉所有被盘点人的基本情况，并获取补充信息；二是让盘点人快速进入状态，以更加开放和包容的心态畅所

欲言，确保人才盘点会的效果。之后进行整合讨论，所有盘点人在主持人的引导和规则下，依次对被盘点人所在九宫格位置进行调整，在意见难以达成一致时，由观摩人做出判断和最终决策。最后，对于九宫格右上角的优秀人员，盘点人分别阐述其未来的使用和发展建议，形成完整的盘点产出。

盘点会后：反馈盘点结果，持续跟踪

本次项目的盘点成果包括九宫格人才地图、人才健康度分析、人才使用与发展建议、人才盘点会会议纪要、人才盘点整体分析报告等。在所有产出均撰写完成后，C公司内部项目组首先向所有盘点人和观摩人反馈各自下属的盘点结果，并说明结果如何使用，强调个性化内容，让业务部门的管理者在日常工作中及时参考盘点结果，进行人员的使用和培养。之后，C公司马上启动了后续各项组织人才使用和调整的措施，结合盘点结果做出了一系列人事决策，并为优秀人员对接和匹配了相应的发展资源，后续进行持续跟踪。

人才盘点会技术转移

为帮助C公司在后续时间里能够独立开展人才盘点工作，保障盘点工作每年有序进行，在本次项目实施的同时，我们还在C公司进行了全套人才盘点技术转移工作，通过培训和全流程模拟演练两大步骤保证技术转移效果，实现C公司内部盘点主持人在技术转移后能够独立操作人才盘点会的目标。

技术转移培训与盘点会前培训合并开展，前半程主要针对盘点人、观摩人进行培训，内部主持人旁听，了解参会人员关注点，学习盘点会前培训的讲解方式。后半程单独针对内部主持人开展，重点讲解人才盘点会主持的流程、要点和注意事项等内容。在技术转移培训结束后，另行组织全流程模拟演练，由我们的专业顾问带领C公司内部主持人模拟真实人才盘点会全流程。在此过程中，我们的专业顾问进行指导、反馈和答疑，确保主持人明确主持要求，并掌握相应的主持技巧。除培训和模拟之外，我们还要求C公司的内部主持人全程旁听本次项目的正式盘点会，再次进行体验式学习，提升技术转移效果。

第四篇

评鉴结果输出与应用

第十章

结果输出是人才评鉴的临门一脚

思考

《 你最看重评鉴报告的哪些内容?
《 好报告的标准见仁见智,你有哪些见解?
《 如何将报告写得简单通透,"看山是山,看水是水"?
《 写报告有标准化生产流程吗?如何做到针对性和个性化?

  结果输出好坏是人才评鉴工作成功与否的临门一脚,最能体现测评师水平。准确的评价结论不仅能够帮助组织准确地了解人才,做好人才的使用与激励、培养与发展,也能够帮助员工增进自我认知,帮助员工扬长补短、发展突破、优化职业状态。但是如果评价结论不够准确、不符合实际情况,则人才评鉴过程中付出的全部努力将付诸东流。

  评价结论通常以报告的形式展现,共分为两类:个人报告和团队报告(或称整体评价报告)。

  个人报告类似体检后医院为患者提供的个人体检报告。个人报告对照人才标准详细分析被测者在每个能力素质项上的表现,并根据测评目的的差异给出相应的建议。针对不同的阅读者,内容也会有所差别:给被测者本人反馈的版本,侧重于个人发展建议;给管理者和人力资源部门参考的版本,侧重于使用或培养建议。

  团队报告类似体检后医院发布的某类人群整体的"健康报告"。团队报告通常包含受测人群的整体特点分析，以及分层分类的对比分析。同时，结合对标数据发掘整体提升空间，或者针对特定的人才队伍建设以及人才管理问题探讨切实可行的解决方案。

如何做到言之有物、言之有据、言之有用

测评师刚开始撰写评价报告的时候往往会产生各种困惑：怎么算写好了？怎么总是觉得自己写不透？给的建议好像有些隔靴搔痒？撰写报告甚至一度成为测评师自我怀疑的"黑暗时刻"。

那么，好的评价报告应该长什么样呢？

我们先说交付成果验收过程中需要满足的自检基本要求。

初级要求是符合语言规范和格式规范：无错别字；语言准确、通顺，不存在过于专业或口语化的情况；不存在前后矛盾、颠三倒四、含混模糊；不存在一"逗"到底、层次不清；字体、段落、样式规范统一；图表大小、样式和位置规范统一；文件命名规范统一。中级要求是观点清晰、评价客观、简洁明了、层次分明。高级要求则是语言形象生动、行为依据充分确凿，并能提出中肯有效的建议。

除了以上要求，对于一名测评师来讲，更重要的是了解一份报告应该产生什么样的价值，以及如何去创造这些价值。我们借用清末思想家、翻译家、教育家严复先生提出的"译事三难"来说明这个问题——一份好的评价报告也要符合"信、达、雅"的要求（见图 10-1）。

"信"指"真，不伪"，即评价报告要说得对，像照镜子一样真实反映客观情况。这要求评价报告言之有物、言之有据，用充分的依据进行客观的评价。

"达"指"至，无过无不及"，即评价报告要说得透。这要求言之有用，报告内容必须洞见深刻并且建议中肯、有启发、可操作，切忌就人论人、大而化之和隔靴搔痒。

"雅"指"文学性，当雅则雅，当俗则俗"，即评价报告得说得妙。这要求评价报告言之有神、跃然纸上、可读性强并易于理解和传播。当然，做到这一

点可谓是苛求了。

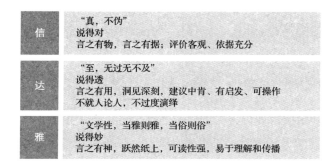

图 10-1　报告三难

写任何一份报告，不管是什么领域，不管它的读者是谁，都可以遵循 TOPS 要诀。后面我们将围绕报告目标分别介绍如何撰写个人报告和团队报告。

- T——Targeted（to our audience），有的放矢：对于评价报告来说，就是紧紧把握具体的人才评鉴目的，瞄准读者。
- O——Over-arching，贯穿整体：列出观点清单，为中心思想服务。
- P——Powerful，掷地有声：胸有成竹后断句成章，不仓促下笔。
- S——Supportable，言之有据：必要的行为举证（证实或证伪）。

撰写个人报告："串项链" ARTS 四步法

打开黑箱，我们如何形成对人的立体判断

在结束全部测评流程，收集到充分的有效信息之后，测评师需要进行独立评分以及合议，然后完成最终评分和评价。寻找行为证据，进行信息整合，我们把这些操作称作"串项链"，包括 ARTS 四个步骤：A（awareness）是"找珠子"，RT（relate & test）是"摆珠子"，S（structuring）是"串珠子"（见图 10-2）。

"Awareness"即认知和觉察，测评师需要通过行为编码和觉察标记来寻找

"闪光的碎石"。这些"闪光的碎石"包括有明确指向的证据、个人表现相互矛盾的疑问点,还有尚不能理解的特殊信号等。所有的"Awareness"都可以按照他人评价、经验履历、事件行为、身体语言、用词用语、性格测验和智力测验 7 个方面来收集信息(见图 10-3)。

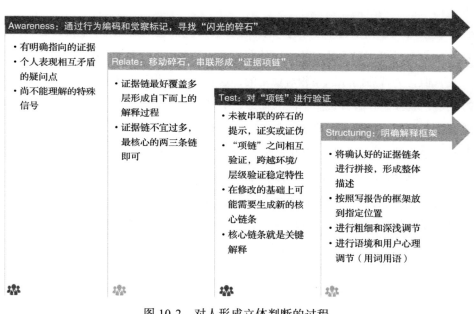

图 10-2 对人形成立体判断的过程

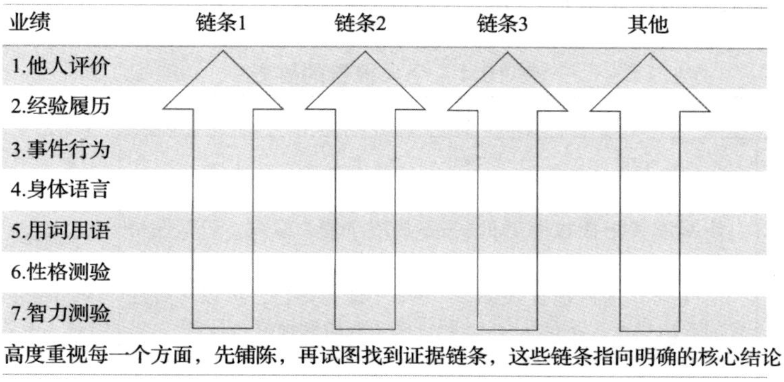

图 10-3 收集信息的 7 个方面

将所有的信息按照这 7 个方面进行分类之后便可关联相关的证据，将彼此支撑的多个证据形成"证据项链"，即"Relate"。

形成"证据项链"之后，需要进行信息验证，即"Test"。要遵循孤证不足以为证的原则，一个证据链条上不能只有一个证据，要去关注那些未被串联起来的"闪光的碎石"。

链条之间也需要互相验证，要跨越层级去验证它的稳定性，并意识到真正决定行为的是更深层次的东西。当外在环境或任务发生变化时，行为可能会发生改变，但行为背后的原因是相对稳定的，这就是"本我"的力量。找寻被测者的"本我"，就像是在解方程。不同的任务、不同的人生经历等都是变量，解读一个人在不同组织环境下的不同表现就是在解方程，只有记住冰山，记住本我、自我和超我的关系，才能把握被测者的本质。在"Test"的过程中，核心链条就是关键解释，关键解释超越了能力模型的作用，是报告的灵魂，是"未来方程式"的解。

解出方程式、找到关键解释之后，便需要明确解释框架，即"Structuring"，对证据链条进行拼接，按照报告样例放进去，进行层次深浅的调整并且根据语境和用户心理感受进行相应的调节。

个人报告的构成要素

根据不同的评价目的、不同的阅读者，报告要素有所不同（见表 10-1）。下面将对其中的部分要素进行介绍和举例说明。

表 10-1　个人报告的要素

要素	目的	内容	适用场景
推荐建议	一句话明确评估结果	是否推荐聘任、入池等	外部招聘、内部竞聘、潜才储备
综合评价	使阅读者把握被测者的全貌	不局限于能力素质，包括性格特点、风格动机等，突出整体性	全部场景
优劣势分析	使阅读者迅速把握被测者的突出优点、不足所在	不限于能力评估，可以含有任职资格、经验和性格特征等	外部招聘、内部竞聘、潜才储备
能力分项评价	明确被测者各项能力素质水平及对工作的影响	根据测评标准逐一分析被测者的各项能力素质	发展类评估、人才盘点

（续）

要素	目的	内容	适用场景
使用建议	使阅读者了解如何使用与激励被测者，以及可能的风险	围绕被测者特点、独特价值和可能的风险提出具体建议	外部招聘、内部竞聘、人才盘点
组织培养建议	以被测者的上级为阅读者，提出未来培养发展的建议	关注可培养性和紧迫性，从手段、资源等方面提出建议	发展类评估、人才盘点、潜才储备
个人发展建议	以被测者本人为阅读者，提出未来发展的行动建议	结合个人职业发展阶段，帮助被测者增强自我认知、澄清发展目标、明确发展手段等	发展类评估、人才盘点、潜才储备

评价结果、推荐建议

评价结果可根据不同的评价场景选择不同的展现形式。例如，在晋升、后备选拔时可使用推荐建议来展示核心结论，根据分数划分为不推荐、谨慎推荐、推荐及重点推荐四个等级。履职盘点时可使用胜任水平来展示核心结论，根据分数划分为胜任、基本胜任、不胜任等若干等级。

综合评价

基于评价目的，综合评价应从能力、经验、价值观、特质（风格）、动机（求职动机、发展动机、管理动机）等角度，概括特点、勾勒轮廓并进行诊断和预测，给出评价等级或对应结论。

好的综合评价能够突出重点，简明扼要、提纲挈领并且有整体感，同时能够呼应评价目的、结合工作场景提出明确的诊断和预测结论。不好的综合评价则是面面俱到，仅仅是各分项描述的堆砌，内容零散无序，无法呼应评价目的做出清晰的诊断和预测。

☕ **合格样例**

××个性鲜明，性格强势、我行我素，属于开疆拓土型的人才，具有明显的"山大王"作风。他自信并具有很强的支配欲，不在乎别人如何评价自己。在他的字典里很少出现"困难"二字，无论遇到何种挑战或压力，都能够较好地承担下来，会整合资源并想尽办法达成目标。

他与人沟通时目标导向明显，不太在乎他人的感受。从事管理工作的时间尚短，工作中的个人英雄主义较为明显，没有形成对下属的有效激励，也没有清晰的发展他人的意识。

××敢拼敢闯的特点，适合被放到开拓性的岗位上，要求上级具有足够的包容心，更多地看到他的长处并发挥他的优势。当需要更加全面系统地思考、更加成熟得体地处事、更加有序规范地带领团队才能达成目标的时候，××当前的特点和积累显然不能匹配。

能力分项评价

一般来说，分项评价会描述各项能力水平和行为表现，并分析被测者的能力现状对工作绩效的影响。

好的分项评价能够详细描述个人特点和具体行为，并且每一条结论都有两个及以上的证据支撑，同时保证落脚点均在对工作的影响层面上。不好的分项评价对特点和行为的描述是抽象模糊的，列出的证据不够充分、将偶然行为放大化和一般化、加入个人主观臆断，甚至前后矛盾，也容易变成就人论人，结论不能落在对工作和绩效的影响上。

☕ 合格样例

⊙样例1：能力素质分项描述

在响应客户需求方面，××能够发现公司为客户提供的产品或解决方案中的不足，以真诚、负责的态度进行改进。但在目前的业务领域内，其对客户需求的前瞻性把握能力还有待提升。

⊙样例2：含测评环节典型行为举例

××风格过于强势，甚至专横，沟通略显生硬；时常深深地沉浸在任务中而顾及不到他人的感受；工作中个人英雄主义特征明显，尚未体现出如何发现下属的潜力并有针对性地指导和培养的意识。在角色扮演中，面对提出离职的下属，其沟通和挽留的方式较为随意，未能深入洞察对方的需求从而采取能够打动对方的沟通手段。

使用建议

使用建议应具体说明该将被测者用在什么地方、如何发挥其价值，以及用人风险和防范提示。

好的使用建议能够综合考虑组织的实际环境、团队搭配等情况，给出配套的使用建议以及用人风险提示。不好的使用建议提出的内容模棱两可，或更多就当前岗位进行分析，缺少通过岗位调整实现人尽其才的相关建议内容。

☕ **合格样例**

在人才使用方面，建议维持现岗位不变，在具体使用过程中需注意：

（1）上级应考虑××的人际交往等特点，增加非正式沟通方式，了解其对当前工作的困惑和真实想法，着眼发展做出绩效反馈，减少简单、直接批评式的负向输入，帮助其增强工作自信、树立威信。

（2）××对技术研究有较大的热情，且专业技术过硬。组织应发挥这一优势，继续安排其从事技术类工作，同时要求他加强自身技术、经验的总结和分享，加强对新人的技术指导。在指导新人的过程中上级应明确培养任务、培养计划和培养目标，并就培养方法提供一定的指导和帮助。

（3）××对组织的发展规划和上级的意图理解不充分，有时会造成执行的偏差，因此上级在分配任务时需与其进行充分的事前沟通，让其明白该工作的意义所在，并在执行过程中进行事中控制，及时纠偏。

发展建议

发展建议应当包括针对工作瓶颈与发展困惑进行的原因分析和思路点拨，

基于发展目标明确能力、经验等差距，给出发展路径和行动建议，同时基于能力及综合情况给出发挥优势的相关建议。

好的发展建议能够做到分析和点拨切实中肯，对解开困惑或明确方向有启发和促进，且提出的行动建议有针对性，同时具体可操作；不好的发展建议相对空泛笼统，缺乏针对性，不贴合企业实际，不具有可操作性。

☕ **合格样例**

如果在未来承担更大的职责，××需要将精力更多地放到如何帮助团队成员达成任务目标上，通过团队的力量实现良好绩效，并在此过程中与成员建立良好的人际关系。

可以尝试主动听取来自他人的意见和建议，多和员工交心；作为前辈应发挥凝聚人心的作用，要主动放权、积极参与、细心聆听、共同进退，这样才能赢得更广泛的信任与支持，而不要打击他人的士气，不必担心别人的成长会掩盖自己的光芒。

××要适当调整自己的工作方式。果断强势的作风要对事不对人，在理解他人诉求的基础上达成共识，不能刚而不柔、进而不退，否则容易引起他人不必要的抵触情绪，给工作开展带来障碍。

个人报告的类型及特点

根据人才评鉴及报告使用的场景差异，个人报告的特点如表 10-2 所示。

表 10-2 个人报告的特点

评鉴类型		应用场景	特点
人员甄选	内部	选拔	关注培养潜力	体现出差异性，提供用人决策
		竞聘	关注准备度	结论明确，分数量化或等级呈现 不仅仅是能力评估
	外部	社招	考虑维度更多	个人特点/独特价值揭示清楚
		校招	综合简评	必要时增加风险提示、后续考察点等信息

（续）

评鉴类型	应用场景		特点
人员盘点	决策参考	客观、中肯	分析详尽 结合工作实际展开书写 要有使用和培养建议 不要忽略前言和附录的价值
	本人反馈	委婉、鼓励	

个人报告撰写技巧及注意事项

（1）写报告之前，可阅读企业过往评鉴工作中的优秀报告，注意使用企业内部的文字风格。

（2）针对不同的阅读对象，对报告的内容重心和评价语气进行相应调整。

（3）对自己做出的每一个结论都能做到心中有数。

（4）不要在报告中使用过多专业术语，应通俗易懂、易于理解。

（5）在报告中，正向描述和负向描述的占比应和总体评价结论一致。

（6）在测评和写报告的过程中，应关注优势突出者的劣势、劣势突出者的优势，切忌走上极端。

（7）尽可能丰富人物形象，注重语言积累，避免千人一面。

团队报告输出：让数据价值充分显现

团队报告的撰写流程

待各项评鉴结果确定之后，即可开始撰写团队报告。撰写团队报告的流程主要有以下四步：明确团队报告的目的与意义；汇总多方面评鉴结果的数据信息；基于报告目的进行数据分析并形成结论；图文并茂地呈现结果。

团队报告是内部盘点或潜才储备项目的重要输出。在某一特定群体的盘点项目中，团队报告可以展示该群体的整体特点、人才结构、胜任比率和业绩能力九宫格分布等现状，也可以从人才入口、人才发展和未来出口等多个方面进行动态分析，从而为未来人才管理举措提供依据和建议。在潜才储备项目中，团队报告可通过潜才现状分析，总结其与目标职位要求的差距，为制订针对性的培养方案提供依据。

团队报告需要分析的评鉴信息包括能力数据、风格特征数据、潜力数据、绩效数据和履历信息等，以年龄、职级、区域和职类等作为分类维度，可进行对比分析、描述人才分布现象；结合历史财务数据、人才数据进行对比，发现问题，探讨原因。

结论形成后，需要使用各类图表以及文字对结果进行输出和展示。

团队报告的要素构成

项目说明

项目说明包含评鉴工作的目的与实施过程，让阅读者了解工作的背景、方法及流程。

> **样例**
>
> ××公司20××年后备人才选拔项目于20××年×月启动，工作小组按项目计划完成了前期的调研访谈、选拔面试方案设计、现场面试筛选以及后期的报告撰写、数据整理工作。本次选拔工作通过在线测评、专业知识考试和案例分析考试三大环节对参与选拔的171人进行了第一轮筛选，使148人进入第二轮筛选；通过现场的行为面试环节对148名候选人进行了第二轮面试，并根据面试结果对候选人的岗位类别进行了区分。
>
> 结合项目情况，本报告分析了参与两轮选拔的148位候选人的测评结果。
>
> 本报告将重点包括以下几个部分：
>
> - 基于候选人的基本信息，分析候选人的整体人才结构状况。
> - 分析候选人的测评结果，从而掌握候选人的整体水平。

- 分析不同层级、不同岗位类别候选人的测评结果，从而发掘不同候选人的群体特性及相互之间的差异。
- 分析测评结果的整体情况。

团队评价结果分析

结果分析将从统计学角度分析被测者整体特点，同时也需要分析不同职类、职级、区域人员之间的差异。常见的分析维度有：

- 被测者基本情况分析：包括性别、年龄、学历、工龄、部门和职位序列等。
- 总体测评结果分析：包括被测者推荐或不推荐、胜任或不胜任情况、团队整体平均分以及人群差异情况。
- 分项测评结果分析：包括不同维度指标的单项分析。
- 人才九宫格分布：包括能力与绩效、能力与潜力等人员分布情况。

样例1：总体测评结果分析，如图10-4所示。

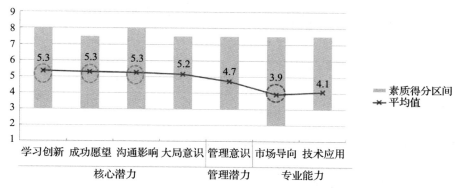

纵观129位高潜人才候选人员的整体情况：
· 核心潜力整体高于管理潜力和专业能力。
· 学习创新、成功愿望、沟通影响平均分较高，是本次参加测评人员的优势项。
· 市场导向整体得分较低，是本次参加测评人员的劣势项，结合当前形势，需重点关注。

图10-4 总体测评结果分析示例

样例 2：分项测评结果分析，如图 10-5 所示。

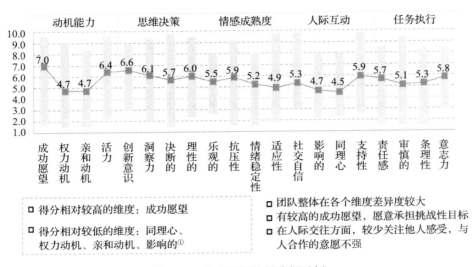

图 10-5　分项测评结果分析示例

①即影响意愿，指乐于影响他人的程度。

样例 3：能力 – 潜力人才九宫格分布，如表 10-3 所示。

表 10-3　能力 – 潜力人才九宫格示例

潜力项	高	8 人	2 人	13 人
	中	1 人	53 人	38 人
	低	20 人	14 人	1 人
九宫格对应分数段 ■ 高档 ≥ 15 ■ 12 ≤ 中档 < 15 ■ 低档 < 12		低	中	高
		能力项		

行业数据、财务数据等对比分析

若整合企业内所有的人才评鉴数据，与行业数据、财务数据等相结合进行深度分析，可以与行业对比、与历史对比，找到自身人才管理的优势与不足，深入探究人才管理现状的成因,再有针对性地进行改进与提升。

主要分析方向有:

- 组织内部人才评鉴历史数据的分析:找寻规律,发现内部人才特点,为人才"画像"。
- 与行业数据对比分析:挖掘优势与差距,知己知彼,扬长补短。
- 与财务数据对比分析:分析人才效能,从财务视角看人才价值。

样例1:企业人才画像,如图10-6所示。

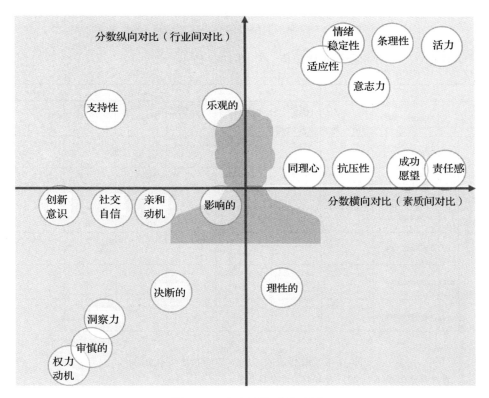

图10-6　人才性格画像示例

样例2：与行业数据对比分析，如图10-7所示。

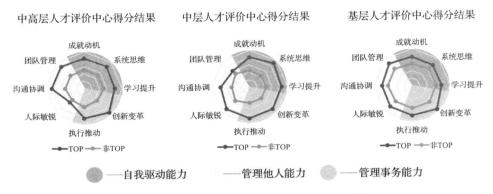

图 10-7　行业不同层级领导力测评结果示例

样例3：与财务数据对比分析，如图10-8所示。

评价维度		评价指标（年度）	大型商业银行 2016　2017	股商行 资产规模 3万亿以上 2016　2017	股商行 资产规模 3万亿以下 2016　2017	城商行 资产规模 1万亿以上 2016　2017	城商行 资产规模 5千亿-1万亿 2016　2017	城商行 资产规模 5千亿以下 2016　2017	农商行 2016　2017
人力资本效能	总量	人均营业收入	140 → 158	269 → 267	239 → 184	293 → 268	249 → 244	218 → 236	145 → 142
		人均净利润	51 → 56	84 → 87	62 → 57	107 → 115	97 → 98	82 → 95	48 → 45
		人力资本回报率	2.12 → 2.1	2.11 → 2.09	1.52 → 1.58	2.54 → 2.59	2.88 → 2.8	2.62 → 2.8	1.52 → 1.49
	增量	人均营业收入增速	-3.4% → 12.3%	2.9% → 5.0%	1.5% → -25.9%	66.3% → 26.5%	14.3% → 44.1%	-13.4% → 19.3%	-8.7% → -3.1%
		人均净利润增速	-0.6% → 13.4%	5.4% → 4.0%	-28.8% → -11.9%	125.4% → 35.7%	24.0% → 73.4%	-24.7% → 28.2%	-0.7% → -9.2%
		人力资本回报率增速	-2.1% → 2.6%	12.5% → 3.2%	-29.4% → -3.4%	80.1% → 17.7%	19.0% → 85.9%	-28.3% → 30.7%	-6.0% → -5.4%

上升　　下降　　变化不明显

图 10-8　银行业人力资本效能指标变化示例

资料来源：2016～2017年银行公开年报数据。

组织管理建议

组织管理建议应紧密贴合评鉴目的，着眼业务发展对人才提出的要求展开讨论，提出建议。主要的建议方向有：

- 团队培养方面的建议：针对普遍能力差距提出人才培养的方式与内容建议。
- 人员配置方面的建议：结合胜任情况、年龄等因素，给出人员配置使用建议。
- 其他人才管理综合建议：如扩大人才入口、完善评价激励机制、进行动态优化等。

☕ **样例：企业下属单位高管盘点总体建议**

⊙ 人才管理总体问题分析与建议

（1）对于人才配置和选聘，分析人才管理基本规范及入口问题，并寻找管理对策（见图10-9）。

问题	■ 高管数量及职位配置的规范指引不够清晰完整 ■ 人才配置不够齐全优质，人才使用捉襟见肘，存在选人标准不清、照顾安排等情况
原因	■ 人才配置需要考虑一定的地域差异以及发展阶段差异，规范管理存在一定难度 ■ 人才供应不充足，各单位作为独立法人机构，其人才标准、用人决策机制相对独立，不够规范健全
建议	■ 增加高管数量，加强职位配置指引与监控 ■ 清晰人才标准指引，优化、落实人才任用决策机制 ■ 推进集中的人才池建设，推动机构间人才流动，扩大人才供应

图 10-9

（2）对于整体胜任水平提高的问题，从高管团队履职过程跟踪、监控管理和退出机制中寻求对策（见图10-10）。

问题	■ 整体胜任水平不容乐观 ■ 部分单位存在严重的班子成员不胜任、不团结、权责界限不清等问题 ■ 人才退出不畅
原因	■ 对新任高管进行持续关注、跟踪辅导的责任不明确，落实情况参差不齐 ■ 缺少必要的人才盘点和评鉴考核，信息收集和沟通反馈的渠道不畅通 ■ 作为独立法人机构，高管退出的影响因素较多，过程相对复杂
建议	■ 加强对新任的派出高管的关注和帮扶，"扶上马送一程" ■ 完善并规范各下属单位的治理机制，明确权责，充分发挥董事会、监事会的职能 ■ 推进人才盘点工作，通过民主评议等多种方式及时了解情况，发现问题，解决问题 ■ 明确人才退出的决策机制以及退出方式、流程，关注并适度规避人才退出可能导致的阶段性业务影响、股东关系影响和监管关系影响等风险

图 10-10

（3）对于持续性梯队建设问题，从总部和下属单位两层着手加强人才储备与培养（见图10-11）。

问题	■ 50岁以上者占比偏高，胜任率偏低；年轻高管经验不足，综合管理能力欠缺 ■ 整体而言，亟待加速高管人员年轻化、梯队化建设
原因	■ 缺少人才储备规划，梯队建设的意识有待加强 ■ 培养资源不足，机构间人才的交流互动较少
建议	■ 促进各机构做好内部梯队建设，逐层输送，保证人才的合理流动 ■ 适时推进培训资源的共建共享，增进机构间的学习交流，相互促进 ■ 总部建立储备人才池，"蓄水养鱼"；选拔建立单位正职后备人才池、副职后备人才池，并提供必要的培养支持

图 10-11

⊙ 个体归类与管理建议

基于年龄与胜任情况九宫格，提出共性管理建议（见表10-4）。（个体具体使用建议略。）

表 10-4

胜任情况		30～40岁	41～49岁	50岁及以上
	胜任	27人	25人	16人
	基本胜任	13人	17人	18人
	不胜任	1人	6人	7人
重点关注培养，可承担更大的管理责任				
做好本职工作与传帮带、经验沉淀与分享				
针对性培养提升，重点关注有风险点的人员				
提供一定政策，安排退休或调岗			年龄	
进行免职或调岗等处理				

第十一章
人才评鉴结果应用热点与趋势

思考
《 连线成面的人才评鉴结果如何发挥更大作用？
《 如何把握人才成长规律，将评鉴结果应用于人才发展？
《 如何建立并持续更新企业人才报表？

  一个完整的评鉴中心，始于评鉴目的，终于结果输出与人事决策。相关内容在第九章已经基于不同应用场景分别做了介绍。本章重点介绍人才评鉴结果的另外两方面应用，一方面是将评鉴结果用于反馈发展，另一方面是以人才报表支撑企业人才管理整体水平的提升。这两方面应用，也是第二届中国企业人才评鉴中心实践调研显示的应用热点与趋势。

反馈：测评与发展对接的第一环

  反馈与跟进对于任何工作流程都很重要，尤其是在人才评鉴过程中，我们工作的目的并不仅仅是要得到一个评鉴的结果数据，更重要的是如何把这些对评鉴对象的洞见应用到其今后的任用与发展之中。此时，反馈是开展后续工作的第一步，也是至关重要的一步。因此，我们必须在设计评鉴方案时，同步详细规划全面和强有力的反馈与跟进机制。当评鉴被用于发展目的时，例如识别高潜员工、制订继任计划或角色转换方案，评鉴结果的反馈往往能够发挥导航作用，帮助他们制订详细的个人发展计划（IDP），并进行跟踪落实。即使在评聘项目中，仅对落选者进行简短的反馈，也能够提醒他们自己需要关注的领域，防止其失去动力或产生其他不好的想法，同时，这样做有助于塑造组织透明、公开的内部氛围与雇主品牌。

反馈的重要性常常被忽略

虽然大家都认可反馈的重要性，但遗憾的是在人才评鉴实践中，反馈工作往往会被自觉或不自觉地忽略掉，究其原因，无外乎以下几点。

（1）意愿度问题。许多人喜欢相互说一些好听的话，不太愿意针对其他人工作中的一些问题、能力短板进行反馈，觉得这样容易伤和气。

（2）实施难度问题。要做好发展性反馈是非常难的，从某种程度上来说，比做好测评工作更难。被反馈者自身的特点是不一样的，每个人面对反馈的心态和所表现出来的反应也可能是不一样的，所以没有太标准的操作流程。这需要反馈者有非常充足的准备，并掌握一定的反馈技巧。

（3）被反馈者的配合问题。在探讨自身的优劣势和发展空间时，尤其在面对自己的不足之处时，人们需要足够的安全感。如果评鉴者和被反馈者之间未能建立一定的信任关系，那么反馈互动会变得非常困难。一些被反馈者可能会否定评鉴结果，拒绝探讨互动，甚至质疑整个评鉴过程。

（4）成本问题。虽然有的企业认可反馈工作的价值，但有时候会出于成本控制的考虑，简化反馈动作，甚至取消反馈环节。

如何让反馈触动人心

下面我们具体讲一讲，怎么做好评估后的发展性反馈。其实反馈与评鉴有很多类似的地方，我们做测评的时候经常会讲到冰山模型，从知识技能到冰山以下隐藏的东西，评估难度是越来越高的。同样地，反馈的难度也是呈这样一个顺序逐渐提升的。

比如某个被反馈者,他的哪些知识有所欠缺或者哪项技能不足,很容易通过反馈的方式使其与反馈者达成共识,从而促进其做出改变。而对行为、认知、态度以及性格特征、价值观等进行反馈,难度就会大大增加。一般认为,行为、认知和态度是可以通过反馈来改善的,但性格特质以及底层的特质、动机是很难改变的,只能通过反馈帮助其了解自身与工作岗位要求的一些偏差,进而引导其有意识地调整自身的行为。所以,进行反馈还是要落实到行为上,尽量避免说教的方式——仅仅指出被反馈者性格上的问题其实是没有什么实际意义的。简而言之,**反馈的核心是客观描述观察到的行为,反馈者好比一面镜子,让对方能够看到真实的自己**(见图 11-1)。

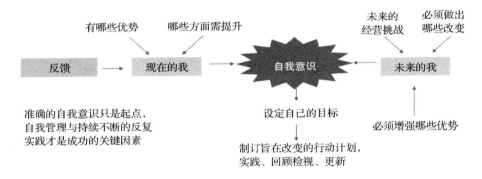

图 11-1 基于行为的深度反馈

那么,如何做好这面镜子?如图 11-2 所示,有三点需要注意。第一点,也是最重要的一点,是聚焦观察的行为,要对所发生的事实进行客观的描述,把关注的重点放在实际发生过的语言或者行为上,确保这些描述是真实可靠的,而不是去揣测背后的动机意图和情感。第二点,要注意反馈应及时进行。一般我们会在测评结束后的一个月内进行相应的反馈工作。第三点,要注意反

图 11-2 如何做好反馈者

馈内容必须是具体明确的，不能是一些含糊的信息，同时，要忠于事实。这就要求反馈者必须提前做好充足的准备。

积极性反馈：正向强化

所谓积极性反馈就是对准确达标的或者超额达标的行为或者结果进行强化和激励，目的是增强期待达标的行为和结果，帮助反馈对象进一步提升自信。相对来说，这种正向反馈还是比较好做的。但是，大家往往也会进入一个误区，认为好的评鉴结果只要告知反馈对象即可，他肯定能够接受，也不用反馈太多的东西。然而，这种做法事实上弱化了积极性反馈的价值，因为双方对正向评价背后的依据的理解可能不完全一样。我们希望通过反馈强化导致关键结果的一些正向行为，因此还是需要把它剖析进行具体化，进而与反馈对象达成共识。

以下是积极性反馈的三个操作法则：

- **行为法则**：积极性反馈要具体和简洁，陈述对方说了什么或做了什么，突出这些产生结果的关键行为。
- **赞赏法则**：不仅要认可结果，也要对产生这些结果的过程以及反馈对象所付出的努力表示赞赏，关键点是真诚的认可和支持。
- **未来法则**：目的是引导和激励反馈对象在未来的工作中持续做出同样的行动，可以结合其正在从事的工作进行具体化的探讨。

发展性反馈：提升不足

所谓发展性反馈是对不正确的、未达标的行为和结果的一种反馈，目的是终止偏离目标的不正确的行为和结果，从而促动反馈对象的成长。相比积极性反馈，做好发展性反馈的难度和挑战更大。

在做这类反馈时，一定要注意不要简单地采取责难或者批判的态度，从而引起不必要的情绪对抗。很多管理者习惯用"表扬 – 批判 – 表扬"的"三明治"方式，但实践表明这种方式并不是非常有效，反而会让反馈对象觉得不够真诚。其实，我们不需要绕这么大的圈子，可以直接把这些实际的结果、实际的短板指出来，关键的问题是怎么指明。

同样地，给大家几个操作法则作为参考：

- **行为法则**：一定要聚焦在对方的行为上，陈述其在测评过程中说了什么或做了什么导致获得低于标准的相关评价。
- **事例法则**：在陈述行为的同时，也可以引导反馈对象反思在实际工作中与此有关的一些典型的案例，这有助于双方形成共识。
- **影响法则**：与反馈对象共同探讨这些行为对他个人过往工作产生的一些影响，以及对其未来进一步发展可能造成的障碍。
- **期望法则**：提出对反馈对象行为改善方面的期望以及期待获得的结果，这些期望一定要具体可操作，且落到明确的行动计划之中。
- **换位法则**：要让对方真正感觉到你是站在他的立场上考虑问题的。
- **倾听法则**：尽量不要说太多话，要学会倾听，通过提问引导反馈对象多说，并用你自己的话来解读对方所说的话，一定要避免居高临下或语重心长的说教。

策划一次成功的发展性反馈并不是一件简单的事，在此之前，我们有很多准备工作需要认真去做。

第一，我们必须尽可能详细地收集所需要的一切数据和信息，包括测评过程中的具体行为记录以及反馈对象在实际工作中的真实表现。

第二，在正式反馈之前，要深入分析反馈对象。对他面对反馈会产生什么样的反应，要有一定的预判，依据就是我们手里的测评报告，其往往会有性格和能力两方面的详细描述。然后认真思考一下，如果他对反馈表现出这种反应的话，我们应该如何应对，以免现场措手不及。

第三，在提出这些反馈意见之前，尽量避免一些比较敏感的信息，比如性别、民族、年龄和学历等，避免最后造成对这些无关问题的纠缠，进而对反馈的效果产生很不好的影响。

在实际操作中，为了让反馈更有结构性，我们建议你准备一张反馈表格（见表 11-1），写明需要强化、改进的问题和行为，以及这些问题和行为对团队、部门或者其他方面造成了什么样的影响。这些都要有具体的事例来支撑。还要写明：你需要如何准确而详细地描述这些行为；在这次反馈会议中你具体要达到什么样的目标；你提出的反馈意见可能会遇到哪些障碍，如果遇到的话，你要如何处理。最后应该有一个总结，对反馈过程进行评估：哪些反馈目标达到了，哪些反馈目标没有达到，为什么没有达到，需要怎样改进等。

表 11-1　反馈表格

策划一次反馈会议
运用该表格在事先准备好的反馈会议上提出你的反馈意见
需要改进或强化的问题和行为
这些问题和行为对工作、团队、部门或者项目造成了什么样的影响
你需要如何准确而详细地描述这些行为（谁在什么时间做了什么）
这次会议具体要达到什么目标
你提出的反馈意见可能遇到哪些障碍，如何应对
沟通风格
信任程度
反馈过程与预期的符合度如何，目标是否达成，如何改进

反馈实例解析：学会引导式提问

上面讲了很多操作原则和方法，未免抽象，下面我们讲一个具体的反馈片段，便于大家更直观地了解如何做好一次发展性反馈。

假设我们通过测评发现员工 A 的工作严谨性以及考虑问题的细致性有比较大的欠缺，那么在反馈过程中，我们会对其说，"如果你能够在今后的工作中再严谨一些，考虑问题再细致一些，你的工作质量会有很大的提高"。员工 A 会说："你们讲得非常正确，我目前工作是有些粗心大意，领导因为这个情况批评过我好几次。我也知道问题在这里，想改正，但是总找不到方法。"

走到这一步，大家可以看到这个反馈对象其实对自己的问题有比较客观的认识，但是他找不到方法来改变和提高这方面的能力。接下来，我们作为反馈者应该做什么？很多反馈者可能直接就告诉他："你要提高这方面能力，需要做到一、二、三……"这种反馈方式我们经常看到，但心理学的众多研究表明，真正有效的反馈不应该直接告诉对方如何去做，因为这种方式的接受度往往比较有限。真正好的反馈应该是一个引导过程，这时需要用到一些提问技术。

接着上面的例子，我们会问："那你都用了哪些方法来尝试提高你的工作质量？"这就是一种引导。前面他说总是想改正却找不到方法，那就应问他做了哪些尝试。他可能会说："在工作之前，我都会请教一下老员工，做的过程中我会放缓做事的节奏，做完之后我会进行总结。"你应该注意到了，A 给的这些信息都非常笼统，我们从这些信息里得不到太多有价值的东西，这时就需要用到行为面谈里的追问技术，使其更具体化。比如我们可以问，"那能不能分享一个最近发生的事来说明你在这方面所做的一些努力和尝试，或者你遇到的一些问题？"他可能会讲："以前几天的接待会场布置工作为例，中间就出现了很大的失误，因为当时我以为这次会场布置和以往差不多就可以了，可实际上领导的想法完全不是这样的，那结果肯定是被领导批评了，所以之后我个人的总结就是做事情要先领会领导的意图，不能想当然。"这时我们可以继续跟进："当时除了这些总结之外，还有其他的吗？" A 可能反问："这是不是我工作不够细致和严谨的毛病？"这就是引导反馈对象自己说出问题所在。

接下来，我们要做的是基于上述事例要求反馈对象提出 10 点改进意见，防止下次再发生。他肯定会说："10 点太多了，我最多只能说出四五点！"这时我们马上要抓住这个点，继续提问："咱们来共同探讨一下，看能否总结出 10 个点。首先这次开会的目的是什么？由谁来主持？参加的成员有哪些？要与领导具体确认哪些信息？" A 的思路一下就可以打开："如果我要照这样总结的话，说不定能总结出 20 点来。""如果你在做这个事之前，就以这样的方式来考虑一遍的话，会不会处理更严谨一些？一旦以这样的方式思考工作的话，会不会考虑得更加周全？" A 可能会表示认同："是啊，我以前总想着提高细节质量，但是没有方法，今天有了这个方法之后，今后的工作我会尽力这样去做。"

我们作为测评师所获得的信息毕竟是有限的，而且这些信息的有效性也会受到多种因素的制约。反馈对象可能会存在一些有意识或者无意识的自我防御，或者他自己也没有察觉到自己的一些行为特征。这些都需要双方经过深入的探讨，才可以最终达成共识。有效的反馈可以引导反馈对象真正认识到自己的潜能，并知道如何改进和提高。

培养聚焦：测评指引人才发展设计

人才评鉴的结果可以用到企业人力资源管理的方方面面，如外部招聘、内部选拔、晋升任职、考核激励等。近年来，在企业实践中一个可喜的变化是评价与发展结合得越来越紧密，从评鉴中心（AC）向发展中心（DC）转变成为大势所趋，这也得益于人力资源管理从以六大模块为核心的"功能导向"向以人为核心的"运营导向"的根本性转变。

发展罗盘：将测评与发展融为一体

除了将人才评鉴融入培训课程的"双引擎"以外，我们在多年咨询实践中逐步开发出了以能力为核心的"发展罗盘"技术（见图11-3），能更好地帮助企业将人才的评估和发展环节融为一体，实现"以测评促发展，在发展中持续评估"的正向循环。

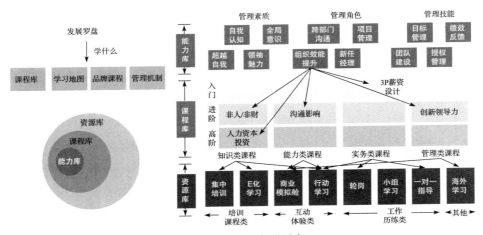

图11-3 睿正发展罗盘

能力库：聚焦培养重点

在发展罗盘中，我们聚焦于素质、角色和技能这三个可发展要项上。

在评估结束后，对个人报告进行解读和反馈的同时，我们需要对测评数据进行整体分析，识别出评估群体共性的能力短板，并加以锚定，作为后续培训与发展环节的重点。分析方法可以是内部对标也可以是外部对标，但在实际工作中，由于模型指标与应用环境不同，且外部的真实数据很难获得，我们一般以内部对标为主，操作上不是很复杂，只要识别出目标群体的相对弱项即可（见图11-4），并对这些共性短板进行详细的描述和解释。

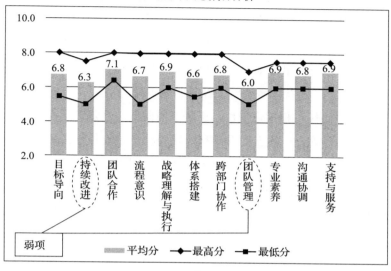

a)

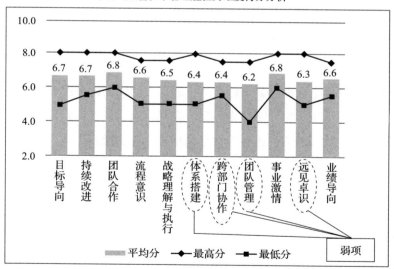

b)

图 11-4

以图 11-4 中子公司经营班子的盘点结果为例，其共性短板（后续的发展重点）体现在以下几方面。

（1）**体系搭建**：经营班子工作经验参差不齐，在行业内有影响力的企业工作过的人员偏少，缺少单个细分产品经营的统领性成员；对组织整体的体系和机制建设缺少认识，系统思考不够，经验明显不足。

（2）**跨部门协作**：模糊耐受性与影响意愿偏低，经营班子容易逃避挑战性任务，不愿意以开放合作的态度看待和处理问题，导致各行其是，使"放权式管理"演变为"放任式管理"，难以准确落实既定战略，导致管理失效。

（3）**远见卓识**：经营班子对未来工作开展的思路认识不够清晰，对行业发展缺乏远见，往往受制于短期利益，很少考虑企业的长远发展，眼界和格局明显不够。

（4）**团队管理**：在对下属的授权、积极期望、激励关怀方面得分较低，体现出对下属的关注度不足，员工和领导者之间会有一定的距离感，造成下属组织归属感不强、能力得不到有效的锻炼和提升，从而影响其工作积极性和工作效率。同时，在内部队伍建设上也缺乏关注和有力的措施。

课程库：以任务为核心的课程设计

前些年，很多企业都热衷于建设基于胜任力的课程体系或者学习地图，但不少企业实际的应用效果并不是很理想。究其原因，虽然课程推导和设计的逻辑很严密，但纯粹以能力为核心的课程往往与企业实操距离较远。企业发展的不同阶段，对工作能力的要求也不尽相同，因此面面俱到的课程体系反而丧失了焦点，往往被束之高阁。

在睿正发展罗盘中，课程库的建设必须以评估为基础锚定短板，同时关注企业当前的工作任务和管理挑战，而非静态的就能力谈能力。脱离实战任务的通用型课程，从成人学习的角度而言，效果是很难保证的。特别要说明的是，针对非知识类的胜任力课程必须与任务相结合，在模拟或者实战任务中学习。胜任力本身不是孤立存在的，是在每一个实际工作任务中体现的行为要求，所以必须将其还原到任务中去。睿正的人才"双引擎",将人才评鉴与发展融为一体,通过情景任务学习与评鉴反馈两个引擎助力人才发展。

资源库:符合成人学习的培养手段

根据著名的"721法则"(70%任务锻炼、20%辅导反馈、10%课程讲授),传统培训主要提供10%的课程部分,而睿正发展罗盘更擅长根据企业实际业务需要设计和规划70%的任务锻炼部分,同时通过专业的学习顾问在任务过程中观察学员的行为表现,对其进行跟踪评估,并运用教练引导等手段,促动学员意识的改变以及能力的提升,将20%的辅导反馈真正做出来。在实际操作中,我们往往会通过读书分享、标杆学习、微课工作坊、行动学习、轮岗锻炼等方式将这些促动过程贯穿其中,从而发挥以任务为导向的培养设计的核心价值点。

案例分享:通过盘点评估促动混合式培养

项目背景

L公司是大型民营汽车零部件上市企业,拥有十余家全资或控股子公司,相关产品的销量、市场占有率居行业前列。尤其在近几年,L公司先后从知名汽车集团或零部件集团手中收购了多家公司,企业规模迅速扩大,并提出了新的"五年战略规划",期望成为全球一流的零部件制造企业。但是,在提出战略目标之后,L公司发现企业内部人才存在诸多问题,很难为未来战略发展提供充分支撑。

首先,近年的多次收购和快速扩张使企业内部的人员组成非常多样化,由于过往公司性质、发展阶段、管理模式不一致,导致收购之后企业内部没有统一的文化氛围和管理语言,很难快速融合。其次,L公司新战略规划提出了转型和快速发展要求,但是多数现有人员已经习惯了过去"小富即安"的工作状态,甚至在经营管理团队中仍有部分管理者对于新战略目标存在疑虑,认为很难实现。最后,L公司成立至今,发展方式相对"粗犷",多数管理者习惯根据自身经验进行管理,在新战略的要求下,现有人员难以快速适应工作内容和工作节奏的改变;此外,其自身的各项能力也存在很多不足。

面对以上情况，我们提出优先对 L 公司的经营管理团队进行集中的盘点与培养，促使他们在"清晰自我认知、明确管理定位、统一思想认识、形成团队合力"之后，由上至下地带动各级管理者进行改善管理与提升能力。

项目设计与实施要点

在项目设计阶段，我们将整体项目分为三个模块"建框架—盘人才—做培养"。其中，"建框架"指通过深入调研诊断，分析 L 公司新战略对经营管理团队能力提出的新要求，形成高层领导力模型，以此来定位培养项目的整体培养方向；"盘人才"是对现有经营管理团队能力进行全面摸底，在领导力模型的基础上，区分培养优先级，进一步明确培养发展重点。在这两个模块初步完成之后，才会进入本次项目的核心环节——"做培养"，以保证培养方案设计符合企业实际需求。在本项目实施完毕后，我们还帮助 L 公司对培养对象进行了长期的跟踪和辅导。

（1）建框架。在本项目中，我们将"模型共创工作坊"放入了培养计划的第一个阶段，通过培训引导技术，组织培养对象直接讨论本层级的领导力要求。一方面，该层级没有直属上级可以参与研讨，工作坊只能由该层级自行讨论，且单独组织成本较大，领导时间难以协调；另一方面，基于战略发展要求讨论本层级的领导力要求，对于培养对象来说，是非常好的进行管理角色认知、明确管理定位和自我反思的机会，如此设计既能高效完成模型构建，又能变相实现培养发展的目的。

（2）盘人才。我们结合"线上"与"线下"两类测评工具，分两个阶段对培养对象进行了盘点评鉴（见图 11-5）。

第一阶段为"训前测评"，一方面，全面盘点培养对象当前能力现状，找出能力短板，指导培养方案设计；另一方面，第一阶段的能力测评形成个人测评报告，在培养计划的第一个阶段进行集体报告解读和个人反馈，帮助培养对象进一步清晰自我认知、明确自身能力现状，并订立个人发展计划。

第二阶段为"训中测评"，该阶段测评会贯穿整个培养周期，学习顾问全程跟进培养对象的学习过程，根据他们在培养过程中的各项表现，评估他们的能力状况。该部分的测评结果将直接指导后续对培养对象的进阶培养和使用。

第十一章　人才评鉴结果应用热点与趋势　293

图 11-5　训前测评与训中测评

（3）做培养。基于前两个模块的产出，通过发展"必要性"和"可行性"两个维度，综合判断本次培养项目的发展优先顺序，明确发展点。

根据项目定位，我们按照"愿意做 – 能够做 – 做得好"这条主线，用一年时间分三个阶段实施培养（见图 11-6）。第一阶段"态度意识转变"，重在统一思想认识；第二阶段"基础技能提升"，主要改善基础管理能力；第三阶段"经营管理进阶"，强调整体战略思维和经营管理意识。

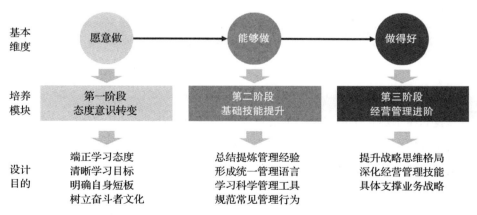

图 11-6　三阶段培养进阶模式

睿正人才发展框架将培养方法分为三大类："技能提升模式"，以课程培训等最常见的培养方法为主,适合快速传授基础知识技能或工作经验,成本低、组织难度小,但很难帮助培养对象实现应知应会的知识在工作中的迁移和使用;"行为塑造模式",以行动学习或在岗锻炼为代表,主要通过不断的实践练习,改变行为,从而提升培养对象相应的能力,组织难度较大,较容易受培养对象自身积极性和管理成熟度的影响,培养效果不容易保障;"认知改变模式",通过各种类型的反馈或教练,帮助培养对象进行充分的自我反思,从而转变心态和固有认知,从底层调动学习积极性,清晰定位和发展方向,这是大型培养项目必不可少的环节,宜放在培养项目的初始阶段,实际效果受反馈深度和培养对象的开放度影响(见图11-7)。

		阶段一:态度意识转变		阶段二:基础技能提升		阶段三:经营管理进阶	
集中培养	课程培训	课程1 管理者自我认知 【1天】 课程2 思维创新与管理提升 【1天】		课程3 卓越领导者的五项行为 【1天】 课程4 总经理的财务管理 【1天】		课程5 新常态下企业管理变革 【1天】 课程6 冠军企业的顶层设计 【1天】	
	模拟实践	实践1 模型共创研讨会 【0.5天】		实践2 管理模拟舱 【1天】		实践3 战略地图与商业画布工作坊 【1天】	
	外部拓展	拓展1 太极禅 【1天】		拓展2 团队拓展训练 【1天】			
非集中培养	行动学习	开题导入 工具导入与课题设定 【0.5天】		中期汇报 初步课题方案汇报,专家辅导 【1天】		总结汇报 课题成果汇报,领导点评 【1天】	
	推荐阅读	每月推荐一本管理类经典图书,读书结束后组织在线讨论与分享 参考图书:《卓有成效的管理者》《影响力》《领导力》《从优秀到卓越》《基业长青》《战略的本质》等					
	微信分享	成立微信讨论群,定期推送优秀管理文章(两篇/月),定期组织在线微课或讨论(一次/月)					
集中时长		4天(每月集中两天)		5天(每月集中两三天,拓展另外安排)		4天(每月集中两天)	

入组顾问	分配入组	一对一反馈	跟踪课程培训、模拟实践、行动学习情况,督促作业提交	
			跟踪能力变化情况,完成培训中测评	
直属上级	任命导师	确认IDP计划	跟踪IDP计划的完成情况,进行定期辅导反馈	评价最终方案

图11-7 各阶段的具体培养内容设计

我们在本项目中将三种类型的培养方法进行了有机组合,考虑到本次培养对象层级较高,日常工作非常繁忙,集中难度大,所以在选择具体培养方法时,一是尽量挑选组织难度小、培养时间短、灵活性强的培养方法;二是增加课程培训中的定制内容,针对性讲授最符合培养对象需要的重点,并将每门课程时长压缩为一天;三是尽可能利用非集中时间,将学习内容分散到自我学习、微信互动、小组拆书等环节,持续给培养对象输入信息,增强培养项目的黏性。

从培养项目第一次集中开始，我们就将全体培养对象分为五个小组，每组配备一名学习顾问，在整个培养周期中，学习顾问对本组学员进行全程学习辅导和跟踪观察，使得每一位培养对象都能得到足够的关注，保障每位培养对象的参与度，并不定期进行一对一反馈辅导。由于本次培养对象还分为三个小的层级，为更好地实现工作中的辅导和反馈，我们邀请培养对象中最高层级——总部经管会成员担任了其他培养对象的内部导师，一方面，其可以在日常工作中对其他培养对象进行 IDP 辅导；另一方面，对于经管会成员来说，这也锻炼了辅导和反馈能力，实现其自身领导力的提升。

项目成效

有形产出：一是在行动学习中各小组形成的内部管理改善课题方案，在最终汇报时均得到了公司领导的高度认可，后续可直接在公司内部推广；二是通过模型共创工作坊，形成了 L 公司经营管理团队领导力模型，该模型后续更广泛地应用于该层级人员的选拔、招聘和考核等多个环节；三是通过培训中测评，公司领导获得了对于该层级人员较为全面的测评报告，可以为后续人员的调配、使用和培养提供支撑。

无形产出：首先，培养对象通过本次培养项目，完成了较好的团队融合，在多样化的背景之下，形成了真正意义上的经营管理团队；其次，通过对战略的充分研讨，培养对象逐步清晰了未来战略的实现路径，增强了达成战略目标的信心；最后，培养对象初步接触和学习了部分管理知识技能，为后续自身领导力提升奠定了良好基础，但他们还需要在更长时间的实际管理工作中不断历练、持续提升。

人才报表：人才管理的晴雨表

我们身处的 VUCA 时代与一二十年前大不相同：面临着世界范围的巨大变化与不确定性；国内经济发展由粗放转向精细；商业竞争加剧；信息技术的发展使信息量大大增加且更为复杂；工作节奏加快；竞争格局变化加速。这些现象使企业对优质人力资源的要求变得越来越高，符合条件的人才日益短缺。

人力资源管理在企业内外部和人才供需两端都面临着非常大的挑战。面向外部，企业需紧随经营决策，敏捷判断人才需求及内部人才充盈情况，快速甚至预先采取相应措施；建立外部人才分析模型，看准人、招好人；把握市场行情与核心人才状态，识风险、留好人。面向内部，企业需要解析繁杂信息，判断自身影响人效的关键因素，对症下药，实现事半功倍的效果；动态掌握公司人才状态，优化人才使用效果；基于信息搜集与分析，发现人才成长规律，以更低的成本实现更好的人才培养效果。

面对这些挑战与要求，人力资源管理不可避免地由以往"经验+感觉"的管理思维模式，转变为"数据+事实"的模式，即以数据搜集、分析为基础，更为定量化、科学化的精细化模式。也正是如此，当前市场上出现众多大数据、云计算、人工智能的系统与软件，它们能够快速部署并取得一定的快速成效，但是深度贴合企业实际、真正发挥大数据效能依旧存在不小的难度。

大数据是无法在一定时间范围内用常规软件工具进行捕捉、管理和处理的数据集合。这个定义含有三层意思：一是大量反映真实情况的数据；二是变化很快，实时分析；三是构成复杂，分析方能产生价值。因此，如果没有系统，就难以收集大量数据；没有分析模型，就不知道收集什么信息，也不能进行快速分析；缺少洞见，则大数据只停留在存储上、报表上，难以从繁杂的信息中挖掘相关因素，并从相关性中验证因果关系；没有应用，就无法使大数据在人才选拔、使用与发展上产生价值。

所以说，大数据里蕴藏着大知识、大智慧、大价值和大机会，价值发挥的关键是其中的思维方式和管理途径，实现步骤是人力资源大数据的获取与标准化、数据分析与挖掘、数据应用，其中的关键成果是"人才报表"。

人力资源大数据的指标与获取

人力资源数据与财务、销售等数据相比具有不同的特点。首先，绝大多数企业较为重视财务、销售和业务的数据收集与分析，在这些方面的管理水平较好，而对人力资源管理的数据要求不高，且可能存在不重视的情况，造成管理基础薄弱、历史数据缺失的问题。其次,很多企业缺乏人力资源数据信息管理意识与系统,对基础性信息的维护仍然采用采集录入的方式,没有发挥数据信息化、自动收集的优势。最后,很多企业较少有针对人力资源数据的统一、规范的标准或指标,有限的量化数据(如年龄、薪酬、离职率等)所具有的价值又较为有限,价值较高的人才能力等指标难以统一、客观和准确量化。以上种种,造成在人力资源管理领域实现高效的大数据管理具有很大难度,且非一日一年之工,建立指标、标准与信息搜集系统是重要前提。

人力资源管理指标体系既包括团队,也包括个人,与组织人力资源管理的各个模块贯通,覆盖员工个人的全生命周期。

在团队指标上,通常包括人才数量、结构、质量和状态等类型。人才数量通常按照人才类别(正式员工、外包人员、关键人才)进行统计。人才结构通常按照组织、部门、条线或层级统计年龄、性别、学历、司龄、绩效和薪酬等数据的平均值与分布。人才质量可通过人均产值、人工成本占营业收入/利润比例等数据侧面衡量,也可采用测评结果进行评价。人才状态通常采用敬业度调研结果、主动离职率、婚姻状况和健康指数等数据进行衡量。综合各方面结果后,借助信息平台,可绘制"人才仪表盘"(见图11-8)。

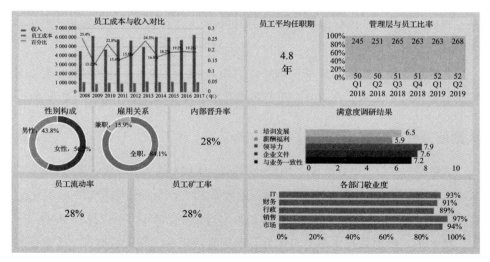

图 11-8 人才仪表盘示例

在各模块的贯通方面，将招聘、绩效、薪酬、培训和员工关系等模块信息统一，避免模块之间的割裂（比如招聘负责人不知道给招来的人多少工资，培训负责人不知道各部门、人员有哪些绩效未达成且可通过培训提升）。招聘模块通常记录招聘类型、招聘渠道、招聘漏斗等；绩效模块通常记录高、低绩效人员的数量与绩效分布；薪酬模块通常记录外部薪酬水平、薪酬总额、福利总额与月人均薪酬增长率；培训模块通常记录培训时间、内训师与导师队伍结构、培训满意度以及培训后学员考察分数；员工关系通常记录离职人数、构成与主要原因。

在个人指标方面，通常针对全员记录基本信息、工作经历、历史绩效与获奖情况，针对部分人员记录知识、技能与能力的考试或测评结果。指标设置的难点在于如何将工作经验与获奖情况等信息实现标准化或"贴标签"，以及实现从入职到离职的全生命周期信息采集与记录。

在信息搜集方面，需要借助信息技术开发大数据系统平台，一般分为系统层、数据层、分析层和展示层。系统层通过打通多个系统，确保数据自动流转与交换，奠定整个平台的基础。数据层对数据进行清理、处理、提取、保存与标签化，并对系统层提出优化要求。分析层通过分析建模和机器学习，挖掘关联关系，发现问题并发挥预警作用。展示层提供各类人才报表或报告，提供直观的人才图景。

在系统建设方面，首先需明确场景应用需求，然后逐步反推对展示层、分析层和数据层的要求，在对数据进行标准化后，逐步搭建整个数据分析平台。

大数据分析与挖掘

大数据的分析需要紧密贴合实际需要开展，实现对历史与现状的描述、解释以及对未来的预测和优化。在技术上，通常分为描述性分析、预测性分析与模型分析。在步骤上，通常分为四步。下面以员工敬业度分析为例解释这四步（见图11-9）。

第一步，确保数据来源与可用性。明确管理现状，判定数据源，了解能够收集和使用哪些数据以及数据的完备情况，并对原始数据进行清理；检查数据有无缺失，并去除无效与冗余信息，为后续分析完成准备工作。如通过在线问卷调查收集员工的感受与意见，并对回收数据进行整理，统计完成比例与分布情况，删除不认真作答的数据，确保数据的真实性与代表性。

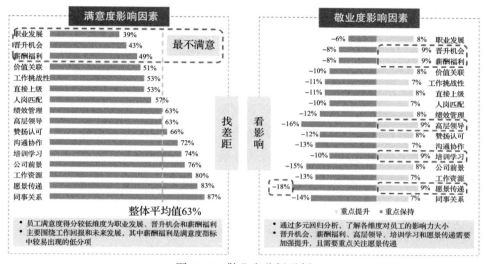

图 11-9　敬业度分析示例

第二步，描述性分析。对现状及不同因素之间的关联进行统计。如按照单位、部门、职级和年龄段分类统计敬业度与满意度得分，并计算各满意度因素之间及与敬业度的相关系数，发现"表面症状"与关联因素。

第三步，挖掘与解释。针对第二步的统计结果，结合工作实际进一步统计分析，发现隐藏的规律，如：哪个人群敬业度低；什么满意度因素会有助敬业度提升，哪些又易于导致敬业度降低；什么原因导致这些满意度因素降低。

第四步，预测分析。运用相关分析、回归分析、结构方程模型等统计分析方法，在相关关系的基础上，发现因果联系，从而基于当前动态预测未来走势，并指明行动方案中的关键内容。如运用回归分析，发现对直接上级、同事、工作挑战性、发展机会和授权等方面的满意度对敬业度有显著预测作用，可基于实践经验设定影响关系，进行模型拟合判断作用路径，后续围绕关键因素与路径制订行动方案，并付诸实践。

大数据应用

大数据在人力资源管理中的规划、招聘、绩效、薪酬、培训与员工管理方面均有应用。

在规划方面，大数据最主要的应用是预先规划，提供组织能力与人员支持，实现降本增效。通过收集组织内外部信息资料，运用预测性分析等技术对现有的人力资源整体状况进行系统分析，企业管理者能够较为准确地掌握员工各项真实情况的数据，并基于这些数据判断人员供需、绩效产出情况以及余缺情况。根据企业人员总体结构和员工个人职业发展需要，结合每年人员的动态流动情况，人力资源管理部门可以合理预测企业人力资源的整体发展趋势。通过对人员流动率做出精确的动态分析，能较为准确地预测企业的人员需求、岗位设置需求、激励措施需求和开发培训需求，做到预先规划、采取行动并系统跟踪。

在招聘中，大数据最主要的应用是人才搜寻与人才招聘（见图11-10）。在人才搜寻方面，通过大数据算法与云计算技术，实现与市场招聘平台的对接，对求职者的简历进行自动分析，使平台求职者的个人信息与用人单位的岗位信息进行

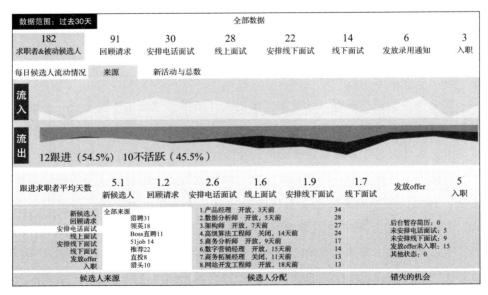

图11-10　招聘数据分析示例

智能评估与自动匹配。用人单位可一键发布在多家平台的招聘信息、匹配多家平台上的候选人，还可主动向匹配度高的候选人发送推荐与邀请，并对招聘渠道有效性和人才库存在的潜在风险进行分析和预警。在人才招聘方面，基于大数据管理的要求，应统一规范流程，并加强用人部门、人力部门、外部中介和候选人的协同与互动，优化招聘流程，匹配在线筛选，大大提升招聘漏斗各个环节的效率与招聘质量，由此降低招聘成本与人员错招的损失。

在绩效方面，大数据最主要的应用是敏捷绩效与分析式绩效管理。随着工作节奏的加快，越来越多的公司转变为敏捷绩效：借助在线系统或移动端APP，员工与上级可随时随地修改目标、及时反馈意见和优化员工感受；与相关系统建立接口后，系统能够实现自动获取相关业务数据，根据规则对员工绩效进行评价赋分，同时收集、催收、汇总他人主管评价，由此大大减少相关人员的时间投入，使之将更多精力投入专业分析或管理工作中；组织能够实时掌握团队、人员的绩效情况，判断绩效不佳的原因。在分析式绩效管理上，典型的商业应用案例是美国职业篮球联赛（NBA），在其官网上能够看到球队与球员的详细数据。球队数据不仅包含得分、命中率、助攻等，还有其对手的相应表现，实现量化分析与对标。对球员也有详细的描绘与分析，既包括加入NBA以来的场均上场时间、投篮数、命中率、篮板、盖帽、抢断、助攻、犯规等表现数据，也包括球员加入后球队的轨迹，在此基础上还可进行进攻效率、防守效率等深入分析，判断其对团队效能的贡献。在详细数据积累与分析的基础上，教练会在比赛的每一节中将场上数据反馈给球员，也会在半场休息时据此回顾上半场表现并制订下半场的作战方案，实现及时考核与反馈，并据此进行辅导，提升绩效。球队在日常经营中也是根据数据表现进行"定价"和奖励，并根据数据分析结果制订训练方案与目标，实现公平激励、高效培养，达成结果与过程的均衡管理。此外，球队通过对球员历史成绩的分析与总结，不但能获得"位置球员成长规律"，还能指导战术制定、团队成员调整、球员交易与球员薪金调整。

在薪酬方面，大数据最主要的应用是内部公平性和外部竞争性监控。在内部公平性上，将员工的薪酬与其职级和业绩进行回归分析，分析员工创效与其报酬之间的关系，判断内部薪酬发放的合理性与问题所在，采取针对措施，避免职级薪酬倒挂、创效薪酬倒挂的现象出现。在外部竞争性监控上，通过购买行业薪酬报告并导入系统，将各岗位薪酬与外部市场进行比较，判断内部人效水平与潜在风险，保证薪酬具有市场竞争力。

在培训方面，大数据最主要的应用是培训资源优化与个性化培养。在培训资源优化上，将培训资源库和在线学习系统与大数据平台对接，通过记录、分析参与培训或培养项目的人员在前、中、后期的反映与变化，判断培训或培养项目的有效性，从而对培训课程、手段进行筛选或优化配置。在个性化培养方面，基于对员工的分析评价，针对工作要求与优劣势，主动推荐相关书籍、在线资源，邀请参与集中培训，并通过在线考试等手段，自动检验员工的学习效果，进行培训积分，并将此记入员工档案，推动员工自主学习，避免惯常出现按需采购课程但无人听的现象。此外，当某业务或某部门人效指标普遍下滑时，人力资源部门应及时发现问题，剔除外部因素与个别人员管理因素的影响，针对业务需要谋划针对性的培训，使自己真正成为业务部门的伙伴。

在员工管理方面，大数据最主要的应用是人才测评、人才敬业度分析和人事管理（见图11-11）。在人才测评方面，汇总收集人才的履历经验、绩效、能力评价结果甚至日常系统操作等信息，通过量化分析，并与定性判断相结合，分析本企业中各岗位高绩效人才的显著特征，并基于数据构建人才画像，从而增强对现有人员评价的全面性和准确性。在招聘、选拔等环节中，可将候选人与标准进行比较，判断胜任程度与优劣势，做出人员任用决策、匹配使用与发展建议。在人才敬业度分析方面，以往单独开展的敬业度调查会增加管理者与员工的工作量，且答题可能不够认真或真实，导致结果存在偏差，通过与考勤、工作系统的对接，可以通过自动记录相关信息和动作完成调查，比如工时利用率、8小时工作时间以外的工作量、邮件数量、会见对接人时间、工作时间查看非工作内容所用时间等，并据此分析影响因素，增强敬业度调查对业务结果、员工离职风险的预测。在人事管理方面，考勤管理更加精细化和人性化，在出现人员调动、调薪等变动时自动关联记录、自动抓取员工相关信息数据，预测离职等风险行为的出现。此外，通过加强在员工自服务方面的应用，给人才提供机会去分析自身相关数据，使其建立正确的自我认知，让人才能够通过评价发现自己能干什么、有什么前途、需要提升什么。

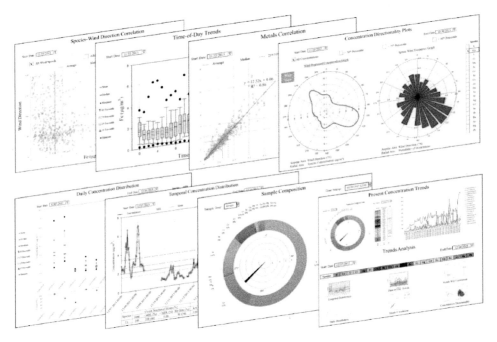

图 11-11　大数据与员工管理示例

总而言之，大数据的应用能够推动人力资源管理实现以下目标：从粗放管理走向精细管理；从单兵作战走向联合共享；从柜台式管理走向全天候管理；从被动反应型管理走向主动预见型管理；从风险隐蔽型管理走向风险防范型管理。当然，这些对人力资源工作者提出了更高的要求。

附录 人才评鉴FAQ

1. 为什么要把人才管理单独作为一个专业领域？人才管理和人力资源管理有什么区别

从广义来说，"人力资源管理"应当涵盖人力资源"管理"与"开发"，既包括对组织、岗位、薪酬、绩效等制度与机制层面的建设，也包括对培训开发、人岗匹配、梯队建设、评聘盘点等涉及人的动态性管理。

但是从现实操作来看，中国企业的人力资源部门往往在机构设置上将人力资源的几个职能区别开来。有一种情况经常出现在生产制造行业：管干部和管工人分别由不同的部门承担，两个部门的管理重点也不尽相同。另一种情况是由于一定程度的专业壁垒，人力资源中岗位薪酬绩效这样的传统模块相对成熟，人力资源从业者的专业能力和经验也比较理想，但是对于基于心理学、组织行为学的人才规划、评聘盘点、梯队建设，从业者的能力和经验相对有限，创新突破要借助于第三方专业机构的力量，因此"人才管理"逐渐从传统的人力资源领域中细分或脱离，成为相对独立或独特的专业方法、专业部门和专业市场。

一个比较典型的现象就是OD（组织发展部）在这几年蓬勃发展。OD在组织中的重要性与日俱增，这对于企业意味着将人作为重要的"资源"或"资本"的意识得到了大幅度提高。"以人为本"的"本"，在过去更多指向成本，现在和未来更多指向资本。

"资本是人类创造物质和精神财富的各种社会经济资源的总称"，人才管理这个细分的专业领域能够最大限度地发挥人在企业中的资本属性，也就是我们常说的"赋能""绽放人才价值"等效用。

2. 真正能落地的素质模型长什么样子

真正好用且能落地的素质模型指向两个部分：人的特质、组织特征。

人的特质。这部分就像你要买手机时，首先要看裸机的配置如何。这部分包括人最底层、最稳定的行为与思维模式，以及情商、智商这些能够被广泛感知到的特质。这部分是"纯人"的衡量，不与组织、岗位和任务的情况相关，就像我们必须购买一部内存、CPU、主板、摄像头等出厂硬件的性能都非常不错的手机，才能满足后续安装各种APP的需要。一部硬件不过关的裸机，是带不起来更多、更好的软件的。

组织特征。这部分就好比各种APP，非常强调每个用户（即每个组织）个性化的应用场景和使用习惯。通过战略解码、文化解析、任务梳理等手段，对组织的发展方向和具体的业务要求进行澄清和明确，定义组织及任务对人的要求，形成"纯组织"的特征提炼。尤其是对于在市场上流动的职业经理人能否空降成功的判断上，除了衡量他是否在"硬件"上满足要求之外，更主要的是考量他在该组织中是否能够达到与之前截然不同的、场景变化之后的目标，这样才能实现组织与人才共赢的局面。

在评价手段的配置和人才培养方面，我们通过上述结构拆分就可以精准地匹配测评手段。我们可以通过"对裸机的硬件测量——纯人的底层特质测量""对APP的应用评价——纯组织的业务特征匹配"以及"用户调查——360度内部评价"三类方式进行小维度的测评或培训的对接，避免"眉毛胡子一把抓"——罗列了一堆美好的词汇，实际上却是纸上谈兵。

目前市面上在线测评产品品种繁多，令人眼花缭乱。大型企业往往采购好几家公司的在线测评混搭使用，但是能够真正获得业务部门认同的却寥寥无几，HR深感"被测评工具绑架了"。作为人才管理的技术提供方，我们一直认为任何一种测评产品都应当为测评目的服务，而不是被测评量表的分数和测评报告的语言描述所局限。因此,我们主张主动整合测评工具,即根据不同的场景、需求和目标,选择适宜的在线测评工具,以及设计和匹配适合的线下评鉴中心技术组合。

在构建了成百上千个模型之后,我们发现"2-3-4 **角色画像**"是最好用的,我们称之为第三代胜任力模型。

3. 第一代、第二代、第三代胜任力模型有什么区别

胜任力模型起源于 20 世纪 70 年代。从时间上来说,最早的模型已经是"中年人"了。我们将麦克利兰博士于 1973 年提出的理论称为第一代胜任力模型,经过我们在实践中不断的优化和演变,目前已经升级到第三代胜任力模型了。

第一代模型以冰山理论为背景,阐述了能够真正影响工作业绩的个人条件和行为特征,把直接影响工作业绩的个人条件和行为特征称为 competency(胜任力)——"能区分在特定的工作岗位和组织环境中杰出绩效水平和一般绩效水平的个人特征"。这种理论的产生与发展,在当时最大的作用是进行人员的测评和选拔,即"挑人"。

第二代模型我们称之为"高绩效行为模式",它更强调组织与人的关系,以及个人能力应当如何进行改变和发展。第一代模型是"大冰山"的结构,其关注点是相对稳定的个性特征,而个性特征却难以对接培训发展手段。第二代模型是"小冰山"的结构,即每个素质项的构面都由一个小冰山组成,每个小冰山对可变的素质项与稳定的素质项进行了拆解。同时,第二代模型对组织中不同的层级、条线,甚至是具体的岗位进行积木式搭建,根据人力资源各项业务不同的应用场景进行落地式设计,例如干部晋升、人才储备、培训规划等具体而务实的应用场景,这为人力资源部门的落地提供了必要的操作工具。第二代模型由"挑人"升级为"选择+培养"。

第三代模型由静态的表达升级为动态的表达,我们称之为"2-3-4 **角色画像**",并为其配合适当的培养手段进行"角色导航"。这样做不仅使模型更加"接地气"了,而且更加受到业务部门的认可。除了在某一时期所构建的模型

之外，第三代模型还会考虑到过去与未来的三维应用，我们称之为"**二段、三维、四K**"。

"二段"是指以能力为中轴，向左形成能够对接测评工具与技术的心理学指标，主要在由人力资源部门主导的场景中应用，例如招聘和晋升等；向右形成能够直接与业务场景的具体工作要求对接的业务指标，得到业务部门的内化与认同，通过同一套体系实现用人部门的绩效评价、任职资格评定、工作调动与人员配置等应用需求。

"三维"指过去、现在、未来，从时间轴上覆盖了组织生命周期的发展阶段和个人职业生涯的成长阶段。以项目经理岗位为例，有些人过往做过十个小项目，从时间上看经验丰富，但在驾驭大型复杂项目方面经验不足，也有些人只参与过两三个大型项目，在项目挑战方面颇有积累，但在经验的丰富性上却不够充分。未来谁更适合担任下一个项目的项目经理？我们通过三维的方法，对过去的经验进行赋值管理，再结合现在与未来的人才管理要求进行分数拟合，这样一方面能够让个人成长和积累方面具有更强的指向性——不再盲目积累经验，绕过不必要的轮岗；另一方面让组织用"最短路径"进行人才培养，有的放矢地进行梯队建设，提高人才的管理和使用效率。

"四K"指以下四个关键维度，涵盖了前面说的"人的特质＋组织特征"的完整结构。

- "底子"好不好——关键特质（key competency）。这部分是个人和组织相对稳定的特征，与测评选拔手段和评鉴中心技术紧密结合。简单地说就是两句话：他是"好人"吗？他在这个组织或岗位中是"好人"吗？
- "经验"合不合——关键历练（key experience）。这部分是相对可塑的特征，可以对候选人的过往经验及履历进行赋值管理，与培养发展手段紧密结合。也就是说，他的经验"值钱"吗？怎样才能以最短路线积累最有价值的经验？
- "业绩"行不行——关键成就（key achievement）。这部分是显性可变的特征。这个部分与"货真价实"的绩效、挑战、成就与荣誉等紧密结合，是业务部门通常认为最有"干货"的地方。
- "发展"通不通——关键路径（key growth path）。这部分是人力资源部门通过赋能而发力的具体举措，包括选、学、练等多种手段，是提升组织效率和人力资本价值的重要渠道。

第三代模型覆盖了组织生命周期与个人职业生涯的大周期，因此可以更加贴合战略目标和业务对人才进行动态的赋能管理。

4. 建模真的有用吗？它都有什么用处

建模的意义，我们认为有三个方面，分别是道的层面、术的层面和工具的层面。

在道的层面，建模的意义在于构建一个组织的精神体系，它可以不完全"现实"，也可以不充分"落地"，但是不能没有。没有精神体系的组织，一定会萎靡不振，一定会缺乏深层次的组织灵魂建设。比如有一个快消行业的企业，由于各个零售店的资源、地理环境不均衡，没有分配到市中心或商务区的店长们经常抱怨自己倒霉，"怎么分配到这个破店"，而并不是想办法因地制宜地制定营销策略。在其企业文化中有这样四句话："对人感恩，永不抱怨，成就别人，造就自己。"但总说不到店长们的心里去。之后该企业在建模中构建了例如"逆境突破""开放超越"等素质项，通过测评和培训对店长们进行正向引导，使其渐渐形成了一种积极的正能量。当再有店员抱怨怎么被分配到这个地广人稀的地方时，店长会发自内心地教育他："伟大的销售从来不挑地方，没有不好的店面，只有无能的销售。"

在术的层面，建模务实的意义在于澄清一些务虚的东西。例如澄清战略、澄清组织：全球化的战略需要前瞻创新的人才，多元化的组织需要开放整合的梯队。通过建模去澄清标准，进行人才画像与能力建设，使建模起到灯塔与领航的作用。

最后才谈得上建模的工具性应用。工具性主要在两个方面发挥作用：一是人才识别，二是能力发展。在人才识别上，建模的功能主要是"尺子"，有了尺子才能够衡量与鉴别，让大家知道自己现在在哪。在能力发展上，建模的功能主要是"梯子"，有了梯子才有路径，让大家知道该往哪去。

综上，建模的意义在于务虚和务实两个层面。纯粹务虚的建模，的确难以"接地气"；纯粹务实的建模，又比较狭隘。虚实结合、软硬结合，这才是建模的真谛。

5. 同一个组织，不同的人建出来的模型会不同吗

会不同的。

人文科学不同于自然科学那样量化，且有一个特点，就是讲究悟性，更重智慧而不是知识、定律。它不像自然科学、社会科学那样注重普遍规律和知识累积，而是更注重一种智慧和能力的培养，更注重紧张和有创造性的探讨过程而非固定的结论。它给个人的独创性留有更浩大的空间和更多样的表现形式。

组织没变，如果管理者变化了，或者人力资源总监发生变化，抑或不同的建模人员和咨询顾问面对同样的输入信息，会得到不同的输出结果。因此，进行调研访谈的样本、访谈的手段和内容的深度，以及对企业发展战略的理解与见解，都会影响输出结果。

如果是由专业水平较高的不同团队来建模，理论上来说，模型或许会有些差异，但不应当有过大的偏离。尽管人文科学一般不像自然科学、社会科学那样依赖实验条件、物质条件，但对于共识性的观点还是高度趋同的。

6. 建模究竟是技术还是艺术

从巴比伦的空中花园到古埃及的金字塔，再到世界上那些千年的教堂和宫殿、百年的大厦和楼宇，经得起岁月的风霜，耐得住光阴的洗礼，支撑它们的

是技术还是艺术？

技术是骨骼，艺术是血脉。这是一件伟大作品必不可少的两个关键元素。

在技术层面，建模需要将组织的战略要求和人的心理特质进行整合，需要战略解析、BEI 技术、编码技术等，这样才能形成坚固的框架，保持主体结构稳固。

为了内化与传播，建模需要艺术化表达。一首动听的歌曲、一幅优美的图画、一件逼真的雕塑，都可以从视觉和听觉等多个角度触发人们的感观系统，而一个枯燥的公式却难以让我们牢记在心。一个好的建模作品，其最终的艺术化和包装宣贯是有画龙点睛作用的。

因此，在模型的表现形式和传播方法上，除了模型辞典以外，还可以有多种多样的呈现形式，例如宣传片、微信公众号文章、案例集、沙龙、卫生间贴纸、食堂海报等五花八门的方式。一些企业甚至将模型要求作为晋级考试的题目，作为员工在成长的道路上行为与内心的指引。

7. 轻量化建模好，还是重量化建模好

时下流行一个词，叫"快速建模"，即通过一些短平快的手段，或者是一些卡片、游戏、行动学习等集中的方式，快速形成模型。相比样本访谈、问卷调查、对偶分析等传统、复杂的建模手段，快速建模效率的确比较高。

我们审视一个事物，很难以从手段上进行评价。这就像问一个老板："是精密规范的管理制度好，还是简单灵活的管理制度好？"这位老板应该会说："我只看效果。"

如果你的组织有一定的管理基础、文化开放，容易快速形成共识，且建模团队具有足够的经验和鉴别能力，快速建模的确可以事半功倍。如果你的组织在沟通汇报上习惯一对一的方式，或者大家不习惯现场表态、当即得出结论，那么快速建模由于绕过了私密性较强的单独沟通环节，成果就会显得像在沙地盖楼一样缺乏根基了。

8. 2-3-4 角色画像是什么

"2-3-4 角色画像"是第三代胜任力模型的构建技术，代表"二段三维四K"：一面是任务特点，一面是人的特点的两段结构；过去、现在和未来的三个时空维度；测评与发展的四个关键维度。在这里，我们要重点讲为什么用到"角色"这个概念，而不再使用"胜任力"这个说法。

如前所述，画工是岗位，艺术家是角色；乐师是岗位，音乐家是角色。岗位仅仅是一份工作，角色却是我们灵魂深深认同、渴望成为的那个人。对于人才管理而言，不能赋能的建模都是沙地建楼，仅仅是给人贴上标签而已。

从能力管理迈向角色管理，是从对任务管理到对人性管理的飞跃。

倘若麦克利兰能够活到今天，已经有100多岁了。在100多年前，他一定想象不到在当今的社会里，热钱投资满世界飞，互联网技术对于人们就像空气一样重要。

麦克利兰在20世纪70年代提出了胜任力模型的概念。70年代是什么概念？40多年的"年龄"，不仅比现在绝大多数耳熟能详的咨询公司要大，而且比我们公司部分员工、大多数企业中的HR也要大。

在麦克利兰那个年代，全世界正在经历着二战之后经济的蓬勃复苏，大工业和跨国公司迅速崛起，发达国家的人们刚刚走出物资匮乏的阴影。然而距离二战结束仅仅20多年，教育领域还来不及输出大批量的优秀人才。政府和大企业面对市场一派欣欣向荣的大好局面，最发愁的是上哪得到足够的优秀人才去管理企业和政府。在这种时代背景下，麦克利兰的"冰山模型"一炮而红，迅速在全球500强公司中盛行开来。

迄今为止，世界上有多少经典管理理论能够在上百年的沧海桑田中依然保持着纹丝未动的历史地位？

回望那个年代，我们会发现当今互联网时代的管理需求，与"大生产"时代相比，已然发生了天翻地覆的变化。

在20世纪五六十年代，企业只要能够把东西又快又好地生产出来便不愁没地方销售，古典管理理论是企业家信奉的教条。到了20世纪八九十年代，发达国家刚刚结束了饥渴般的匮乏，企业开始提出"柔性管理""流程再造""人力资源管理""企业文化管理""学习型组织"等迎接新时代的管理思想。胜任力模型这个管理思想，正是在先进企业由大规模生产转向大规模销售的历史洪流中，伴随着当时的需求而产生的。

今天，你在中国完全可以不用携带现金出门，一部手机可以满足日常的支付需求；一日三餐只要动动手指头，很快便有餐食送到家门口。中国的企业早已不是"世界工厂"，而是具有"中国梦"的世界标杆。所以，麦克利兰那套素质模型理论必须进行升级了。

现在，我们睿正最先进的技术叫作"角色画像"或"角色管理"。它脱胎于麦克利兰的素质模型，并回归人性，紧扣人性。

为什么不是岗位画像、人才画像，而是角色画像？

我们先来看一看，角色是什么。

第三章解释了"角色"的定义，简单地说，角色是"我"想表达出的样子。而岗位是"我"要将"自我"放到最低，去满足甚至迎合一个冷冰冰、硬邦邦的工作需要。当进行岗位价值评价时，技术的核心也是衡量岗位本身产生的价值，而不是直接衡量任职者能力水平的高低。

角色的概念就鲜活灵动得多。我们对于角色管理的解释是：**一个有能力把某件事情做好的人。**

WWH原则可以更清晰地阐释这句话的内涵：

- What（做什么事情）——满足组织需要。
- Who（需要什么能力）——满足任务要求。
- How（如何评价）——如何衡量这个人。

可以看出，能力素质模型或胜任力模型都是针对具体的能力点的，而不是针对一个鲜活饱满的人。组织只关心任职者是否具备了相应的能力、能否满足工作任务的需要，这是以"事"为本，本质上是把人作为企业这部精密大机器上的一个零件。

然而我们都知道，当今智力资本是最稀缺和最不可替代的要素，同时智力资本的流动性更难以管理和驾驭，这些要素都是由"人"来表达的。因此，我们提出了一个鲜明的主张——所谓"人才管理"，对象应当是"人"，是"**一个有能力把某个事情做好的人**"。

"一个有能力把某个事情做好的人"由三个部分构成。

第一个部分：**做什么事情**。用角色描述来梳理和澄清责、权、利。描述方法为职责"三段论"，即定位、权责和结果三个主体部分。

第二个部分：**需要什么能力**。这部分是角色画像最核心的部分，我们将麦克利兰的理论进行了脱胎换骨式的升级，将传统冰山拆分为四个维度：

- 关键特质（key competency）：包括关键能力素质，是"好不好"的稳定性深层条件。
- 关键历练（key experience）：包括关键经验和技能，是"合不合"的可塑性条件。
- 关键成就（key achievement）：包括关键知识和绩效，是"行不行"的显性门槛条件。
- 关键路径（key growth path）：怎样设计最佳发展路径，是成长路径"通不通"的动态发展条件。

第三个部分：**角色标签**。光有维度是不够的，因为业务部门的人是记不住这些复杂的心理学技术的。为了让使用者加强角色代入感，我们需要通过角色管理的技术和技巧，进行"标签化"的人才管理赋能。例如在一个企业当中，我们在几个核心职位条线中进行角色标签化提炼，让他们能够认识到这个鲜活灵动的角色就是他们内心渴望成为的"那个人"。

- 销售条线：驱动者——对目标笃定成功的人。
- 项目管理条线：经营者——把项目当事业经营的人。

- 研发条件：创想者——用设计演绎激情的人。
- 技术条线：引领者——不向问题妥协的人。

纵观几千年的大历史，在人类发展的洪流中，那些泯灭人性的东西终将走向消亡，这是大势所趋。只有那些能把握人性、提高幸福感的东西才禁得住时光的清洗，最终沉淀在我们的灵魂深处。角色管理是通过管理手段来激发人们向善、积极和正向的有效办法，所以我们大力推荐 2-3-4 角色画像这种人才管理的方法。

9. 好用的模型一般包括多少个元素

一件华丽的长袍，若你不能驾驭它的复杂，它就是一个沉重的负担；一件极简单的外套，若你不能阐释它的内涵，它就是一个单薄的皮囊。

组块策略是心理学中研究短时记忆的概念。人类普遍的短时记忆的容量大约只有 7 个单位，并在 5～9 之间波动；在短时记忆活动中，大脑一般接收不了超过 7 个单位的信息。也就是说，短时记忆容量有限。

因此，我们通常建议模型的一级维度为五六个，最多不超过 8 个。无论有多少个小维度，都应当涵盖在这个数量范围的一级维度之内。

元素和元素之间符合 MECE 原则（mutually exclusive, collectively exhaustive），即"相互独立，完全穷尽"。我们多采用积木式的结构进行元素之间的设定和搭配组合。

10. 能力模型、素质模型、领导力模型、任职资格……模型到底有多少种

20 世纪中后期，麦克利兰教授的研究成果，使人们看到现代人力资源管理理论新的曙光，其为企业人力资源管理的实践提供了一个全新的视角和一种更有利的工具，即对人员进行全面系统的研究，从外显特征到内隐特征综合评价

的胜任特征分析法。这种方法能够满足现代人力资源管理的要求，构建起某种岗位的胜任力模型（competency model）。麦克利兰把直接影响工作业绩的个人条件和行为特征称为 competency（胜任力）。

在中文的语义里，competency model 被演绎为能力模型、素质模型等版本，后面又出现了 competence model 的概念。

competence 和 competency 的区别是什么？competence 倾向于表示本身拥有的能力，主要被用来说明组织的特点、工作的特性。而 competency 倾向于表示需要具备的资格，是从个人的意义上进行解释。

我们现在通常称 competency model 为"胜任力模型"，因为这个称呼不容易引起歧义且涵盖范围较广。至于胜任什么，可以根据相应的对象和场景来解释。

从对象划分来看，通常可以分为面向管理人员的各级领导力模型，例如高层、中层、基层领导力模型，以及后备干部模型等；面向非管理人员的专业能力模型，这里面可以包括知识技能、经验资历、专业能力和专项技术等，在许多企业里也称之为"任职资格体系"。

从场景应用来看，模型在使用目的上一般包括三种：横向（履职盘点、岗位匹配等）、纵向（晋升与储备）、点状（特定岗位甄选、特定问题排查等）。横向主要使用本层级的能力标准进行衡量，以近期工作事件为主。纵向主要使用目标层级的能力标准进行衡量，需要结合过往工作行为和预期工作行为。点状需要根据目标岗位或特定问题，有针对性地另外制定一个小标准，以满足对特定问题的观察。

到目前为止，从我们众多的建模经验来看，最好用的、最能够落地和受到业务部门认可的，是"2-3-4 角色画像"这种技术方法。

11. 模型建好之后，什么样的宣贯最深入人心

很多模型辛辛苦苦建好之后，却被束之高阁。不管人力资源部门如何传

播，业务部门就是没感觉。什么样的宣贯形式才能令人印象深刻并深入内心呢？

好的宣贯，一定不是在建模完成的时候才开始的。最好的宣贯就是参与。

在建模之前，请高管和业务部门参与启动会；在建模当中，请建模群体的对象和其上级参与到讨论之中；在模型产生后，请相关人员参与审核修订。在参与互动的过程中，他们会设身处地地举证什么样的事例最典型、什么样的行为最值得传承。没有参与这个过程，再好的模型也容易让业务部门找不到感觉。参与，本身就是最好的宣贯。

在后续的落地使用中，以下三类宣贯是比较有效的。

一是文字类。模型小故事、案例集、微信公众号文章、组织内刊和网站文章，甚至包括卫生间中的标语等，这些传播渠道可以将模型通过故事与案例的形式进行宣贯传播。

二是音频视频类。使用为模型谱曲、拍宣传片、进行重点人员专访等音频视频手段，可以在大厅、食堂和员工沙龙等场合进行宣贯传播。

三是仪式类。我们为一些企业设计了这样的方式：在晋升、竞聘和述职答辩时，基于模型的要求举证工作事迹，同时评委也基于模型进行打分。这相当于"植入广告"，起到了非常好的效果。另外还可以在培训、会议之前，进行模型的宣贯传播。

所有的宣贯都需要有目的、有步骤地持续进行。如果间隔很长时间，只是在人力资源部门进行招聘、选拔等业务操作时才使用，会渐渐被业务部门遗忘。

12. 测评师是依靠经验的"老中医"吗

经常听到有客户担心："哇！你们的顾问团队好年轻，我们的测评对象都是四五十岁、资历丰富的高管，他们能看得准吗？"

我们非常理解这种担心。的确，测评结果不仅关乎组织中重要的人事决策，而且关乎一个人的职业前途。缺乏专业训练的测评师，可以想象其测评结果一定是"草菅人命"。

类似一次令人满意的医疗服务一样，一个令人满意的测评结果，一定是由"高度专业的医生"和"细致入微的护士"共同完成的。"高度专业的医生"的背后，是技术平台的建设，有专业的工具方法、丰富的案例库，还要对医生进行专业水平认证，这就相当于评鉴中心搭建的技术支撑；有了好的题目、好的工具、好的实施流程，就相当于医生开具的合理处方，是能够对症下药的。

护士团队是最了解、最贴近病人的，测评师无论年龄长幼，都可以实现"专业护士"的操作与实施。如果说，医生应当"最懂得这个病应该怎么治，对症下药"，那么护士应当"最懂得这个病人的实际情况，提供最个性化的专业服务"。

13. 测评结果的反馈能起到什么作用

就像我们考完试，一定很渴望马上知道成绩一样，那些完成测评的人，也非常渴望知道结论。被测评者往往不关注用了什么测评方法，那些深奥的题目、晦涩的专业描述是怎样的，他们最关心两个问题：一是自己得了多少分，这个分数意味着什么；二是怎么才能得到更高的分数。

得多少分这个问题，似乎是显而易见的，一般测评报告上会有直接的结果来描述。解释这个分数意味着什么，就是一门学问了。是偶然没考好，还是被测者就是这个水平？当我们通过专业的反馈，让被测者理解一个真实、客观、令人信服的测评结论时，不仅对组织中的人事决策具有明确的意义，而且对于被测者本人来说，是一种理性的"照镜子"行为。

"怎么才能得到更高的分数"是被测者和组织共同关心的话题。作为中国专业性最强的测评公司，我们不建议仅仅给被测者"贴标签"或分类——如果你无法改变和提升能力，所有的分类排名都是毫无发展意义的静态结论。

我们需要把底层的稳定心理特征与可变化的能力区分来看，这样才能避免被测者感到"那种方式不是我"的扭曲感。我们还有一种叫作"意识深处的对话"的服务，是由专业的心理咨询师通过心理咨询，从早期追溯被测者性格与能力的形成，从更深的层次帮助被测者进行反思和改变。这样才能通过对人性的深度识别，去提高一个人的工作和生活质量，从而提高组织能力水平。

14. PDP、MBTI 等测评，与睿正的评价技术有什么不同

测评的技术背景主要是心理测量，是通过科学、客观、标准的测量手段对人的特定素质进行测量、分析和评价。这里的素质，是指那些完成特定工作或活动所需要或与之相关的感知、技能、能力、气质、性格、兴趣和动机等个人特征，它们是以一定的质量和速度完成工作或活动的必要基础。

一类量表是针对个体特征进行测量的，这种测评结果与绩效无关，更不会指向组织的战略目标。例如世界上经典的心理测验，无论是智商测验、情商测验，还是大家耳熟能详的 PDP、MBTI 等，它们并不基于具体的组织场景而开发，其结论都是针对个体得出的。这种结论的一部分内容可以在工作场景里进行解释，但并不会针对某个组织的目标，也不会预测被测者的工作绩效和胜任度。这类经典测验本身具有较高的信度和效度与参考价值，但必须经过专业的处理和转换，通过人才管理技术打通人与组织的关系后才能使用。

睿正的评价技术包括个体价值和组织价值两个层面。一方面，我们深度剖析和还原一个人的本质，来衡量人最稳定、最基础的特点是什么；另一方面，我们阐释被测者在不同的组织中面对不同的工作场景、工作任务、工作团队等情形时，甚至面对不同的压力、不同的客户、不同的项目时，其工作行为、表现、绩效和风险等方面的信息，为人事决策和培养提供科学准确的依据。

15. "一站式""快餐式"的岗位胜任力在线测评好用吗？结果可信吗

这类工具确实很方便，但最大的问题是：测评结论"绑架"了使用目的。

其只能用量表的结论去解释几项指标，而这几项指标究竟能不能反应被测者的真实情况，以及这几项指标对于岗位是否真正具有参考价值，就很难回答了。

现在市面上有许许多多的在线测评工具，有些在线测评工具在生成测评报告时，会直接体现出被测者与某岗位或某个管理层级是否匹配、是否胜任的结论。业务部门往往拿到这个结论后会感到疑惑：根据测评结论，某人很适合或很不适合某种工作，但这样的结论能令人信服吗？

省事的方法非常容易造成 HR"自娱自乐"的结果。这类岗位胜任力在线测评工具的好处是快捷简便，HR 只需为被测者开通账号，然后等待结果就可以了。问题是往往业务部门看不懂，也不太认同这种测评结论，于是就出现了一种鸡肋式的效应：不用不行，用了却用不到位。

标准化的在线测评工具不会单独为某个组织建模，也不可能单独为某个岗位设定人才标准，比如财务、销售、技术等常见的岗位，由于在每个企业里的实际分工不同，会产生较大的差异。尽管从大类上来看，销售人员和财务人员的确有所区别，但这些区别并不能够作为一种科学来促进企业的绩效。

对于这类直接指向岗位人事决策的工具，我们的建议是：在有限范围里使用。这个有限范围主要包括两种情况：一是招聘中的初筛环节，二是盘点中的劣汰环节。通过岗位在线测评来减少工作量，将人事决策初期和前端的环节以最低成本和最快捷的方式来操作，是能够提高工作效率的。

对于人事决策靠近终点的关键环节，我们主张绝不能偷懒，没有什么标准化速成的工具可以直接采用。在关键人才的管理方面，比如竞聘、晋升、核心人才梯队建设等，必须结合企业自身的实际情况进行梳理加工和技术对接，这样才能深入业务，获得业务部门、用人部门的认可，真正帮助其提高人力资本配置的效率。所以"一站式""快餐式"的岗位胜任力在线测评在这种情况下要慎用。

在高端和重要的人事决策面前，我们主张两个原则。一是选择适宜的人才管理技术，完成岗位梳理、任务转移等个性化、定制化的过程，这个过程可以一次性建设完成，也可以进行技术转移。二是基于人才管理的目的和技术，反向整合测评方法，针对不同场景选购不同的在线测评工具，而不是被测评工具的结论"绑架"。

16. 体检越全面越好，测评手段是越多越好吗

毋庸置疑，500 元的体检当然不如 5000 元的体检全面和详细。理论上，多样化的测评手段可以进行交叉验证，以保证测评结果的准确性。但是在实际操作中，通常人们无论是在投入的时间还是成本方面，都需要以最小的投入达到合理的效果。

在投入产出比较高的测评手段组合中，我们最推荐的是在线测评和行为事件访谈的组合，这两种组合一共需要两三个小时完成。如果再结合三四十分钟的小组讨论或角色扮演，效果会更好。

如果被测者非常关键，比如他的绩效对企业的生存发展或经营业绩起到较大的影响，我们通常建议使用"总经理的一天""项目总的一天"等复杂的情境式测评，将目标岗位的实际工作挑战微缩为 4～8 小时的测评任务，让被测者在一系列真实的活动中实际展示能力。一些外资公司的董事会经常安排这类测评，并进行全程录像，在董事会反复观看被测者的表现后，再决定被测者是否胜任。

17. 为什么组织内部的评鉴中心往往在应用的时候不好用

第一个层面是制度与文化的原因。人事任命的权限与流程决定了内部评鉴中心的定位，如果人力资源部没有足够的决策权，人事决策主要由业务部门推荐或决定，那么评鉴中心的定位就会有点"纠结"。因此，首先要解决的是内部的授权与流程机制能否捋顺，以及人力资源部门和业务部门、用人部门如何分工合作。这是最基础的因素。

第二个层面是态度的原因。通常内部测评师在进行招聘时的测评，以及对比测评师本人职级低的被测者进行测评时，会比较顺利。但遇到与自己职级相同，甚至是比自己职级高许多的领导层级时，迫于内部压力，在得出结论时往往顾虑较多。

第三个层面才是技术与工具本身的原因。第一次构建评鉴中心时大家都比较新鲜，但在长期的使用中，过往的测评方式很容易在被测者之间传播，所以题目的更新、测评手段与工具的创新就成为非常关键的技术因素了。

我们主张评鉴中心由三级架构组成：

- 顶层架构：先建模，根据战略发展要求形成业务对人的要求，进行各级各类人才的定义和画像，形成人才战略。
- 中层架构：设定应用场景，例如外部招聘、内部晋升、调动轮岗、高潜人才选拔等，明确应用目的和分工，形成使用规则。
- 底层架构：选择测评工具和技术方法。可以是多种测评工具的组合，也可以是关键的面试、访谈和反馈等技术方法，形成工具方法库。

18. 什么样的培训会给人留下深刻的印象

行动学习、翻转课堂、教练技术、私董会，五花八门的培训手段，究竟哪个有效？

根据遗忘曲线：上一门内训课，一个月之后会忘掉80%；参加一个为期半年的学习项目，第二年能够记住的不到50%。留在记忆深处的，往往并不是知识本身，而是你的感观、情绪等多种生理系统共同参与的记忆过程。就像你在高考之前非常辛苦地参加了几天令人头疼的串讲，具体讲的是什么转眼就会忘记，但是"非常辛苦和令人头疼"这种调动全身的综合感觉，却会令你终生难忘。

一个好的学习项目设计，往往学习体验比知识本身能够给人带来更大的冲击。好的学习体验能够大大强化知识的消化与记忆，而死板的知识灌输则会令效果大打折扣。

什么是一个好的学习项目设计？这里面包括学什么（学习内容设计）和怎么学（学习手段设计）两大关键元素。时下比较流行的培训技术，例如行动学习、翻转课堂、教练技术，都必须匹配适宜的学习主题才能发挥真正的作用。培训公司往往将这些技术作为一种培训产品来推广，但是如果不能结合与之匹配的学习主题，则企业花了时间和金钱却无法实现令人满意的收获。

在学习内容的设计方面，有"能力流派"和"任务流派"两种不同的方式。能力流派将学习目标聚焦于能力去设计课程，例如提高团队管理能力、提高市场开拓能力等。任务流派聚焦于任务目标的掌握去配置课程，例如风险管理、项目管理等。

比较基础的培训是"我要学会做什么事"，重点在于知识技能的输入，从而更好地完成一些任务。更加高级和深入的学习则是"我要成为一个什么样的人"，重点在于角色的管理和引导。这两个层面是通过不同的方法论来实现的。

19. 培训时像小朋友那样进行学习评比与激励，真的好吗

竞赛、对决、打擂、评比，这些看似形式化的手段对于优化培训效果真的有帮助吗？

心理学上有一个概念叫同伴效应（peer effect），其会直接引发比较压力。同伴之间容易争强好胜，相互之间的心理暗示起着比较大的作用；同伴之间有同伴群体效应，人们总是渴望融入同伴群体，得到同伴的认可。

那些看似很幼稚的奖惩激励手段，例如评选优秀学员、积分排名、小组竞争等，能够大大激发同伴效应中的"比较压力"。长期来看，在社会项目中，同伴效应可以带来比预期更高的均衡参与率。

- 无论在工作场合还是家庭网络中，同伴效应对于社会性项目参与的影响很大。
- 同伴效应对项目参与的作用机制最可能的是关于成本和收益的信息传递，包括对企业会如何应对这一问题越来越多的了解。
- 同伴之间关系的强弱会显著影响同伴效应的大小，这说明了社会互动持续时间、密度和频率的重要性。
- 随着时间的推移，同伴效应的作用力会不断扩大，影响力会像滚雪球一样在公司中蔓延。

所以，若你想提高诸如培训这类社会性项目的参与度、提高学习兴趣与投入度，可以使用睿正第三代模型。其解决方案可以巧妙地利用同伴效应，能够在人才管理方面起到弯道超车、事半功倍的效用。

20. 做了那么多人才管理项目，最令人回味的是什么

　　7年过去了，原来的那位销售总监已经成为总经理，她说我对她讲的那两句话，会令她终生难忘。

　　10年过去了，那个VP（副总裁）还保留着我发给他的邮件，他说他时不时会拿出来读一读，让自己保持清醒。

　　12年过去了，A总马上要退休了，他特意给我发了微信，说在告别职场之前，他要把几个对他有重大影响的人都再次感谢一次，并说声再见。

　　……

我们面对的是活生生的人，以上这些人与人互动的瞬间是我们最难忘的。在职场的快速上升阶段，路径决定了终点。"选择比努力更重要"这句话既是说给组织和HR的，也是说给职场人士的。我们的工作，就是通过科学而专业

的方法，提高人力资本的配置效率，根据最优路径让组织和个人都能够走捷径，甚至是弯道超车，并向目标疾驰。

身居高位之后，人们往往愈发需要一面镜子。能力越强的人，越需要在镜子里得到一个客观的反馈。对于一些自我成长非常强的人，最有力的培训是一两句能够点透他们的话。他们不太需要知识灌输，他们具有强大的自我修正能力，他们最需要的是几句戳心的箴言。

在我们这些年测评过的形形色色的人中，见多了粉墨登场和声色犬马，大家彼此都是职场中的过客，在某一时机偶然相遇后擦肩而过，最终能够沉淀到灵魂当中的，是对自己深刻的认识：我是谁，我想成为谁，我怎么成为。在这条路上，第三方测评的确可以起到"点石成金"的作用。

人才管理是近年才开发出并发展的技术，与西方传统的组织行为学、心理学和人力资源管理学科相比较，人才管理更像是在中国高速发展的时代背景下发展而出的学问。大量优秀的企业持续数年以 20%～30%，甚至更高的速度增长，形成了人才梯队巨大的增量和缺口。同时，在存量人员的管理方面，对人才的要求和配置效率亦与日俱增，市场化的人才流动和关键人才的选拔与培养，都直接影响着企业的生存与发展。这种市场发展的需要推动人才管理必须成为一种专门的科学技术，通过专业的工具方法在实践中应用与沉淀。

人才管理既是一门科学，也是一种艺术，其背后是对人性的深刻解释。对人才进行赋能，绽放人才价值，通过管理来发扬人性的善意、建设组织的灵魂，这正是新时代 HR 的远征之路。

后　　记

我们写这本书，一是出于困惑与好奇，二是出于信念与坚持。

在面对复杂问题的挑战时，不管客户还是我们，总是想知道到底什么是对的。但是，管理没有永恒的答案，只有永恒的追问。特别是在谈到识人这个话题时，更是众说纷纭，越是复盘，困惑越多。

看不同：世上没有两个一模一样的人，每个个体都能够根据自己的人生体验，感悟识人用人。而对于从事人才管理咨询工作的我们来说，所面临的不只是个人视角的差异，还有不同组织的实际情况、不同学术流派在实践中的碰撞。

看相同：常言道"不看广告看疗效"。要透过诸多"不同"看到"同"，看到能够相对普遍适用的规律，唯有不断在实践中摸索。不同的组织基因、不同的应用场景，都会对识人、用人的理念、原则、标准和方法等产生影响，而合适的才是最好的，也许这个"不同"才是最大的"同"。

看变与不变：著名的人本管理先驱乔治·埃尔顿·梅奥曾说，"只要企业管理方法还不曾考虑到人类本性和社会动机，工业发展就摆脱不了罢工和怠工行为"。随着时代的发展，知识在不断累积，技术在不断进步，人类的合作模式也在不断地进化，不断产生各式各样新的组织形态和概念。但我们不能忘记的是，尽管周遭环境在变化，人的基本能力与人性却呈现相对稳定的状态，并不会随着技术进步而突飞猛进。人从出生到离世，带着天赋而来，随着阅历的增长不断成熟，又带着体悟离开。人类社会可以完成累积进步，但人生对于每个人只有一次。生命是如此短暂，永远都没有足够的时间让一个人完成自我完善。

因此，当我们思考识人、用人的问题时，必须把稳定状态的人性放到不断发展变迁的宏观环境和动态的组织环境中，才能正确地观察人、定义人，并提出具有穿透当前时点状态的，对组织和个人有所裨益的观点。而一切所谓的"正确"，无非是情境权变下的匹配。

说完困惑与好奇之后，再谈谈信念与坚持。

管理学必须生长于它所根植的实践。十年荏苒，作为一家中国本土咨询公司，睿正始终相信，我们遇上了最好的时代。随着中国本土企业的不断崛起，中国一定能够孕育出属于自己的人才管理理论，一定会有自己的管理实践大师和理论学者，能够为西方"统治"了一个多世纪的管理学大厦添砖加瓦，涂上中国色。我们有幸伴随众多客户一起走过了从不知道"现代企业的做法是什么"，到"向西方学习"，再到开始反思，最后到逐步总结出具有"中国特色"的甚至是原创的理念、方法和技术的过程。这是一笔巨大的财富，也是激励我们继续在专业、专注的道路上奋斗前行的力量。

因此，本书的付梓，首先要感谢睿正最好的客户！其中不乏从睿正成立伊始即携手，十年并肩同行的老朋友。回首望去，你们所代表的各家优秀企业的色彩便浮现在我们的脑海里，浮现在字里行间。

感谢顾问们的家属！是你们的支持、包容与分担，让一个个空中飞人一样的顾问能够在疲惫路途之后回到温暖的家，积蓄力量进行下一次的努力。应该是你们看到了他们疲惫背后的这个职业带来的感悟和收获，才会让他们继续在这条路上走下去。

感谢机械工业出版社华章公司的李文静老师，你的丰富经验和专业意见，让我们重新审视全书结构，优化内容的安排和组织；感谢你包容我们的经验不足，从读者视角提供珍贵的反馈。感谢责任编辑林晨星老师。你们的辛勤工作，让这本书终于展现在读者面前。

最后，感谢我们的小伙伴，勤劳的顾问团队！在日常工作之外，他们腾出大量的时间参与撰写工作。以"古为今用"章节为例，在长达一年多的资料搜集和构思后，方落笔成文。一个小章节尚且如此，可以想见，整本书稿的背后,是多少个夜晚和休息日的付出。要特别感谢对本书构思、撰写起到统领作用的睿正合伙人刘树凯;感谢我们多年并肩战斗、不断壮大的核心团队——樊晓熙、吴忧、谢健乔、刘树凯、吴美花、达睿、程鹏、李人龙;感谢参与素材整理和写作的郭婷、吕橙、尹航、黎明梦莹、阚婧怡、曹晓菲,以及我们的战友吕婧、胡阳、孙福茁……

记得当初刚刚踏入职场时,前辈说这个行业在中国还很新,但在西方已有不少"Grey Hair"(灰白头发)咨询顾问,他们将咨询做成了一生的职业。在不知不觉中,我们很多人也白了头发。

愿每个人,都找到自己的热爱、坚信与坚持!

睿正人才管理研究院

参考文献

［1］ 吴江. 人才大国迈向人才强国［M］. 北京：党建读物出版社，2017.
［2］ 那子纯. 大匠无弃材：国企用人之道［M］. 2版. 北京：中国人民大学出版社，2013.
［3］ 余兴安，类成普，等. 中国古代人才思想源流［M］. 北京：党建读物出版社，2017.
［4］ 吴忧. 天使为什么投他们［M］. 北京：中华工商联合出版社，2015.
［5］ 北森人才管理研究院. 看人：让百年人才测评技术走向大众［M］. 北京：鹭江出版社，2016.
［6］ 北森人才管理研究院. 360度评估反馈法：人才管理的关键技术［M］. 北京：中国经济出版社，2013.
［7］ 王通讯. 人才战略：凝思与瞻望［M］. 北京：党建读物出版社，2014.
［8］ 齐秀生. 选贤用才［M］. 北京：党建读物出版社，2016.
［9］ 人力资源智享会调研团队，睿正咨询顾问团队. 第二届中国企业人才评鉴中心实践调研报告［R］. 北京：人力资源智享会调研中心、睿正人才管理研究院，2019.
［10］ 朱飞，谢健乔，等. 2018年中国金融业人才管理实践白皮书［R］. 中央财经大学商学院组织与人力资源管理系、北京北森睿正人才管理咨询有限公司金融行业中心，2018.
［11］ 布莱恩·贝克尔，马克·休斯里德，理查德·贝蒂. 重新定义人才［M］. 曾佳，康至军，译. 北京：浙江人民出版社，2016.
［12］ 山姆·肯纳，雷尼·林德，凯瑟琳·陶蒂. 结构化研讨：参与式决策操作手册［M］. 间永俊、王洪君，译. 3版. 北京：电子工业出版社，2016.
［13］ 国家职业分类大典修订工作委员会，中华人民共和国职业分类大典（2015年版）［M］. 北京：中国人力资源和社会保障出版集团有限公司，2015.
［14］ 亚伯拉罕·马斯洛. 动机与人格［M］. 许金声，等译. 3版. 北京：中国人民大学出版社，2012.

[15] 迈克尔·马奎特，H 斯基普顿·伦纳德，阿瑟 M 弗里德曼，等. 行动学习：原理、技巧与案例[M]. 郝君帅、刘俊勇，译. 北京：中国人民大学出版社，2013.

[16] 肯·布兰佳，马克·米勒. 领导力的秘密[M]. 钱峰，译. 北京：天津教育出版社，2012.

[17] 拉姆·查兰，斯蒂芬·德罗特，斯蒂芬·德罗特. 领导梯队：全面打造领导力驱动型公司[M]. 徐中，林嵩，译. 2 版. 北京：机械工业出版社，2016.

[18] Frederick P. Morgeson, Terence R. Mitchell, Dong Liu. Event system Theory: An Event-Oriented Approach to the Organizational Sciences[J]. Academy of Management Review, 2015, Vol. 40, No. 4515-537.

[19] Deborah Rupp, Guidelines and Ethical Considerations for Assessment Center Operations[J]. Journal of Management, 2015, Vol. 41 issue: 4, page（s）: 1244-1273.

[20] 钱穆. 中国史学名著（新校本）[M]. 北京：九州出版社，2012.

[21] 王金锋. 选贤任能：历代官职与选拔制度[M]. 北京：现代出版社，2014.

[22] 刘海峰. 中国科举文化[M]. 北京：辽宁教育出版社，2010.

[23] 钟双德，肖东发. 文武科举：科举历史与选拔制度[M]. 北京：现代出版社，2014.

[24] 钱穆. 中国通史[M]. 北京：天地出版社，2018.

[25] 卜正民，陆威仪，迪特·库恩，罗威廉. 哈佛中国史[M]. 潘玮琳，等译. 北京：中信出版集团，2016.

[26] 李尚英. 科举史话[M]. 北京：社会科学文献出版社，2011.

[27] 吉恩·保罗·艾森，杰西 S 哈里奥特. 人力资源管理大数据：改变你吸引、猎取、培养和留住人才的方式[M]. 胡明，邱黎源，徐建军，译. 北京：机械工业出版社，2017.

[28] 王爱敏，王崇良，黄秋钧. 人力资源大数据应用实践：模型、技术、应用场景[M]. 北京：清华大学出版社，2017.

推荐阅读

书号	书名	作者	定价
978-7-111-62864-4	激发潜能：平台型组织的人力资源顶层设计	穆胜	69.00
978-7-111-61897-3	绩效使能：超越OKR	况阳	79.00
978-7-111-63038-8	人才盘点完全应用手册	北京北森云计算股份有限公司	79.00
978-7-111-64431-6	识人的智慧：人才评鉴方法与工具	睿正人才管理研究院 著	79.00
978-7-111-62386-1	薪酬激励新实战：突破人效困境	孙晓平 季阳	69.00
978-7-111-62135-5	重新定义人才评价	闫巩固 高喜乐 张昕	69.00

欧洲管理经典 全套精装

欧洲最有影响的管理大师
（奥）弗雷德蒙德·马利克 著

ISBN: 978-7-111-56451-5

ISBN: 978-7-111-56616-8

ISBN: 978-7-111-58389-9

转变：应对复杂新世界的思维方式

作者：应秋月　ISBN: 978-7-111-57066-0　定价：79.00元

在这个巨变的时代，不学会转变，错将是你的常态，
这个世界将会残酷惩罚不转变的人。

管理：技艺之精髓

ISBN: 978-7-111-59327-0　定价：59.00元

帮助管理者和普通员工更加专业、更有成效地完成
其职业生涯中各种极具挑战性的任务。

公司策略与公司治理：如何进行自我管理

ISBN: 978-7-111-59322-5　定价：59.00元

公司治理的工具箱，
帮助企业创建自我管理的良好生态系统。

正确的公司治理:发挥公司监事会的效率应对复杂情况

ISBN: 978-7-111-59321-8　定价：59.00元

基于30年的实践与研究，指导企业避免短期行为，
打造后劲十足的健康企业。

战略：应对复杂新世界的导航仪

ISBN: 978-7-111-56616-8　定价：60.00元

制定和实施战略的系统工具，
有效帮助组织明确发展方向。

管理成就生活（原书第2版）

ISBN: 978-7-111-58389-9　定价：69.00元

写给那些希望做好管理的人、希望提升绩效的人、
希望过上高品质的生活的人。不管处在什么职位，
人人都要讲管理，出效率，过好生活。

读者交流QQ群：84565875

显而易见的商业智慧

书号	书名	定价
978-7-111-57979-3	我怎么没想到?显而易见的商业智慧	35.00
978-7-111-57638-9	成效管理：重构商业的底层逻辑	49.00
978-7-111-57064-6	超越战略：商业模式视角下的竞争优势构建	99.00
978-7-111-57851-2	设计思维改变世界	55.00
978-7-111-56779-0	与时间赛跑：速度经济开启新商业时代	50.00
978-7-111-57840-6	工业4.0商业模式创新：重塑德国制造的领先优势	39.00
978-7-111-57739-3	社群思维：用WeQ超越IQ的价值	49.00
978-7-111-49823-0	关键创造的艺术：罗得岛设计学院的创造性实践	99.00
978-7-111-53113-5	商业天才	45.00
978-7-111-58056-0	互联网原生代：网络中成长的一代如何塑造我们的社会与商业	69.00
978-7-111-55265-9	探月：用改变游戏规则的方式创建伟大商业	45.00
978-7-111-57845-1	像开创者一样思考：伟大思想者和创新者的76堂商业课	49.00
978-7-111-55948-1	网络思维：引领网络社会时代的工作与思维方式	49.00